Burkard Wilhelm Leist

Die realen Grundlagen und die Stoffe des Rechts

Burkard Wilhelm Leist

Die realen Grundlagen und die Stoffe des Rechts

ISBN/EAN: 9783743318960

Hergestellt in Europa, USA, Kanada, Australien, Japan

Cover: Foto ©ninafisch / pixelio.de

Manufactured and distributed by brebook publishing software
(www.brebook.com)

Burkard Wilhelm Leist

Die realen Grundlagen und die Stoffe des Rechts

Die

realen Grundlagen

und

die Stoffe des Rechts.

Von

Dr. Burkard Wilhelm Leist.

Jena,

Verlag von Friedrich Frommann.

1877.

„Was mich beschäftigte, waren die Sitten der Völker. An ihnen zu lernen, wie aus dem Zusammentreffen von Nothwendigkeit und Willkür, von Antrieb und Wollen, von Bewegung und Widerstand ein Drittes hervorgeht, was weder Kunst noch Natur, sondern beides zugleich ist, nothwendig und zufällig, absichtlich und blind: ich verstehe die menschliche Gesellschaft."

Goethe.

Vorrede.

***

Den Inhalt des vorliegenden vierten und letzten Heftes der „Civilistischen Studien": — Darlegung des Wesens der naturalis ratio im Gegensatz zu dem der Aequität — hatte ich mir bereits beim Erscheinen des ersten Heftes (1854) vorausbestimmt. Ich hatte gleich die Absicht mit dem Erscheinenlassen dieses vierten Heftes längere Zeit zu warten. Als aber die Zeit herankam, in der ich im Voraus gedacht hatte zur Ausführung schreiten zu können, traten unvorhergesehene Hemmnisse ein: schweres Leiden und die Uebernahme der größeren Commentararbeit, zu deren Stoff mich eine alte Liebe zog.

Nachdem dieses Commentarwerk zur Hälfte erledigt ist, kehre ich zwischendurch gern zu meinen dogmatisch-analytischen Aufgaben, die ich inzwischen immer im Auge behalten habe, — und zwar zunächst zur Abschließung dieser Civilistischen Studien zurück. Ich beabsichtige hier aber nicht bloß, die von naturalis ratio und Aequität redenden römischen Stellen zu interpretiren, sondern selbständig die darin behandelten Fragen zu prüfen und

zu ordnen. Indem ich zu diesem Zweck vielfach der Zusammen=
stellung von Punkten aus recht weit auseinanderliegenden Gebie=
ten bedarf, habe ich mir, — da ich diese Punkte nicht selbst neu
untersuchen will, sondern sie herbeiziehe, um sie zu meinen dog=
matisch=analytischen Zwecken zu verwenden, — eine Reihe von
Gewährsmännern ausgesucht, denen ich das Material entnehme.
Man wird es nicht tadeln, wenn ich das Herbeigezogene, anstatt
es in meine Worte zu kleiden, mit Vorliebe dem Leser in der
bewährtesten Forscher eigenen Worten vor Augen stelle.

Jena, den 8. Januar 1877.

Inhaltsverzeichniß.

Einleitung.

I. Ehe.

Verbesserungen.

S. 40 Z. 16 v. u. statt Nr. 1 lies Nr. i;

S. 54 Z. 2 v. u. statt A. 7 lies A. 9.

S. 81 Z. 7 v. u. statt mentenedor lies mantenedor.

———————

Einleitung.

§. 1. Was bedeutet der Ausdruck: naturalis ratio? — 1
Wir finden in unseren Quellen einige Stellen, die, indem sie
auf diese Frage Antwort zu geben scheinen, eine allgemeine
Theorie von den rechtlichen Vorzuständen unserer Völ=
ker aufstellen [1]). Es giebt, sagen sie, ein ius naturale, das,
nicht dem Menschengeschlecht eigenthümlich sondern allen anima=
lischen Wesen gemeinsam, „ex naturalibus praeceptis" ge=
sammelt ist; ein ius gentium, das bei den Menschenvölkern be=
steht und von dem ius naturale abweicht; und ein ius civile.
Zu jenen natürlichen Vorschriften gehört: daß wir Gott fürchten,
den Eltern dem Vaterlande gehorchen, Gewalt und Injurie zu=
rückweisen, und daß wir in Folge der allgemeinen zwischen den
Menschen bestehenden Verwandtschaft uns nicht gegenseitig Nach=
stellungen machen [2]). Das Institut der Sklaverei gehört nicht

---

1) Fr. 1—5 de iust. et iure 1. 1; fr. 64 de cond. ind. 12. 6; fr. 31
pr. depositi 16. 3; pr. §. 1. 2 I. de iure nat. gent. et civ. 1. 2; fr. 34
§. 1 de contr. emt. 18. 1: quas vero natura vel gentium ius vel mores
civitatis commercio exuerunt.

2) Vgl. auch Cic. de Invent. II. 53 (161): Natura ius est, quod

Leist, civ. Studien IV. 1

1 in bieß natürliche Gebiet, denn nach ius naturale find alle
Menschen frei geboren. Die Sklaverei gehört erft dem ius gentium an, durch welches die Kriege eingeführt, Völker getrennt,
Reiche gegründet, Eigenthum unterschieden, Aecker getheilt, Städte
gebaut, Handel und Verkehr eingerichtet worden find ³).
Diese Theorie ift von jeher viel getabelt worden, und ihre
Schwächen liegen ja auch auf der Hand. Ich will nun keine
Literärgeschichte deffen, was über die rechtlichen Vorzuftände
unferer Völker gefagt worden ift, geben. Ich ftelle hier lediglich
die Savigny'sche Theorie⁴), welche als die nach Savigny
allgemein unter uns herrfchende wird bezeichnet werden können,
jener römischen gegenüber.
Nach Savigny erfolgt die Rechtsbildung lediglich im Kreise
des Volks (S. 21). „Was in dem einzelnen Volke wirkt, ift
der allgemeine Menschengeift, der sich in ihm auf individuelle
Weise offenbart. Allein die Erzeugung des Rechts ift eine That,
und eine gemeinschaftliche That. Diese ift nur denkbar für Diejenigen, unter welchen eine Gemeinschaft des Denkens und Thuns
nicht nur möglich, sondern auch wirklich ift. Da nun eine solche
Gemeinschaft nur innerhalb der Grenzen des einzelnen Volks vor-

---

non opinio genuit, sed quaedam innata vis inseruit, ut religionem pie-
tatem gratiam vindicationem observantiam veritatem; fr. 1 §. 3 de furt.
47. 2: quod lege naturali prohibitum est admittere.

3) In anderen Stellen wird das, was die „naturalis ratio inter omnes
homines constituit" und was also „apud omnes [populos] peraeque custo-
ditur", mit dem Ius gentium ibentificirt: fr. 9 de iust. et iur. 1.1; fr. 1
pr. do acq. rer. dom. 41. 1; §. 11 I. de iur. nat. 1. 2; Gai. 1. 1. 189.
II. 66. 69. 79; fr. 1 loc. 19. 2: cum naturalis sit et omnium gentium.
Diesem ius naturale, welches auch Ius gentium heißt, wird dann ein älteres
Beftehen vor dem ius civile vindicirt (§. 11 I. de rer. div. 2. 1), da es
„cum ipso genere humano rerum natura [vgl. unten §. 2 A. 1] prodidit."; f. §. 33 A. 6.

4) Savigny Syftem I.

handen ift, fo kann auch nur hier das wirkliche Recht hervorge= ₁
bracht werden, obgleich in der Erzeugung deffelben die Aeußerung
eines allgemein menfchlichen Bildungstriebes wahrzunehmen ift. . .
Nur findet fich darin eine Verfchiedenheit, daß dies Erzeugniß
des Volksgeiftes bald dem einzelnen Volk ganz eigenthümlich, bald
aber in mehreren Völkern gleichmäßig vorkommend ift" [ius gen-
tium]. (S. 52. 53.) „Im Volksrechte finden wir ein zwiefaches
Element: ein individuelles jedem Volke befonders angehörendes,
und ein allgemeines gegründet auf das Gemeinfame der menfch=
lichen Natur." Diefes letztere führt Savigny zurück: „einfach auf
die fittliche Beftimmung der menfchlichen Natur, fo wie fich die=
felbe in der chriftlichen Lebensanficht darftellt." (S. 55.) „Es
erfcheint wiederum in verfchiedenen Geftalten:" 1) „Am reinften
und unmittelbarften, infofern darin die fittliche Natur des Rechts
im Allgemeinen wirkfam ift: alfo die Anerkennung der überall
gleichen fittlichen Würde und Freiheit des Menfchen, die Umge=
bung diefer Freiheit durch Rechtsinftitute, mit Allem was aus
der Natur und Beftimmung diefer Inftitute durch praktifche Con=
fequenz hervorgeht, und was die Neueren Natur der Sache
nennen (acquitas oder naturalis ratio)." (S. 116.)
Naturalis ratio ift: „das der menfchlichen Natur ein=
gepflanzte gemeinfame Rechtsbewußtfein, wovon
wieder die Unveränderlichkeit diefes Rechts als eine nothwendige
Folge angefehen wurde." (S. 416. 417.) „Jedes Rechtsver=
hältniß hat zur Grundlage irgend einen Stoff, auf welchen die
Rechtsform angewendet wird. Diefe Materie ift in den meiften
Rechtsverhältniffen infofern von willkürlicher Art, daß ein dauern=
des Beftehen des Menfchengefchlechts auch ohne fie gedacht werden
kann; fo bei dem Eigenthum und den Obligationen." Dagegen
das Verhältniß der Gefchlechter und Fortpflanzung und Erziehung
find allgemeine Naturverhältniffe, ohne welche das Menfchen=
gefchlecht gar kein dauerndes Dafein haben könnte. Hier ift nicht

¹ das Recht, sondern die Materie des Rechts mit den Thieren ge=
meinsam. Aber, wenn auch dies richtig ist, so eignet es sich
doch nicht zu einer Eintheilung des Rechts. Veranlassung zu
Aufstellung einer solchen gab die Wahrnehmung, daß die Rechts=
institute in verschiedenem Grade als natürlich angesehen werden
müßten. Also, während die naturalis ratio die Anerkennung
der überall gleichen sittlichen Würde und Freiheit des Men=
schen ist, so konnte man nicht verkennen, daß die erste Entstehung
der Sklaverei aus Gewalt, mithin aus Zufall und Willkür ab=
zuleiten sei. Möglicherweise hat gerade dies zur ganzen Einthei=
lung in ius nat. gent. und civ. den Anstoß gegeben. Diese
Dreitheilung ist zu verwerfen, weil die Unterscheidung des mehr
oder weniger Natürlichen eine willkürliche und schwankende ist,
und weil die Eintheilung, als lediglich das allgemeine unbestimmte
Dasein der Rechtsinstitute betreffend, unfruchtbar bleiben mußte.
Die Zweitheilung, in ius gentium und civile, ist auch stets die
römisch=herrschende gewesen. Danach wird das ius gentium
regelmäßig durch den Ausdruck naturalis bezeichnet, namentlich
in sechs Fällen: a) naturalis ratio bei den Bedingungen der
Ehe; b) naturalis cognatio; c) naturaliter erwerben bei Eigen=
thum und Obligationen; d) Recht des Grundeigenthümers auf
die Superficies nach naturale ius; e) naturalis possessio;
f) naturalis obligatio. — 2) Jenes allgemeine Rechtselement
erscheint aber auch noch mittelbar und gemischterer Natur: a) als
Beachtung sittlicher Zwecke (boni mores), im neusten Recht
auch kirchlicher Zwecke; b) als Beachtung des Staatsinteresses
(publica utilitas); c) als väterliche Vorsorge für das Wohl des
Einzelnen (ratio utilitatis).

² §. 2. Gegen diese Savigny'sche Theorie der Identificirung
von naturalis ratio, Aequität und Natur der Sache bin ich in
diesen Studien aufgetreten. Ich behaupte:

1) Der Ausdruck: „Natur der Sache" ist nur ein haltbarer,

sofern er der römischen „rerum natura" [oder seltener: „rei natura" und parallel auch: „hominum natura"] entspricht, dann aber besser mit „Natur der Dinge" zu vertauschen. Der römische Ausdruck rerum natura bezeichnet, wo er nicht ausnahmsweise [wie z. B. in l. 23 C. de probat. 4. 19; vgl. unten Nr. 3 a] in den der naturalis ratio übergeht, lediglich das factisch Existirende[1]). Von diesem Gesichtspunkte aus ist bei den Römern

---

1) Vgl. z. B. folgende Wendungen: a) Weltnatur und Menschennatur. Plinius H. N. 7. 1 (vgl. Motto zu Humboldts Kosmos): Naturae rerum vis atque maiestas in omnibus momentis fide caret, si quis modo partes eius ac non totam complectatur animo. Sallust. Iug. 2: studia omnia nostra corporis alia, alia animi naturam secuntur. b) Vorhandensein α) von Personen; fr. 2 pr. de coll. 37. 6: non potest dici mortis tempore avi bona habuisse, qui ipse nondum in rerum natura erat; fr. 60 (59) §. 6 in fin. de her. inst. 28. 5; fr. 22 pr. quando dies leg. 36. 2; fr. 3 §. 10. fr. 6 de suis et leg. 38. 16; fr. 28 §. 5 de iudic. 5. 1. β) von Sachen; fr. 13 §. 5 de pign. 20. 1: restitui hypothecam si in rerum natura sit; fr. 7 §. 1 de tritico 33. 6; fr. 48 (49) de neg. gest. 3. 5. c) Aufhören der Sachen; fr. 15 §. 1 de contr. emt. 18. 1: id tamen in rerum natura ante venditionem esse desierit; fr. 14 de iure dot. 23. 3; fr. 50 §. 1 de don. int. vir. et ux. 24. 1; fr. 17 §. 2 de act. rer. am. 25. 2. d) Thatsächliche Leistungsmöglichkeit von Sachen, Erfüllbarkeit von Bedingungen; fr. 115 §. 2 de V. O. 45. 1: postquam homo potuit dari (wenn er factisch gegeben werden kann) confestim agendum . . exemplo penus legatae. Mucius etenim heredem, si dare potuisset penum nec dedisset, confestim in pecuniam legatam teneri scripsit, idque utilitatis causa receptum est ob defuncti voluntatem et ipsius rei naturam; Paul. III. 4b §. 1: possibilis est, quae per rerum naturam admitti potest; §. 1 I. de inut. stip. 3. 19; e) Sprachlich Thatsächliches; fr. 4 de praescr. verb. 19. 5: natura enim rerum conditum est, ut plura sint negotia quam vocabula. f) Zweckbestimmung der Dinge für die Menschen; fr. 28 §. 1 de usur. 22. 1: cum omnes fructus rerum natura hominum gratia comparaverit; §. 37 in fin. I. de rer. div. 2. 1. g) Factische Tragweite der Menschenkraft und der Thatsachen; fr. 32 depos. 16. 3: ad eum modum, quem hominum natura

ı das lediglich factische Besitzen (s. den vor. §. Nr. 1. e), wie man es auch im Genaueren begrenzen möge, der civilis possessio und dem Eigenthum [fr. 1. pr. §. 1 de adquir. poss. 41. 2; fr. 3 §. 15 ad exhib. 10. 4; fr. 1 §. 9. 10 de vi 43. 16] entgegen= gesetzt worden. Die weiter gehende Verwendung des Ausdrucks „Natur der Sache", wie sie in unserer modernen Wissenschaft sich eingebürgert hat, ist eine durchaus schwankende und also, als zu Unklarheiten führend, zu verwerfen. Ich habe in meiner Schrift „Nat. rat. u. Natur der Sache" (1860 S. 51 ff.) ge= zeigt, daß ein hochangesehener Rechtsgelehrter, Vangerow, den Ausdruck „Natur der Sache" für die disparatesten Dinge ge= braucht; und dies ist bei Vangerow um so gefährlicher, als der= selbe den Satz befolgt, daß „was mit innerer Nothwendigkeit aus der Natur der Sache sich ergebe, einer besonderen gesetzlichen Be= stätigung gar nicht bedürfe" [Glück=Leist Commentar II S. 446 Anm. 92; — vgl. auch noch meine Recension der Amann'schen Schrift in den Gött. Gel. Anz. 1876 Nr. 13. S. 389]. Ich könnte die Nachweise, daß in unserer modernen Literatur der

desiderat; fr. 38 de reb. cred. 12. 1; Cic. de or. I. 50: neque enim est interdictum aut a rerum natura aut a lege aliqua atque more, ut singulis hominibus ne amplius quam singulas artes nosse liceat. Ebenso wie von „Natur des Menschen" und „Natur der Sache" kann man auch von „Natur der Thatsache" reden; nur bot die römische Sprache dafür kein bequemes Wort: fr. 25 §. 9 fam. erc. 10. 2: quia talis stipulatio per legem XII tab. non dividitur, quia nec potest; Gai. III. 194: na- tura tantum manifestum furtum intelligi: neque enim lex facere potest, ut qui manifestus fur non sit manifestus sit, non magis quam qui om- nino fur non sit fur sit, aut qui adulter aut homicida non sit adulter vel homicida sit; Cic. ad Att. II. 17: sed ea natura rei est, ut haec extrema esse non possint. h) Die Thatsache des Zufalls; fr. 16 §. 3 de pec. const. 13. 5: etiamsi per rerum naturam stetit (durch Casus veranlaßt). i) Tragweite der Blutsverwandtschaft; fr. 4 pr. de gradib. 38. 10: ultra septimum fere gradum rerum natura cognatorum [vitam] vinculum consistere non patitur. k) Vgl. Beil. Nr. C. VIII. 1.

Ausdruck „Natur der Sache" in einer proteusartig wechselnden, 2
durchaus unklaren Weise verwendet wird, leicht in's Massenhafte
steigern.

2) Die Identificirung von naturalis ratio und Aequität [2])
ist völlig zu verwerfen. Beide betreffen ganz verschiedene Dinge.
Was unter Aequität zu verstehen sei, soll weiter unten geprüft
werden. Will man aber die Bedeutung der naturalis ratio ermitteln, so muß man nicht von jenen oben §. 1 Anm. 1 u. 3
angegebenen Stellen der classischen Juristen [und noch weniger
von Aussprüchen aus späterer römischer Zeit, in der solche allge=
meine Begriffe schon unpräcis verwendet zu werden beginnen [3])]
ausgehen, und von da auf das Einzelne schließen wollen. Der=
artige Zusammenfassungen zu einer allgemeinen Theorie sind bei
den juristischen Classikern sorglose Definitionen [4]). Sie sind ge=
wohnt im Concreten zu arbeiten, hier sind sie mustergültig.
Wollen wir mit Sicherheit ihre Auffassung eines gewissen Be=
griffs feststellen, so müssen wir ihnen genau in dem gesammten
concreten Detail nachgehen. Wir finden dann eine völlig präcise
Begriffsverwendung, aber keineswegs immer eine fehlerfreie For=
mulirung zu einer allgemeinen Theorie. Wollen wir also in Be=
treff der Bedeutung der naturalis ratio sicher gehen, so müssen
wir, wie im Folgenden geschehen soll, das gesammte Detail der
Verwendung dieses Begriffs mustern.

3) Der Begriff, der sich daraus ergeben wird, ist ein ganz

---

2) Vgl. auch z. B. die Worte von Arndts P. §. 217 A. 7 bei Gele=
genheit der Naturalobligation [einer reinen Aequitätslehre; vgl. Beil.
Nr. C. XI]: „aber darin kommen doch die Meisten, auch solche, welche die=
selbe nicht mit dem ius gentium in Verbindung gebracht wissen wollen,
überein, daß es in der naturalis ratio oder aequitas beruhe."

3) Vgl. z. B. l. 2. C. de in ius voc. 2. 2 (v. Gordian).

4) S. auch meine Schrift „Wechselbeziehung" (1876) S. 1. 2. 49. 50.

² anderer, als der von Savigny aufgestellte: „das der menschlichen
Natur eingepflanzte Rechtsbewußtsein". Naturalis ratio ist viel=
mehr: das Reale in den socialen Verhältnissen; und zwar noch
wieder, — im Gegensatz zu der eben (Anm. 1) erörterten rerum
oder rei natura, die lediglich das factisch Existirende bezeichnet,
— im Genaueren: das Organisch=Reale, d. h. das in dem
Organismus der socialen Verhältnisse real=Gegebene, und als
solches der menschlichen Vernunft Erkennbare. Mit anderen
Worten: nicht bloß die factische natura (rerum), sondern der ver=
nunftmäßig erkannte Zusammenhang der realen natura. Immer
ist bei der naturalis ratio das Reale das entscheidende Moment;
sie ist also ein der rerum natura verwandter Begriff, und so
kann es kommen, daß in einzelnen Punkten beide ganz ineinander
fließen. Wollen wir naturalis ratio verdeutschen, so geschieht
es am Besten mit: „die reale Naturordnung".

Ich will zur Veranschaulichung dieses Begriffs hier gleich
eine ganze Reihe von Einzelverwendungen aus den Quellen zu=
sammenstellen. Die meisten derselben sind von Savigny gar nicht
berücksichtigt worden.

a) §. 4 I. de Interd. 4. 15: et civilis et naturalis
ratio facit, ut alius possideat alius a possidente petat, d. h.
wenn der Eine der Eigenthümer der Sache ist, so bringt es das
reale Wesen der körperlichen Dinge mit sich, daß sie von einem
Anderen in Besitz genommen sein können, und daß nach der Art,
wie römischer Rechtsschutz gewährt wird, der Eigenthümer vor
dem Richter gegen diesen Besitzer auftreten muß. Darin liegt
weiter, daß der Richter vom Kläger, gegenüber dem läugnenden
Beklagten, zunächst Beweis fordern muß. Hieraus verallgemei=
nert der Satz der 23 C. de probat. 4. 19: per rerum naturam factum negantis probatio nulla. [vgl. l. 10 C. de
non numer. pec. 4. 30: negantem numerationem, cuius na-

turali ratione probatio nulla est; fr. 47 de o. et a. 44. 7; 2
fr. 125 de reg. iur. 50, 17] 5). Von Etwas, welches das „Gemeinsame der menschlichen
Natur" ergäbe, ist hier nicht die Rede.

b) Unter der Voraussetzung, daß man schon Eigenthümer
einer Sache ist, bringt es das reale Wesen der körperlichen
Sache mit sich: α) daß das mit der Sache integrirend nebensäch=
lich Verbundene mit in unser Eigenthum aufgenommen wird.
Gai. II 69: .. naturali ratione nostra fiunt. 70: Sed
et id, quod per alluvionem nobis adicitur, eodem iure
nostrum fit [ungeschickt in den Institutionen in: „iure gentium"
verändert]. 73: Praeterea id, quod in solo nostro ab aliquo
aedificatum est ... iure naturali nostrum fit: quia superficies solo cedit. [Davon nur eine Anwendung in fr. 50 ad
leg. Aq. 9. 2: naturale ius, quod superficies ad dominum
soli pertinet; diese Stelle erwähnt Savigny als den vierten der
von ihm angegebenen sechs Punkte; vgl. §. 1 Nr. 1. d.] 6).
77: Eadem ratione probatum est, quod in chartulis sive
membranis meis aliquis scripserit .. meum esse. 79: In aliis
quoque speciebus naturalis ratio requiritur: proinde si

---

5) Diese Sätze, daß der Beklagte in günstigerer Lage ist (Grimm
Deutsche Rechtsalterthümer S. 856), daß in Civilsachen dem Kläger Beweis aufzulegen, daß dem Beweisführenden der Gegenstand der Klage zu-
erkannt, dem Beweisfälligen aberkannt wird (Grimm S. 864), kommen
ebenso im deutschen Recht vor. Sie haben gar nichts mit der unten (§. 16)
zu besprechenden specifischen Behandlung des Processes als eines Kampfes zu thun. [Im Folgenden wird das Grimm'sche Werk „Deutsche
Rechtsalterthümer" (1828) kurz nur mit dem Verfassersnamen und der
Seitenzahl citirt werden.]

6) Vgl. noch fr. 44 §. 1 de o. et a. 44. 7: superficies, quae natura
solo cohaeret; fr. 23 pr. de u. et u. 41. 3: daß man superficies und
solum in verschiedenen Zeiten usucapiren könnte, absurdum [gegen die
Natur] et minime iuri civili conveniens est.

² ex uvis meis vinum, cet. β) Ebenſo geht es aus dem realen Weſen des Aneinanbergrenzens zweier Grundſtücke hervor, baß die auf der Grenze ſtehenbe Mauer Beiden gemeinſam ſei; fr. 8 de S. P. U. 8. 2: parietem, qui naturali ratione communis est. Aus dem „Gemeinſamen der menſchlichen Natur" ergiebt ſich hier nichts.

c) Daß an ben res quae usu consumuntur kein wirklicher Uſusfruct möglich ſei, ergiebt ſich aus dem realen Weſen dieſer Dinge, nicht aus irgend etwas der menſchlichen Natur Gemein= ſamem; §. 2 I. de usufr. 2. 4: rebus exceptis his quae ipso usu consumuntur: nam eae neque naturali ratione neque civili recipiunt usumfructum; fr. 2 §. 1 de usufr. ear. rer. 7. 5: nec enim naturalis ratio auctoritate senatus commutari potuit.

d) Daß man an der Luft, der vorüberfließenden Welle, dem Meere, und, ſoweit die Gewalt des Meeres reicht, auch dem Meeresufer ſich keine abgeſonderten Einzelrechte benken kann, alſo dieſe Dinge factiſch Jebem zugänglich ober communia omnium bleiben, davon liegt der Grund nicht in etwas der menſchlichen Natur Gemeinſamem, ſondern in dem realen Weſen dieſer Dinge; Pr. §. 1 I. de rer. div. 2. 1: quaedam enim naturali iure communia sunt omnium; fr. 34 §. 1 de contr. emt. 18. 1: quas vero natura vel gentium ius vel mores civitatis commercio exemerunt.

e) Nicht die Gemeinſamkeit der menſchlichen Natur, ſondern einfach das reale Weſen der Räumlichkeit bringt es mit ſich, daß man ſagt (fr. 3 §. 5 de adq. poss. 41. 2): contra naturam est, ut, cum ego aliquid teneam, tu quoque id tenere videaris .. non magis enim eadem possessio apud duos esse potest [bieſen Satz als einen juriſtiſchen laſſe ich hier ungeprüft], quam ut tu stare videaris in eo loco, in quo ego sto, vel in quo ego sedeo tu sedere videaris. Auch was

ber eine Hund ganz im Maule hat, kann nicht gleichzeitig der 2
andere Hund ganz im Maule haben, unb wo der eine Hund steht
oder sitzt, kann nicht gleichzeitig der andere Hund stehen oder
sitzen.

f) Aus dem realen Wesen der Dinge, nicht aus mensch=
licher Naturgemeinsamkeit, erklärt sich: α) Der „natürliche" Cha=
rakter der Solution [meine „Wechselbeziehung" S. 14 Anm. 3];
β) die natürliche Wechselbeziehung zwischen Darlehnshingabe unb
Darlehnsrückgabe [„Wechselb." S. 8; fr. 17 pr. de pact. 2. 14:
re enim non potest obligatio contrahi, nisi quatenus datum
est]; γ) die „natürliche" Bedeutung von bona; fr. 49 de verb.
sign. 50. 16; δ) die „naturalis datio" beim peculium; fr. 8
de pecul. 15. 1; ε) die „natürliche" Wechselbeziehung: aa) zwi=
schen der fruchterzeugenden Sache unb der Frucht [im Gegensatz
zu vectura unb usura, die „non natura pervenit"; fr. 62
pr. de rei vind. 6. 1], aus welcher naturalis ratio bann der
Schluß gezogen wird, daß, was überhaupt Frucht ist, naturali
iure bem auf bie Hauptsache Berechtigten zufalle; §. 37 I. de
rer. div. 2. 1; bb) zwischen Früchten [bie als um ber Menschen
willen vorhanden aufgefaßt werden (s. oben Anm. 1. Nr. f), unb
zwecks beren Gewinnung man überhaupt bie Sache cultivirt] unb
zwischen ber Cultivirung §. 35 I. de rer. div. 2. 1; fr. 36 §. 5
de her. pet. 5. 3; biese Studien II S. 17. 18; ζ) bie natürliche
Wechselbeziehung zwischen bem zeitweiligen Sachgebrauch unb
bem zeitweiligen Sachunterhalt; fr. 18 §. 2 Commod. 13. 6:
cibariorum impensae naturali scilicet ratione ad eum
pertinent, qui utendum accepisset; biese Studien II S. 18.

g) Da man mit naturalis ratio bas reale Wesen ber Dinge
[also verwandt mit ber Existenzfrage, ber rerum natura; weß=
halb benn auch (vgl. Anm. 1. Nr. d.) bie thatsächliche Leistungs=
möglichkeit, bie Erfüllbarkeit ber Bedingungen auf rei ober re=
rum natura reducirt werden] bezeichnet, so erklärt sich, baß man

2 in übertragener Bedeutung von etwas ideell Juriſtiſchem, wie von etwas Realem redet, und ſagt, daß, wenn etwas nicht Exiſtirendes geſchuldet werden ſoll, naturali ratione die Obligation ſelbſt nicht exiſtiren könne; fr. 1 §. 9 de o. et a. 44. 7: si id, quod dari stipulemur, tale sit ut dari non possit, palam est naturali ratione inutilem esse stipulationem. Alſo dieſe Schlußfolgerung erweiſt ſich nicht als „ein bloßer Ausfluß des logiſchen Satzes vom Widerſpruch" [7]); damit wäre das weſentliche Moment gerade ausgelaſſen, indem es ſich um den Widerſpruch gegen den realen Beſtand der Dinge handelt. Alſo naturalis ratio heißt hier nicht: „einfach die natürliche Logik" (die ja freilich bei allen unſeren juriſtiſchen Sub=ſumtionen vorausgeſetzt wird), ſondern die „reale Naturordnung". — Ebenſo erklärt ſich folgende Anwendung der naturalis ratio. Wenn etwas von Anfang an nichtig (teſtamentariſch) Conſtituir=tes [8]) mit onera belaſtet werden ſoll, ſo wird dies von Juſtinian in l. un. §. 3 C. de caduc. toll. 6. 51: „naturali ratione" für unmöglich erklärt. Ich muß geſtehen, daß, wo etwa Juſtinian auf eigene Autorität hin etwas für naturalis ratio erklärte, ich immerhin mit einem gewiſſen Mißtrauen erſt prüfen würde, ob das auch richtig ſei. Aber Juſtinian ſpricht hier etwas „antiquae benevolentiae consentaneum" aus, und hat alſo auch wohl den Ausdruck aus einem alten Juriſten entlehnt: nullo gravamine nisi perraro in hoc 'pro non scripto' interveniente. Quod et nostra maiestas, quasi antiquae benevolentiae consentaneum et naturali ratione subnixum, intactum atque illibatum praecepit custodiri in omne aevum valiturum. Dies erklärt ſich ebenſo, wie der Punkt des fr. 1 §. 9 cit. Das onus wird von dem teſtamentariſch Zugewendeten

---

7) G. Hartmann die Obligation (1875) S. 173.

8) Vgl. meine ſchon erwähnte Recenſion der Amann'ſchen Schrift in den Gött. Gel. Anz. S. 409, 410.

prästirt. Existirt Letzteres nicht, so ist das onus die Auflage, ein ²
Nichtexistirendes zu einer Leistung zu verwenden.

§. 3. Einstweilen mögen die mitgetheilten Stellen über die ³
naturalis ratio genügen. Sie zeigen jedenfalls, daß, soweit sie
die naturalis ratio berühren, von Aequität gar nicht die Rede ist.
Die Besprechung der übrigen Aussprüche der römischen Classiker
über die nat. ratio, unter denen sich erst die Hauptstellen befin=
den, verspare ich auf den weiteren Verlauf meiner Darstellung.
Diese Hauptstellen betreffen das Verhältniß der Geschlechter, die
Fortpflanzung und Erziehung, die Sklaverei, die Occupation, die
Fabrikation, den Gütertausch. Mit der Frage von der naturalis
ratio wird überhaupt die Frage von den Grundelementen, auf
denen diese Verhältnisse beruhen, aufgeworfen. Diese Stellen
berühren also in **Ehe, Eigenthum und Vertrag** die wich=
tigsten Punkte der Rechtswissenschaft.

Ich habe, wie ich schon in der Vorrede sagte, die Schrift
nicht unternommen in der Absicht, lediglich die Aussprüche der
Römer zu interpretiren. Ich will möglichst die Wahrheit in
diesen Fragen ermitteln [1]), und mit den gewonnenen Resultaten
die Auffassung der römischen Juristen zusammenhalten. Mög=
lich, daß die Römer Manches unrichtig oder einseitig aufgefaßt
haben, oder daß ihre Darstellungsweise eine beschränkte und man=
gelhafte ist.

Man hat sehr oft schon den allgemeinen Satz ausgesprochen:
Ehe, Eigenthum, Vertrag muß es von jeher in der Menschheit
gegeben haben; und man hat dann eine allgemeine Theorie über
ihren Ursprung aufzustellen versucht. Dabei ist man gewohnt,
diesen Dingen, im Forschen nach ihrer wirklichen Existenz, nur
bis zu den (s. g. geschichtlichen) Anfängen des römischen, grie=
chischen, deutschen u. s. w. Volkes nachzugehen. — Ich will nun

---

1) Vgl. l. ult. pr. C. arbitr. tutelae 5. 51 (Justin.): nihil veritati
praeiudicare, sed hoc obtinere, quod ipsius rei inducit natura.

⁸ von Aufstellung einer allgemeinen Theorie mich gänzlich fern halten, aber an die Frage herantreten: giebt es sichere Data, die uns den Weg weisen, um auch in den s. g. vorgeschichtlichen Zeiten wenigstens einige Hauptpunkte in Betreff der eben berührten Fragen von Ehe, Eigenthum und Vertrag festzustellen? Können wir also rücksichtlich der rechtlichen Urzustände unserer Völker, über die sich die Römer in jenen Stellen des §. 1 Anm. 1. 3. auslassen, Einiges als constatirbar hervorheben?

Indem ich von allgemeiner Theorie ganz abstrahire, will ich in die bare rauhe Wirklichkeit der Vorzeiten zurückzugehen versuchen. Quellen für die Forschung giebt es ja, in den vielfachen Funden aus der Urzeit, und in der Sprache. Es wird sonach im Folgenden allerdings von Manchem die Rede sein, was man heutzutage in einer romanistischen Schrift nicht zu suchen pflegt. Zunächst will ich in dieser Einleitung einen kurzen Ueberblick über das geben, was wir von dem Bestande von Urvölkern in unseren europäischen Ländern und von der Ausbreitung der indogermanischen Völkerfamilie wissen.

Zunächst von den Urvölkern.

I. Die Funde weisen nach, daß Menschen in unseren europäischen Ländern schon zur Eiszeit gelebt haben[2]): 1) Fund von Boucher de Perthes 1847 im Sommethal (P. 37). Kieselgeräth wahrscheinlich menschlichen Ursprungs, zusammen mit Mammuth, wollhaarigem Nashorn, ausgestorbener Pferdeart, Hippopotamus und anderen Geschöpfen der Diluvialzeit; P. 38: „wir können uns vorstellen, daß in der Gletscherzeit am Schluß des Tertiäralters die Bewohner der Picardie wie die heutigen Eskimo das Eis der Somme aufgehauen und an den freigehaltenen Oeffnungen Fische mit ihren Geschossen harpunirt haben"[3]).

---

2) Vgl. Oskar Peschel Völkerkunde 3. Aufl. 1876 S. 37 ff. [Auf die Seitenzahlen dieses Buches beziehen sich die bloß mit P. versehenen Citate.]
3) Lit. Centralbl. 1876 Nr. 32. (5. Aug.) [Ueber Darwins, die Höhlen

2) Belgische, englische und französische Höhlenfunde (P. 39): 3 Kunstgeräth aus Feuerstein, zusammen mit Knochen vorweltlicher Thiere: Mammuth, Höhlen=Bären, Hyänen, Löwen. Schädel und Skelette von zwei Männern und zwei Frauen zusammen mit Höhlen=Tiger, Bär, Auerochs. „Diese Höhlenfranzosen ernährten sich vom Jagdbetriebe und vorzüglich wurde dem Rosse als Wildpret nachgestellt." Die Knochen der Thiere zeigen noch keine Brandspuren. 3) Fund in der Dordogne: schon Schnitze= reien in Horn, und auf Mammuthelfenbein geritzte Abbildungen von Fisch, Ren, Mensch; Ahlen, Pfeilspitzen, Nadeln zum Zu= sammennähen von Fellen, Halsbänder aus durchbohrten Thier= zähnen und Muscheln⁴). 4) Fund zu Hohlefels bei Blaubeuren 1871: Scherben von Thongeschirren zum Rösten und Braten, zusammen mit Mammuth, Elephanten, Löwen, Bären, Ren= thier. 5) Schussenrieder Fund 1866, aus der Zeit wo Gletscher das Rheinthal und den Bodensee ausfüllten (P. 42. 43): bear= beitete Rengeweihe, Pfriemen mit ausgeschlitztem Dehr, hölzerne glatte Nadel, Angelhaken, Aschen= und Kohlenreste. — Hiernach

---

und die Ureinwohner Europas. Aus dem Engl. v. Spengel mit Vorw. v. Fraas. 1876]: „Der paläolitische Europäer, zur Eiszeit in fast gleicher Naturumgebung und fast von denselben Thieren als Jäger und Fischer wie der Eskimo lebend, schuf sich auch ganz ähnliche Geräthe aus Stein und Knochen wie der letztere."

4) P. 40: „Letztere stammen obendrein von dem weit entfernten atlan= tischen Strande, können also nur durch Tausch in ihren Besitz gelangt sein, ebenso wie vorgefundene Bergkrystalle, die in großem Um= kreise um die Fundstätten nicht vorkommen. Selbst Hörner der Saigaanti= lope, deren nächstes Verbreitungsgebiet erst in Polen erreicht wird, gehörten zu der Habe jener alten Jäger und dienen als Urkunde, daß durch den Handel schon damals geschätzte Waaren in große Fernen verbreitet wurden." — Daß an diesen durch Tauschhandel von auswärts erworbenen beweglichen Sachen damals schon der Eigen= thumsbegriff existirt hat, kann kein Zweifel sein.

3 hat jedenfalls das Auftreten des Menschengeschlechts in unseren europäischen Ländern ein sehr hohes Alter [5]). P. 539: „Die Basken müssen wir vorläufig unter allen Europäern für die ältesten Bewohner unseres Welttheils halten"; ob sie aber mit jenen Völkern der Eiszeit noch zusammenhängen, wissen wir nicht. II. Neuere Zeit (viel jünger zu denken, als das vorstehend Angeführte). A. Die schweizerischen Pfahlbauern (P. 44. 45) trieben bereits Ackerbau, aßen Brod, pflanzten Obstbäume, dörrten Aepfel; Rinder, Schaafe, Ziegen, Katzen und Hunde wohnten mit ihnen (noch nicht das Schwein); „Nichts hindert uns bis jetzt die schweizerischen Pfahlbauern für einen arischen Volksstamm zu halten" [vielleicht zweites Jahrtausend vor Chr., vielleicht aber viel älter — P. 46]. B. Eine wohl erst spätere Entwicklung der Cultur finden wir bei den, ebenfalls den Ariern zuzurechnenden, nordischen Völkern. Unter diesen sind die Dänen diejenigen, bei denen wir den Entwicklungsgang am Besten verfolgen können, theils weil sie nicht so wie andere Völker den Einflüssen von verschiedensten Seiten ausgesetzt waren, theils weil in Dänemark sehr reichhaltige Funde gemacht, und im Kopenhagener Museum in einer alle anderen Länder bis jetzt übertreffenden Weise zusammengeordnet worden sind. In dankenswerther Art ist neuerdings eine Uebersicht über den Bestand dieses Kopenhagener Museums [das den Eindruck eines in Dingen geschriebenen Lehrbuchs macht] publicirt worden [6]), und ich halte es für das meinen juristisch-

---

5) Vgl. noch: „Menschenspuren aus interglaciären Ablagerungen" in den Mittheilungen des deutsch. u. österr. Alpenvereins; herausg. v. Petersen. Jahrg. 1876 Nr. 3. 4. B. 154. (s. unten §. 8 A. 5).

6) Dr. Hassenkamp die prähistorischen Alterthümer des nordischen Museums in Kopenhagen (Globus 1875. Bd. 28 Nr. 23. 24): Es tritt bei den dänischen Funden „eine genaue Scheidung zwischen der Steinperiode, der Bronze- und Eisenperiode zu Tage, während z. B. in Deutschland

dogmatiſchen Zwecken Förderlichſte, von dieſer Ueberſicht, aus der man mehr oder minder auch auf andere Länder zurückſchließen kann, hier einen Auszug zu geben.

1) **Steinzeit.** a) Die älteſten Culturerzeugniſſe: Kiökkenmöddinger. Nur Schalen eßbarer Muſcheln, insbeſ. Auſtern, die jetzt in der Oſtſee wegen deren zu geringen Salzgehalts nicht mehr fortkommen (die Oſtſee muß alſo damals nach dem Ocean hin offener geweſen ſein); Knochen von Urochſen, Biber, Hirſch, Reh, Wildſchwein; die Knochen ſorgfältig geſpalten zum Verzehren des Marks. Der Hund ſcheint das einzige Hausthier. [Im Zähmen der Thiere tritt, im Gegenſatz zum bloßen Erlegen, zuerſt eine höhere Stufe[7]) der Herrſchaft des Menſchen über die Thierwelt hervor; indem der Menſch das Thier daran gewöhnt, frei herumgehend doch wieder zu ihm zurückzukehren, entwickelt ſich eine ungemein erweiterte Sphäre menſchlicher Macht und ein außerordentlich erweiterter Eigenthumsbegriff im Gegenſatz zum erſten bloßen Erjagen des Thiers; P. 524: „Das Roß bezähmt zu haben, iſt das Verdienſt eines weit von Aegypten entlegenen Völkerkreiſes"; 545: „Die indoeuropäiſchen Völker kannten die altafrikaniſchen Hausthiere Eſel und Katze nicht"; 552: „Der Haushahn wanderte aus In-

---

Steinwerkzeuge, Bronzeſachen und Eiſen nebeneinander oft in demſelben Grabe gefunden werden, hier alſo eine derartige Scheidung nicht vorgenommen werden kann. Der Grund dieſer Verſchiedenheit iſt wohl hierin zu finden, daß, während durch Deutſchland ſchon früh Handelsleute hindurchzogen, welche den Handel mit dem Süden und Südoſten vermittelten und Deutſchland mit Culturerzeugniſſen dieſer Länder verſorgten, in Dänemark derartige Handelsverbindungen mit dem Süden viel ſpäter auftraten, daß ſich alſo hier vielmehr eine einheimiſche und darum eigenartige Cultur entwickeln konnte."

7) P. 346: „.. Die Abweſenheit aller Huſtthiere, wodurch von vorn herein für die Menſchen die Möglichkeit ausgeſchloſſen war, ſich zu den höchſten Geſittungen zu erheben."

3 bien über Perſien zunächſt nach Griechenland.''] Steinwerk=
zeuge roh aus Feuerſtein zugehauen ohne Spur von Glättung
[Aerte, Meißel, Schaber — Lanzen= und Pfeilſpitzen; — über
die Entwicklung der Bewaffnung überhaupt: P. 188 ff.]; Kno=
chengeräthe (Pfriemen, Ahlen und ein kanneartiges Geräth).
Scherben großer Gefäße, die aus einem ſtark mit Sand vermeng=
ten Thon mit bloßer Hand geformt und an der Sonne getrocknet
ſcheinen. Vom Rauch geſchwärzte Steine als Theile eines Feuer=
heerds deuten auf den Gebrauch des Feuers [8]).

    b) Etwas jünger die Küſtenfunde zu Veſter=Egesburg (See=
land). Maſſenhafte Steinwerkzeuge, namentlich Schaber (zum
Abſchaben der Thierhäute, Fleiſchabtrennung von den Knochen),
Beile, Meſſer, Meißel, — jedes Werkzeug oft in Hunderten von
Exemplaren; daneben mißlungene und unfertige, ſowie Feuerſtein=
abfälle; alſo eine Feuerſteingeräth=Werkſtatt. Aehnliche Funde
auf den kleinen Inſeln Heſſels und Anholt im Kattegatt.

---

8) Ueber die Kenntniß der Feuerbereitung: P. 139 ff. — Die unend=
liche Bedeutung des Feuers für die Menſchheit hat ſie ſelbſt ſchon früh ſehr
deutlich erkannt. Es ſpricht ſich dies am Schönſten in der griechiſchen
Prometheusſage aus. Otfr. Müller Prolegomena (1825) S. 122: „Den
vordenkenden Sinn hatte eine frühere Zeit ſchon zum Dämon per=
ſonificirt, und als das Höchſte im Menſchen zum Repräſentanten des Men=
ſchengeſchlechts in der Titaniſchen Welt gemacht. Die entgegengeſetzte, im
Menſchengeſchlecht eben ſo wohl wahrzunehmende Eigenſchaft [Nachbedacht
— Epimetheus] als Bruder ihm beizugeben war ebenfalls ſehr natürlich.
Wer nun einſah, wie alle menſchliche Induſtrie vom Beſitz des
Feuers abhing, wer aber zugleich von der Plage der Arbeit oft matt
und müde war, und dabei, wie das ganze Alterthum, von einem verlorenen
Paradies, von einer goldenen Zeit der Ruhe und des Friedens träumte,
dem mußte der Heros der verſtändigen Thätigkeit das Feuer
hervorgebracht, ... er mußte aber dadurch zugleich die Götter erzürnt haben,
welche das unruhige und verwegene Streben des Menſchen mit dem Verluſt
des alten Glücks ſtraften, und den lecken Menſchenverſtand ſelbſt, der immer
über ſeine Grenzen ſpringen will, in Ketten und Banden legten.‟

c) Spätere Periode der Steinzeit mit schon sorgfältiger, ³ zum Theil bereits vollständig geglättetem Steingeräth.

α) Funde in den ältesten dänischen Grabdenkmälern, den „Jettenstuben" (Familiengrabkammern) und „Dolmen" (Grab= kammern): Messer, Dolche, Aerte, Meißel, elegante Lanzen= und Pfeilspitzen aus Feuerstein, sorgfältig geglättete Hämmer aus Granit (oft sehr schön) ⁹); zum Theil zerbrochen (um dem

---

9) Aus der Zeit, wo der Hammer die Hauptwaffe des Mannes war, also aus dieser späteren Periode der Steinzeit, stammt eine Rechtssitte, der Hammerwurf (oder auch Steinwurf), und die Hammertheilung, die Grimm als eine weitverzweigte germanische, bis in die neueren Zeiten sich fortziehende nachgewiesen hat (S. 55—68. 527); „ein Denkmal des äl= testen deutschen Rechts, zu dem fast keine Geschichte hinauf reicht". „Der Gebrauch weiset bis dahin zurück, wo er gewöhnliches Geräth und Waffe war" [zugleich beweist der seit jenen Zeiten sich forterbende germanische Ge= brauch, daß die Träger jener Hämmer der späteren Periode der Steinzeit schon indogermanischen Stammes waren]. „Der Hammer war ein heiliges Geräth [„noch späterhin gerichtliches Zeichen"], durch dessen Wurf das Recht auf Grund und Boden, auf Wasser und Flüsse oder andere Befugnisse bestimmt werden konnte" [man erkennt darin den Zustand, wo der Mann selbst sein Recht, das er durch seine Waffe aufrecht hält, durch die Trag= weite seiner Waffe bestimmt; — etwas Aehnliches die moderne völkerrecht= liche Bestimmung der Grenze auf der See durch Kanonenschußweite]. „Of= fenbar ist es nicht der erste Erwerb an Grund und Boden, welchen der Hammerwurf heiligt, vielmehr setzt er schon ein bestehendes Eigen= thum oder Besitzthum voraus, von dessen Abgrenzung oder Be= fugniß gegen die Nachbarschaft und Mark es sich handelt." — Grimm setzt hinzu: „Aber ich finde nirgends bei Griechen und Römern, daß vom Werfen eines Steins, Speers oder Hammers rechtliche Bestim= mungen abgegangen hätten, wie bei den alten Deutschen." Es wird mit darauf ankommen, ob im fr. 5 §. 10 de op. nov. nunc. 39. 1 die Worte: per manum id est lapilli iactum [ictum] Glossem sind oder nicht (Mommsen in seiner Ausg. Praef. p. LXXXVI; Windscheid, P. 4. Aufl. II. §. 465 Anm. 18); aber auch wenn das zu bejahen ist, so bleibt doch immer, daß der Römer die Anschauung hat, das Opponiren per manum könne in der Form eines „lapillum iactantis prohibendi gratia" erfolgen

2 *

3 Eigner in's Jenseits zu folgen); — Ahlen und Pfriemen aus Schaafknochen; Perlen aus Bernstein; wenige Urnen und Töpfe aus grauem Thon mit eingeritzten einfachen Verzierungen. Ueber dem Dolmen im Samsingerhügel bei Kallundborg eine die Grab=kammern 3 Fuß hoch bedeckende Schicht von Speiseabfällen, Muschelschaalen, Fischgräten, künstlich zerspaltene Knochen von Ochsen, Schaafen, Schweinen und Hunden [der Hund also nicht mehr alleiniges Hausthier], Rehen und Füchsen; Topfscherben, Knochen= und Steingeräthe. — In den Steinkammern zu Borresby daneben auch künstlich gespaltene menschliche Knochen [Beweis für den „Cannibalismus" bei Opfer= und Leichenfeiern? — Dieser Cannibalismus ist eine noch dunkle Frage; vgl. P. 169, Caes. B. G. VI. 16 und Festus: ver sacrum vovebant . . immo-laturos . sed cum crudele videretur pueros ac puellas innocentes interficere (vgl. noch Mommsen R. G. S. 114. 172. 173); womit zu verbinden: die deutsche Ansicht vom Tödten der Alten vor dem Siechthum, Grimm S. 486 ff. und der römische Satz von den „sexagenarii de ponte"; Fest.: depon-tani].

β) Acker= und Moorfunde, besonders in Jütland: sorgfältig geglättete Granithämmer, gezahnte als Sägen dienende Instru=mente, sorgfältig bearbeitete Flintharpunen und Pfeilspitzen, Aerte und Messer (darunter ein einziges sichelförmiges), Thongefäße mit Schmucksachen insbesondere Perlen und Bernsteinstücken.

2) Bronzezeit. Die Anwendung der Bronze ist eine epoche=machende Veränderung, wobei aber die Steininstrumente, ins=

(fr. 20 §. 1 quod vi aut cl. 43. 24). — Bei Livius I. 32 (Grimm S. 163. — Diese Studien III. S. 260. 261) heißt es: Id ubi dixisset hastam in fines eorum emittebat; hoc tum modo ab Latinis repetitae res, ac bellum indictum: moremque eum posteri acceperunt. [Auch das icere des Steins beim Schwur kann hiemit zusammenhängen, Festus v. lapidem].

befondere Hämmer, zum Theil noch fortbewahrt werden. Aus 3 Bronze gegoſſen nunmehr: ſchneidende Inſtrumente, Schutzwaffen (Helm und Schild), Schmuckgegenſtände. — Jetzt tritt auch das Gold auf, theils maſſiv zu Schmuckſachen, theils in dünnen Plättchen zur Waffenverzierung ausgehämmert.

a) Aeltere Zeit. Beſtattung in Baumſärgen. — Fund bei Borum Eſköi (bei Aarhus): weibliche Leiche mit im Moorboden vollſtändig erhaltener Kleidung, wollenem eng anliegenden Ge= wand [Tac. Germ. 17: veste non fluitante sed stricta et singulos artus exprimente], bronzene Heftnadel, Armringe, Kopfring, Dolch mit Handhabe aus Horn. — Fund auf dem Treenhöi und Kongshöi bei Vandrup und bei Bolbeslev: Leichen in wollener Tracht, Bronzeſchwerdter in zum Theil ſchönverzierten Holzſcheiden [10]), Dolche, Bronzebeile (Palſtäbe), Bronzeringe und =Nadeln. — Gleichzeitig etwa das durch Waffenfunde in Jütland und Seeland Gewonnene: ſchöne Bronzeärte (über einen Kern von gebranntem Thon ſehr dünn gegoſſen, prächtig verziert, eine ſehr hohe Stufe der Gießkunſt repräſentirend), bronzene Pfeil= und Lanzenſpitzen, Gewandnadeln, ſpiralförmige Ringe, Bänder von Schwerdtern, Gürtelhaken.

b) Spätere Zeit. Hier ſcheint der Leichenbrand Sitte ge= weſen zu ſein (Knochenüberreſte in Steinkiſten, wobei zur Auf= bewahrung die alten Steinkammern der Steinzeit ausgeräumt wurden). — Fund zu Maleghöi auf Seeland: Steinkiſte mit

---

10) Das Beigegebenwerden von Geräth bei den Leichen iſt der beſte Beweis des Eigenthumsbegriffs; der Eigenthümer ſoll die Sachen mit in's Jenſeits nehmen. Tacitus Germ. 27: sua cuique arma, quorundam igni et equus adiicitur. Grimm S. 451: „Auch die Frauen beglei= teten den Ehemann in den Tod. Von dieſer noch jetzt in Indien herr= ſchenden Sitte finden ſich noch unter den Standinaviern und Herulern Spuren." — Bei den Galliern Mitverbranntwerden der Sklaven und Clienten, quos ab iis dilectos esse constabat. Caesar B. G. VI. 19.

3 verbrannten Knochen und mit Diabem und Dolchklinge aus
Bronze. — Fund zu Hoibegaard bei Kopenhagen: Steinkiste,
worin eine Thierhaut, gebrannte Menschenknochen in einen wol-
lenen Mantel eingehüllt, ein Bronzeschwerdt in einer mit Leder
überzogenen Holzscheide, bronzene Gewandnadel, und eine läng-
liche Ledertasche [darin ein hölzerner Würfel, eine Vogelklaue,
ein Natterschwanz, eine durchbohrte Schnecke, ein Lederbeutelchen
mit kleinen Steinen u. s. w., also wohl die Beigabe bei der Leiche
eines Arztes oder Zauberers]. — Erst später und nicht häufig das
Bergen der Knochenüberreste in Graburnen aus grauem stark mit
Sand vermischtem Thon geformt, ohne Verzierungen. Darin
oft neben den Knochen: Nadeln, Spangen, Schwerdter aus
Bronze [11]), deren Spitze bisweilen absichtlich umgebogen (beige-
gebene Miniaturgegenstände besaßen wohl symbolische Bedeutung).
— In den Mooren Jütlands und Falsters gefunden: Metall-
sachen von feiner Arbeit und ausgebildeter Ornamentik (pracht-
volle Bronzevasen mit zusammengenieteten Theilen, wonach man
also die Kunst des Löthens noch nicht kannte); große Blasehörner
wohl zu Schlachtsignalen; Bronzemesser mit Bildern von Thieren, Schiffen, Fischen, die Messerhandhaben als Thierköpfe insbesondere von Pferden und Schwänen gestaltet; auch das menschliche Antlitz als Ornament von Ohrgehängen, Messergriffen,
Schmucknadelknöpfen verwendet [der Typus aller dieser Köpfe
derselbe: plattgedrückte Gesichter mit hervortretenden Kinnbacken
und großen ringgezierten Ohren, — entschieden abweichend vom
germanischen Typus und auf einen mikrokephalen Volksstamm
hindeutend, wonach also diese Bronzesachen wohl importirt oder
einheimisch nach fremden Mustern gefertigt sind]. — Funde von

---

11) P. 191: „Hinzufügen wollen wir gleich hier, daß in Europa
bis jetzt die Erfindung der Schwerdter nicht höher hinaufreicht als in das
Bronzezeitalter, während wir später anderwärts einen Fall kennen lernen
werden, daß es auch Schwerdter in der Steinzeit geben kann.“

ganzen Vorräthen von Metallarbeiten (zerbrochene zum Ein= 3
schmelzen bestimmte Bronzeringe, Schwerdter, Messer, Sägen);
thönerne Gußformen für Sägen, Palstäbe, Messer, Nabeln. —
In dieser späteren Bronzezeit hat die B e a r b e i t u n g des G o l=
d e s schon bedeutende Fortschritte gemacht: elf goldene Schöpf=
gefäße (in einer Bronzevase verborgen — aus einem Moor in
Fühnen) von ziemlich eleganter Form, zum Theil reich mit Or=
namenten versehen; sechs goldene Schalen unter einem großen
Stein verborgen (Fund auf der Insel Munkö). — Knochen= und
Bein=Geräthe aus dieser Zeit seltener; Fund zu Viborg: eine
prähistorische Werkstatt für Beingeräthe mit massenhaften kreuz=
förmigen oft noch verzierten Knöpfen aus Bein, zahlreichen un=
vollendeten Stücken, unbearbeiteten Knochen und Abfällen. —
Eigenthümliche Funde von kuchenähnlichen Massen aus vorzugs=
weise Birkentheer, wahrscheinlich zum Kitten, vielleicht auch zur
Fertigung eines Lacks für Schilde und Ledergegenstände.

3) Eisenzeit. Diese tritt schon in die historische Zeit ein.
In der Bronzezeit zeigt sich noch keine Spur von römischer Cul=
tur, wogegen bei den Funden der Eisenzeit oft römische Sta=
tuetten, Gefäße und Münzen auftauchen; die ältesten in dänischen
Gräbern gefundenen Silberbenare gehören dem Ende des zweiten
nachchristlichen Jahrhunderts an. Damals war also das Eisen
schon in allgemeiner Verwendung. Im Gegensatz zu den kurzen
Bronzeschwerdtern sind die der Eisenzeit lang und breit, einschneidig
und zweischneidig, später oft damascirt, die Griffe meist aus
Holz, aber auch von Silber; eiserne Lanzenspitzen mit bisweilen
noch erhaltenen Holzschäften. Damals wird zuerst das S i l b e r
in Dänemark verarbeitet; das G l a s tritt auf, und zwar meist,
wie es scheint d u r c h H a n d e l in's Land gekommen. Ueberhaupt
zeigt sich in der Eisenzeit eine bedeutend höhere Cultur, wie z. B.
der Fund (zu Nydam Moor in Schleswig) eines wohlgebauten
vollständig ausgerüsteten Ruderbotes zeigt. Es erscheinen jetzt

3 zuerſt die Runen, die der ganzen Bronzeperiode durchaus fremd
ſind [Fund von Himſingöie: neben römiſchen Gefäßen und Ge=
räthen eine bronzene mit Silber belegte Gewandnadel mit in Ru=
nenſchrift eingeritztem Wort „Hariſo"; — Fund zu Straarup,
Jütland: Goldbiadem mit eingeritztem Namen „Luthro". —
Längere Runeninſchriften gehören erſt einer ſpäteren Zeit an].
In die Eiſenperiode, wenn auch erſt ſpäterer Zeit, fällt die erſte
Ausprägung von Münzen in Dänemark [goldene Bracteaten,
nur auf Einer Seite geprägt und mit Oeſen zum Tragen — alſo
mehr zu Amuletten als Tauſchmitteln beſtimmt, —
theils barbariſche Nachahmungen römiſcher Münzen mit Nachbil=
dung der lateiniſchen Buchſtaben ohne Sinn und Verſtändniß,
theils Münzen mit Runenſchrift und Figuren aus der nordiſchen
Götterſage]. — Die Leichenbeſtattung iſt in der Eiſenzeit gleich=
mäßig Beerdigung wie Verbrennung.

4 §. 4. Als Träger der im vorigen §. unter Nr. II zuſam=
mengefaßten Entwicklung ſind, wie ich bereits bemerkte, ſchon
die indogermaniſchen Völker anzuſehen. Nur in kurzen
Zügen gebe ich, ſoweit ich für das Folgende deſſen bedarf, einen
Ueberblick über Stellung und Entwicklung dieſer merkwürdigſten
aller Völkerfamilien der Menſchheit.

Durch die neueren, insbeſondere an den Darwinismus ſich
anknüpfenden, Unterſuchungen iſt Ein Punkt zu früher ungeahnter
Feſtigkeit gelangt: die Entwicklung der Menſchheit von Einem
Schöpfungsheerde aus (P. 1—36). Auch für die Rechtswiſſen=
ſchaft hat derſelbe eine fundamentale Bedeutung. Als die großen
Gruppen, in die ſich die Menſchheit allmälig auseinandergelegt
hat, ſtellt man jetzt meiſt die Siebenzahl der Racen auf, P. 337
—557. Die eine von dieſen ſieben, die mittelländiſche Race,
umfaßt (abgeſehen von einigen noch nicht beſtimmbaren Stämmen)
die Hamiten, die Semiten und den indoeuropäiſchen Stamm,
P. 540.

Man hat schon mehrfach versucht, die Sitten und Rechte aller dieser Völker der gesammten Menschheit zusammenzustellen. Insbesondere Peschel hat uns in dieser Hinsicht S. 217—255 ein anziehendes Bild vorgeführt, und vom Standpunkt der Völkerkunde aus hat dies moderne ius gentium hohe Bedeutung. Aber wir dürfen darüber nicht vergessen, daß darin an sich noch kein juristischer Werth liegt. Zur Gewinnung dieses letzteren ist es nöthig, die inneren Gründe aufzudecken, aus denen sich das Recht in den Völkern so gestaltet hat, wie es uns entgegentritt. Erst wenn wir wissen, welches Recht in welchen Völkern, wenn auch inhaltlich sehr auseinandergehend, doch historisch zusammenhängt, — welches Recht umgekehrt, ohne historischen Zusammenhang, in Folge anderer Umstände doch zu gleichartigen Gestaltungen gelangt ist, und endlich — welches Recht, ohne historischen Zusammenhang und ohne äußerlich zusammentreibende Ursachen, nothwendig ganz bisparate Standpunkte einnehmen muß, — erst dann sind wir auf dem Wege, das gesammte Weltrecht juristisch zu verstehen. Bis dahin aber ist es noch unsäglich weit, und vorgreifend jetzt schon die äußere Sammlung des Rechtes der Völker für Rechtswissenschaft ausgeben zu wollen, würde Dilettantismus sein [1]).

Anders aber liegt die Sache in Betreff des indogermanischen Stamms. Die Sprachforschung ist jetzt über ihn so weit gediehen, daß wir schon herantreten können an die Frage, ob sich namentlich in dem unter uns mit Eifer cultivirten römischen und germanischen Rechte ein gewisser Urstamm findet, dessen Verzweigung in die verschiedenen Völkerstränge sich historisch verfolgen

---

1) Am ersten wird sich schon jetzt eine gewisse juristische Argumentation bei der Ehe, als dem nothwendig bei allen Völkern vorkommenden Verhältniß, rücksichtlich ihrer rechtlichen Begründungsform aufstellen lassen; s. unten §. 5. b.

4 läßt, und der uns eine Ausbeute für die Klärung unserer juristi=
schen Begriffe gewährt.

Zum Aufwerfen dieser Frage schicke ich die Data voraus,
welche die neuere Sprachforschung als die geschichtliche Entwick=
lung der indogermanischen Völkerfamilie festgestellt hat [2]).

Die indogermanische Sprachsippe zerfällt in drei Gruppen:
1) „die asiatische oder arische Abtheilung, bestehend aus der in=
dischen und der eranischen Sprachfamilie. Aeltester Repräsentant
und Grundsprache der indischen Familie und älteste bekannte in=
dogermanische Sprache überhaupt ist das altindische (die ältesten
Theile des Veda); später in vereinfachter Form und nach gewissen
Regeln als correcte Schriftsprache den Volksdialecten gegenüber
festgesetzt, Sanskrit genannt." 2) „Die südwestliche europäische
Abtheilung bestehend aus Griechisch, .. Italisch (die ältesten be=
kannten Formen dieser Familie das Lateinische .. das Umbrische
und Oskische), Keltisch. Italisch und Keltisch sind einander ähn=
licher als dem Griechischen." 3) „Die nördliche europäische Ab=
theilung, bestehend aus der slavischen Familie mit der sehr nahe
verwandten litauischen, und der von beiden weiter abstehenden
deutschen (gothisch, althochdeutsch, altnordisch)." — „Die indo=
germanische Ursprache theilte sich zuerst durch ungleiche Entwick=
lung in verschiedenen Theilen ihres Gebiets in zwei Theile, es
schied nämlich von ihr aus das Slavodeutsche (die Sprache, welche
später in Deutsch und Slavolitauisch auseinanderging); sodann
theilte sich der zurückbleibende Stock der Ursprache, das Ariogrä=
coitalokeltische in Gräcoitalokeltisch und Arisch, von denen das
erstere in Griechisch und Italokeltisch [3]) sich schied, das letztere,

2) Vgl. Aug. Schleicher Compendium der vergleichenden Grammatik
der indogermanischen Sprachen. 2. Aufl. 1866. S. 1—9.

3) Anders in Betreff der Kelten Mommsen R. G. I. S. 11. 14. 81
(erste Aufl.); nachgebend S. 326 A. * (sechste Aufl.). Fortan ist, wo ohne

das Arische, aber noch lange vereint blieb. Später theilten sich [1] Slavolitauisch, Arisch (Indoeranisch) und Italokeltisch nochmals.

.... Je öſtlicher ein indogermaniſches Volk wohnt, deſto mehr Altes hat ſeine Sprache erhalten, je weſtlicher, deſto weniger Altes und deſto mehr Neubildungen enthält ſie. Hieraus, wie aus anderen Andeutungen folgt, daß die Slavodeutſchen zuerſt ihre Wanderung nach Weſten antraten, dann folgten die Gräco= italokelten; von den zurückbleibenden Ariern zogen ſich die Inder ſüdoſtwärts, die Eranen breiteten ſich in der Richtung von Süd= weſt aus. Die Heimath des indogermaniſchen Urvolks iſt ſomit in Centralhochaſien zu ſuchen [4]. Nur von den Indern, die zu allerletzt den Stammſitz verließen, wiſſen wir mit voller Sicher= heit, daß ſie aus ihren ſpäteren Wohnſitzen ein ſtammfremdes Volk verbrängten, aus deſſen Sprache Manches in die ihrige überging. Von mehren der übrigen indogermaniſchen Völker iſt Aehnliches theilweiſe in hohem Grade wahrſcheinlich [5]." —

befondere Nebenbemerkung Mommſen's R(ömiſche) G(eſchichte) citirt wird, die ſechſte Aufl. des erſten Bandes (1874) gemeint.

4) Anders in Betreff der Oertlichkeit P. 544. 545.

5) Ueber die Vorgänger der Germanen oben §. 8 Nr. I. — Auch bei den Italern berichtet die Sage von Aboriginern. Feſtus: Aborigines appellati ſunt, quod errantes convenerint in agrum, qui nunc eſt populi Romani; fuit enim gens antiquiſſima Italiae. Mommſen R. G. I. Cap. 2 vermuthet in dem japygiſchen Stamm, dem älteſten, der Spuren zurückgelaſſen hat, ſchon einen indogermaniſchen (1. Aufl. S. 9 — etwas anders 6. Aufl. S. 11 A. *). — Bei den Griechen ſind die Pelasger (Haupt= ſitze Peloponnes und Theſſalien) auch ſchon ſtammverwandt, zwiſchen ihrer Sprache und den älteren griechiſchen Dialekten beſteht kein weſentlicher Un= terſchied. Die Hellenen beſtehen aus Aeolern (mit ihren Stammverwandten, den Achäern), Joniern, Dorern (wohl den urſprünglichen Hellenen). Durch den Heraklidenzug wurde die Macht der Aeoler gebrochen und die Dorer der leitende Stamm Griechenlands (1104 v. Chr.); C. Fr. Hermann Lehrb. d. griech. Staatsalterth. §. 7. 8. Die Dorer zogen in den Peloponnes über die Meerenge von Rhion. An der Küſte herumziehend, gelangten ſie dann

4 Es hat also in vorhiſtoriſcher Zeit eine Wanderung der indo=
germaniſchen Völker ſtattgefunden [nennen wir ſie, im Gegenſatz
zu der „Völkerwanderung" der hiſtoriſchen Zeit, im Folgenden
kurz den „Völkereinzug"], und dieſe Völker haben ſeit ihrer Feſt=
ſetzung in den Ländern, die wir ſie im Beginn der hiſtoriſchen
Zeit innehaben ſehen, ein eigenartiges Leben begonnen. Aber ſie
„haben eine gemeinſame Urſprache geredet", und unſere jetzigen
Sprachen tragen in allen ihren Theilen die Ueberreſte dieſer Ur=
ſprache mit ſich [6]). Alle die Wörter, die ich hier in der lateiniſchen
Geſtalt anführe: et, que, ne, ab, per, pro, super, sub, ante,
inter, — tu, me, se, ambo, duo, tres u. ſ. w.; dexter, scae-
vus, simul, novus, senex; caput, cerebrum, cor, venter,
umbilicus, genu, os, dens, artus, unguis; taurus, vitulus,
canis, anser, musca, formica, anguis, lupus, mus, ovis,
avis, sus; ver, aurora, stella, humus, unda, imber, nubes,
mensis; edo, eo, bibo, spuo, vomo, sopio, laboro, sto, do,
dormio, sedeo, sudo, ago, maneo, audio; cella, vicus, ager,
tectum, fores, fundus, pons, navis, ratis, vehiculum, stramen, domus, vestis, sero, suo, uro; deus, Zeus, tata, atta,
pater, mater, frater, levir, socer, nurus, nepos; nomen,
mors, dolus, vendo, pacio, aevum, — ſie alle ſtammen aus
der Urſprache [7]). Und nun ſollten nicht auch noch Rechtsan=
ſchauungen aus der Urzeit ſtammen? Und es ſollte nicht in

ſpäter nach Attila. „Die Achäer, die ſie verdrängen, entreißen ihrerſeits
wieder den Joniern die Nordküſte, die ſeit jener Zeit Achaja heißt, die
Jonier ziehen über Attila nach Kleinaſien;" Hermann §. 15—17.

6) Georg Curtius Grundzüge der griechiſchen Etymologie. 4. Aufl.
(1873). — In der Folge citire ich dies Werk bloß mit des Verfaſſers Na=
men und der Nummer ſeiner Wortartikel.

7) Vgl. auch die Ueberſicht über die „Abſtammung der griechiſchen
Sprache" in Koch's Griech. Schulgrammatik. 4. Aufl. (1876) S. 355
—364.

dem, was sich in den einzelnen Völkersträngen juristisch Eigen= 4
artiges entwickelt hat, Vieles nur daraus erklärbar sein, daß alle
diese Stränge ursprünglich in Einem Volksknoten vereinigt ge=
wesen sind?

Ich will im Folgenden gar nicht Alles zusammenfassen, was
auf den gemeinsamen Urstamm zurückweist. Ich will vielmehr
nur das besprechen, woraus sich Data für das allmälige
Werden einiger Hauptrechtsbegriffe der indogermani=
schen Völkerfamilie entnehmen lassen [8]). Wir werden sehen,
daß der Entwicklungsgang nicht einer allgemeinen Theorie ent=
spricht, daß er ein mühsames Emporringen aus rohesten Zu=
ständen, ein erst successives Schaffen und Vereinigen von recht=
lichen Begriffen ist, die uns heutzutage als einheitliche und fest=
abgeschlossene durchaus selbstverständlich erscheinen. Insbesondere
aber jene römische Theorie von den Urrechtszuständen (§. 1 Anm.
1—3) wird uns nur als eine naive und unschuldige Gedanken=
spielerei von Männern erscheinen, die ja allerdings von der ge=
schichtlichen Entfaltung der indogermanischen Völkerfamilie keine
Ahnung haben konnten.

Es wird indeß gut sein sich zu vergegenwärtigen, aus wel=
cher Quelle die römische Theorie entsprungen ist. Ich finde die
Quelle in jenem [wie Otfr. Müller sagt, — §. 3 Anm: 8] Traume
„des ganzen Alterthums von einem verlorenen Paradiese, von einer
goldenen Zeit der Ruhe und des Friedens“. Es bestand ursprüng=
lich, sagt die Theorie, nur das ius naturale, welches cum ipso
genere humano rerum natura prodidit (mag man es mit dem
ius gentium identificiren, oder es ihm noch wieder vorausstellen).
Es gab noch keine Kriege (also es war die Zeit des allgemeinen
Friedens), kein getrenntes Privateigenthum (also Alles gehörte

---

8) Ich lasse danach Vieles, was Grimm in seinen Rechtsalterthümern
berührt hat, und was er in der Vorrede S. XIII. XIV übersichtlich zusam=
menstellt, unbesprochen.

4 noch Allen als Gesammteigenthum), die Aecker waren noch nicht
getheilt, die Menschen kannten noch keine Sklaverei, Handel und
Verkehr war noch nicht eingerichtet. Das ist in nüchterner ju=
ristischer Sprache basselbe, als was uns Tibull (Carm. Lib. I.
El. 3. v. 35—48) in dichterischem Schmuck so vorträgt [9]):
Quam bene Saturno vivebant rege, prius quam
  Tellus in longas est patefacta vias!
Nondum caeruleas pinus contemserat undas,
  Effusum ventis praebueratque sinum,
Nec vagus ignotis repetens compendia terris
  Presserat externa navita merce ratem.
Illo non validus subiit iuga tempore taurus;
  Non domito frenos ore momordit equus;
Non domus ulla fores habuit; non fixus in agris,
  Qui regeret certis finibus arva, lapis.
Ipsae mella dabant quercus, ultroque ferebant
  Obvia securis ubera lactis oves.
Non acies, non ira fuit, non bella; nec ensem
  Immiti saevus duxerat arte faber.
Nunc Iove sub domino caedes, nunc vulnera semper;
  Nunc mare; nunc leti mille repente viae.
Diesen antiken Traum träumt in seinem ganzen Umfange heut=
zutage Niemand mehr. Aber einzelnen Stücken besselben begegnet
man in unserer modernen Literatur noch mehrfach. Ich will hier
nur die zwei mir letztaufgestoßenen anführen [10]).

---

9) Vgl. auch Ovid. Metam. I. 89 ff.
10) Huschke Multa (1874) S. 390 A. 101 [vgl. auch meine Manc. u.
Trab. (1865) S. 48 A. 7]: „Alle Versuche der Neuern, die legis actiones
auf civilrechtlich entstandene Rechte zu beschränken oder dem Unterschiede,
ob sie iuris civilis oder iuris gentium sind, wenigstens irgend einen be=
stimmenden Einfluß auf das Recht der legis actiones zuzuweisen, beruhen
auf einem allerdings weit verbreiteten und tief eingewurzelten Irrthum

über das ganze Verhältniß von ius gentium und ius civile in der Genesis des Rechts, welche die der Natur der Sache entsprechende Auffassung der Alten (ius naturale et gentium antiquius iure civili) auf den Kopf stellt." — v. Scheel in der Münchener Krit. Viertelj.-Schr. XVIII. 3. S. 444: „Wie sich unser heutiges Privateigenthum erst allmälig durch Gewalt, Glück, Gesetz, Gewohnheit aus dem Gesammteigenthum herausgebildet hat, so wenig ist unsere heutige Eigenthumsordnung eine für immer fertige."

I.

Ehe.

§. 5. Die Ehe trägt in sich ein reales, ein voluntares und ein ethisches Element.

I. Das reale Element. — 1) Die Ehe ist die Fortpflanzungsinstitution der Menschheit; sie ist die nothwendige Folge der durch die ganze organische Natur hindurch real gegebenen, und also auch die Menschheit mitumfassenden, Trennung der Geschlechter. Der Fortpflanzungstrieb, neben Hunger und Durst der stärkste aller menschlichen Naturtriebe, ist die sichere Garantie für den Fortbestand der Menschheit. (P. 227—229): „Die Erzeugung eines Nachwuchses kann nur nach dem Eintritt der Geschlechtsreife erfüllt werden, die bei dem weiblichen Geschlecht etwas früher als bei dem männlichen, in Nordeuropa etwa im 14. und 17. Lebensjahre, in Südeuropa etwas beschleunigter erreicht wird. In heißen Erdstrichen stellen sich die bekannten Merkmale noch zeitiger ein, in Aegypten bei Knaben von 12 bis 15, bei Mädchen von 11 bis 14 Jahren. Klunzinger, der kürzlich die Hochzeit eines solchen Kinderpaares in Oberägypten beschrieben hat, läßt daselbst Knaben von 15 bis 18 Jahren, Mädchen von 12 bis 14 Jahren heirathen, und fügt bedeutsam hinzu, daß solche in unseren Augen verfrühte Ehen doch in Bezug auf Kindersegen keine üblen Wirkungen wahrnehmen lassen." „Auch

Polarvölker erwerben frühzeitig das Vermögen der Geschlechts- 5
erneuerung. Bisher wurde dies hauptsächlich bei den Eskimo
beobachtet, aber Adolf Erman hat neuerdings wieder daran erin-
nert, daß auf der aleutischen Insel Atcha der Knabe, sobald er
die Baidare lenken, das Mädchen, sobald es fertig nähen kann,
beide gewöhnlich mit dem 10. Lebensjahre zur Ehe schreiten.
Eine physiologische Erklärung, warum bei größerer Annäherung
an den Aequator und an den nördlichen Polarkreis der Zeitraum
der Unreife sich verkürze, ist noch nicht gegeben worden." „Wo
sich der Trieb der Natur zeitig regt, da welken auch früher die
Reize und erlischt mit 30 oft mit 25 Jahren schon jeder Segen
des weiblichen Körpers. Tacitus [Germ. 20: sera invenum
venus eoque inexhausta pubertas; nec virgines festinantur;
Caes. B. G. VI. 21.] spricht sicher eine richtige Erfahrung aus,
wenn er die lange Jugenddauer bei unseren Vorfahren ihren spä-
ten Eheschließungen zuschreibt. Wo also durch Gewohnheit oder
Satzung eine Verspätung des Heirathsalters gefordert wird, da
müssen wir einen großen Fortschritt in der Selbsterziehung der
Völker anerkennen."

Diese Bemerkung Peschels werden wir noch weiter erstrecken
dürfen. Auch in Betreff der Polygamie, Polyandrie [1]), Mono-

---

1) P. 230: „Vielweiberei ist über ganz Africa verbreitet, sie war ebenfalls fast allen asiatischen Böllern verstattet, in America dagegen auffallend
selten anzutreffen." 231: „Spärlicher verbreitet ist die Polyandrie ...
unter den Böllern, welche den Uebergang bilden zwischen Asiaten und
Americanern, nämlich bei den Eskimo, den Aleuten, Konjaken und Ko-
luschen .. Sonst werden in America die Irolesen und etliche Stämme am
Orinoco der Vielmännerei von Sir John Lubbock beschuldigt. In der
Südsee soll sie bei den Maori Neu-Seelands und auf etlichen kleinen In-
seln angetroffen worden sein. Häufiger kommt sie im südlichen Indien
unter einzelnen Stämmen der Neilgherrigebirge vor, ... Fast genau so
hielten es auch die alten Bewohner Britanniens zu Cäsars Zeiten" [Caesar.
B. G. V 14].

⁵ gamie giebt es eine Selbsterziehung der Völker. Nur mono-
gamische Völker werden eine höhere Culturstufe erreichen. Die
Monogamie, die zur Erfüllung des Naturgesetzes der Gewinnung
zahlreicher Nachkommenschaft völlig ausreicht, giebt andererseits
der Nation das hohe gesundheitliche Gut, daß durch die fest
begrenzte, alles Variiren ausschließende, Ausübung des Ge-
schlechtstriebes dieser Naturgewalt eine **Mäßigung** aufgelegt
wird, die die Körper kräftigt, und damit der Nation den Geist
des Sichselbstzügelns einimpft. P. 230: „Die Geschichte ertheilt
uns die Lehre, daß alle hochgestiegenen Völker die eheliche und
überhaupt die geschlechtliche Reinheit streng gehütet haben, sowie
daß jeder Lockerung der Sitten die Zerrüttung der Gesellschaft auf
der Ferse folgt." Muß man doch überhaupt die Aufgabe der
lebenden Generation, die folgende hervorzubringen, gar nicht aus
dem niedrigen Gesichtspunkte der Auskostung des Sinnenreizes
auffassen ²); sie ist die immer fortgeführte Erfüllung des Naturgesetzes, das auf die Trennung der Geschlechter den Bestand der
organischen Welt baute ³).

Bei dieser Function der Fortpflanzung der Menschheit ist

---

²) Die Zurückdrängung dieser unsittlichen Auffassuug kann bei rohen
Völkern sehr naive Form annehmen; P. 246: „Bei den Irolesen und
Huronen mußten junge Ehegatten ein ganzes Jahr wie Bruder und Schwester zusammen leben, um zu beweisen, daß edlere Neigungen als die Be-
friedigung von Sinnenlust sie zusammengeführt hätten."

³) Wie man für die Urzeit von einer Gemeinschaft Aller an allen
Sachen geträumt hat (§. 4 a. E.), so hat man auch die Ansicht aufgestellt,
daß anfangs in den Menschenhorden Weibergemeinschaft bestanden habe
(Hetärismus). Ich verweise auf die Widerlegung von Peschel S. 238. Es
ist gerade umgekehrt bei den wilden Völkern überwiegend eine besonders
harte Sittenstrenge zu beobachten; (Tacitus Germ. 18. 19. severa illic ma-
trimonia). Nur muß man nicht die Wilden im Auge haben, die im Con-
tact mit den civilisirten Nationen, deren Laster sie zuerst annehmen, de-
generirt sind.

der Mann der Zurücktretende. Die Frau betrachtet sich seit der 5 copula carnalis, wie es auch in den Sprachen ausgedrückt wird, als eine fürs Leben Andere, sie kann in den Zustand der Jungfrauschaft nicht zurücktreten; ihre ganze Persönlichkeit wird von der Schwangerschaft, von der Aufzucht des Neugeborenen in Anspruch genommen. Daher bei vielen Völkern die besondere Ehre, die der fruchtbaren Frau zu Theil wird, daher manche zum Theil wunderliche Schutzinstitute für die Wöchnerin [wie namentlich das, wohl in sehr hohes (vgl. §. 3 Nr. I a. E.) Alter zurückreichende, Manneskindbett, die „couvade" der Basken; — P. 26. 27]. In dem natürlichen Entwicklungsgange der Kinderaufzucht liegt überhaupt schon für die ersten Lebenszustände der Urvölker der durch die Erfahrung unmittelbar sich rechtfertigende Antrieb zur Monogamie. P. 239: „Da die Jagd, die ursprünglichste Art des Nahrungserwerbes, nur ausnahmsweise von Frauen betrieben wird, so lag darin ein Zwang, daß die Aufzucht von Kindern nur glückte, wo Vater und Mutter sie in den zarten Jahren ernährten."

2) Vergleichen wir hiemit die Aussprüche der Römer über die in der Ehe liegende naturalis ratio: hinc descendit maris atque feminae coniunctio, quam nos matrimonium appellamus, hinc liberorum procreatio, hinc educatio: videmus etenim cetera quoque animalia, feras etiam iuris istius peritia censeri. Es ist diese Zusammenstellung nicht bloß eine Vergleichung. Es handelt sich um eine wirkliche Harmonie, welche die Natur für Thiere wie Menschen in der Theilung der Geschlechter und in der durch den Geschlechtstrieb gegebenen Vereinigung zum Zweck der Fortpflanzung aufgebaut hat; eine Harmonie, welche z. B. Darwin dazu berechtigt, gegen die behauptete Frauengemeinschaft bei den vorgeschichtlichen Menschen (A. 3) das Argument vorzubringen, daß (P. 239): „die Männchen vieler Säugethiere sehr eifersüchtig und mit Waffen

3 *

I.

5 zum Kampfe um die Weibchen ausgerüstet sind." Es ist nun freilich ganz richtig, daß, wie Savigny sagt, die Thiere in dieser römischen Stelle nicht in den Kreis des Rechtes aufgenommen werden: „nicht das Recht sondern die Materie des Rechts, das demselben zum Grunde liegende Naturverhältniß wird den Thieren zugeschrieben." Diese Materie des Rechts ist die naturalis ratio; sie ist für Mensch und Thier in Betreff der coniunctio maris et feminae identisch. Damit aber widerlegt sich gerade, daß naturalis ratio „das der menschlichen Natur eingepflanzte gemeinsame Rechtsbewußtsein" sei. Die naturalis ratio ist die, gerade abgesehen von dem (bei den Thieren nicht vorhandenen) Rechtsbewußtsein, für Mensch und Thier gleichmäßig gegebene reale Naturordnung. Darin liegt zugleich, daß nach dieser Naturordnung die maris et feminae coniunctio für Mensch wie Thier erst eingetreten ist, wenn das Paar die copula carnalis wirklich vollzogen hat. Jetzt erst ist auch für das Menschenpaar die Ehe realisirt, und es ist entweder Prüderie oder juristische Verdrehung, wenn man nicht anerkennt, daß, so lange die Menschenwelt besteht, von Natur die Ehe in ihrer realen Wirklichkeit erst mit Vollziehung der copula carnalis eingetreten ist. Von da an ist in nicht rückgängig zu machender Weise das Mädchen nicht mehr Jungfrau sondern Frau, und danach führen sogar „die Vebba auf Ceylon, bei denen wir noch die meisten Reste der Urzeit anzutreffen hoffen dürfen, das schöne Sprüchwort im Munde, nur der Tod vermöge Mann und Weib zu scheiden" (P. 239)[4].

---

[4] Auch nach indischem Recht galt die Ehe als unwiderruflich; Klenze Ztschr. f. gesch. R. W. VI (1828) S. 137 A. 2. — Aus dem natürlichen Grundgedanken heraus, daß Zweck der Ehe: Erzeugung von Kindern (insbes. männlicher Descendenz oder „eines ächten Erben" Klenze S. 123, Grimm S. 443) ist, erklärt sich der merkwürdige, noch im deutschen und griechischen Völkerstrange lange fortbewahrte (Grimm S. 444. 445), insbo-

Die naturalis ratio, die bei den Thieren als Inſtinkt auf= ⁵
tritt, iſt bei den Menſchen mit Geiſtesfreiheit verbunden. Daher
finden wir auf dem Boden der, Menſch und Thier verbindenden,
naturalis ratio doch wiederum für die menſchliche maris et
feminae coniunctio eine ganze Welt von Dingen, die immer
nur menſchlich ſind und dem Thier verſchloſſen bleiben. Aber
das hindert, und auch ganz mit Recht, die Römer nicht, einen
dahin gehörigen Punkt gelegentlich einfach für ius naturale zu
erklären. So iſt es für den menſchlichen Geiſt etwas Wider=
ſtrebendes, daß die Blutmiſchung der Ehe zwiſchen denen ſtatt=
finde, die in naher Verwandtſchaft gleiches Blut in ihren Adern tra=
gen. Die Schaam, etwas den Thieren faſt ganz Frembes, hindert
es. Das drückt Paulus in fr. 14 §. 2 de ritu nupt. 23. 2 ſo
aus: unde nec vulgo quaesitam filiam pater naturalis potest
uxorem ducere, quoniam in contrahendis matri-
moniis naturale ius et pudor inspiciendus est:
contra pudorem est autem filiam uxorem suam
ducere⁵).

3) Dies menſchliche Schaamgefühl bedarf aber noch beſon=
derer Berückſichtigung nach einer Seite hin, welche die, wenig=
ſtens in einem großem Kreiſe von Völkern uns entgegentretende,
vielleicht urälteſte Form der Eheſchließung zu erklären
im Stande iſt. Von den verſchiedenſten Seiten her taucht als
älteſte Geſtalt der Ehebegründung der Frauenraub auf (ſiehe

germaniſche Urrechtsſatz, welchen auch das indiſche Recht aufweiſt, daß
(Klenze S. 123. 124) „der Mann ſeiner Frau, wenn er unfähig war, durch
einen ſeiner Sapindas einen Sohn zeugen laſſen, oder ſelbſt eine Wittwe
ſich von einem Sapinda ihres Mannes auf deſſen Namen einen Sohn
zeugen laſſen konnte.“ — Vgl. noch: Zuſatz am Schluß dieſes Heftes.

5) Freilich beginnt mit dieſem Begriff der Schaam ein unter den ver=
ſchiedenen Böllern ſehr variirendes Moment. P. 233 ſtellt die bekannten
Fälle des Erlaubtgeweſenſeins von Heirathen unter Geſchwiſtern oder des
Sohns mit der Mutter zuſammen.

I.

⁵ bie Zusammenstellung bei Peschel 233—236); und bie Erklä=
rung, die Peschel dafür giebt, ist eine höchst plausibele. Man
bemerkt (P. 242) „gerabe bei Völkerschaften mit urzeitlichen Zu=
ständen eine außerordentlich entwickelte Scheu vor blutschänbe=
rischen Ehen." In ben frühesten Zeiten ber erst in Sippen ober
Horden, noch nicht in größere Völkercomplexe, auseinander ge=
gangenen Menschheit mußte das Gefühl ber Blutsgemeinschaft
innerhalb ber Horbe noch lebendig sein. Also für bie Auffassung,
bie uns später begegnet, baß nur unter Stammesgenossen con-
nubium gilt, ist in frühester Zeit noch gar kein Raum. Gerabe
umgekehrt: man barf nicht im eigenen Stamm heirathen, man
muß bas Mädchen unter bem nichtgemeinsamen Blut suchen.
Draußen aber über ben Stamm hinaus sinb Fremde, b. h. Feinbe.
Was man ihnen gegenüber rechtlich erlangt haben will, muß man
kampfmäßig geraubt haben. So entsteht ber Urrechtsbegriff ber
Ehebegründung durch Raub. Es ist nicht im wirklichen Sinne
kriegsrechtlicher Raub, ber bie Geraubte als Sklavin erscheinen
lassen würbe. So niebrig man auch bie Stellung ber Frau
in ben Urzuständen sich zu benken hat, man wird immer einen
gewissen Unterschied gemacht haben zwischen ber um ber Ehe
willen geraubten Genossin von Haus unb Bett unb ber geknech=
teten Dienerin. Aber es ist bie Herüberziehung eines schon be=
stehenben Rechtsbegriffs auf einen anberen Punkt, den man recht=
lich feststellen will; vielleicht bie erste „juristische Construction",
zu ber sich überhaupt bie Menschheit emporgeschwungen hat.

4) Die im Hause aufwachsenben Kinder stehen nach ber
Auffassung ber meisten Völker unter ber Macht des bas Haus
zusammenhaltenben Hausherrn. Aber bie Gestaltung bieser Haus=
gewalt hat sich in den einzelnen Völkern, insbesondere auch ben
Völkersträngen ber inboeuropäischen Familie, sehr verschieben ge=
staltet. P. 243: „Gegenwärtig gebührt fast allerorten bem Er=
zeuger bie väterliche Gewalt über seine Nachkommen, auch übt er

bei roheren Völkern fast stets über die Frau die Rechte eines Leib=
herrn aus. Dennoch giebt es eine Mehrzahl von Völkerschaften,
bei benen alle Familienrechte von der Mutter abgeleitet wer=
den." [6])

Den Römern erscheint diese väterliche Gewalt als ein Aus=
fluß ihres ius civile. Dem gegenüber bezeichnen sie die rein
natürlich gegebene Blutsgemeinschaft, b. h. also das lediglich auf
der realen Naturordnung (naturalis ratio) ruhende Band des
durch Geburt Zusammenhängens als die naturalis cognatio
(fr. 4 §. 2, fr. 10 §. 4 de gradibus 38. 10). Dieses auf der
realen Blutsgemeinschaft beruhende Band fassen sie dann (ebenso
wie dort bei der Ehe) nicht bloß als ein thierisches, woraus lebig=
lich die liberorum procreatio und (auch eine gewisse Ernährung
enthaltende) educatio folgen würde, sondern als ein auf dem
Boden der, Mensch und Thier verbindenden, naturalis ratio
stehendes menschlich=geistiges. Danach sagen sie denn, daß nach
einem (jenem pudor bei der Ehe gleichartigen) Pietätsgefühle
naturali ratione auch der Vater vom Kinde ernährt werden
müsse (fr. 5 §. 16 de adgn. et al. lib. 25. 3, vgl. Beil. Nr. A

_____

6) Es liegt nicht in meinem Plan, hierauf weiter einzugehen [über
das von J. J. Bachofen behauptete Mutterrecht f. P. 244]. — Höchst
merkwürdig ist noch das nach P. 239 ff. von dem Amerikaner Lewis Mor-
gan aus 139 amerikanischen, asiatischen, malaiischen und europäischen Spra-
chen ermittelte Recht der Verwandtschaftsbestimmung in diesen Völkern:
„Die Abkömmlinge eines gemeinsamen Ahnherrn oder einer gemeinsamen
Ahnmutter geben sich, wenn sie derselben Geschlechtsfolge angehörten, den
Namen Bruder oder Schwester, sie nennen sämmtliche Zugehörige der
nächstfrüheren Geschlechtsfolge Väter, und die der nächstfolgenden Söhne.
Es wird also ein Mann Brüder nennen: nicht bloß alle Söhne seines
Vaters, sondern auch die Söhne des Vatersbruders und alle Enkel seines
Großonkels. Er wird ferner als Sohn nicht bloß anreden den eigenen
Leibeserben, sondern alle Söhne seiner Brüder, alle Enkel des Vatersbru-
ders, alle Großenkel des Großonkels" u. s. w.

I.
5 XIV. 1.). Ihr Begriff von naturalis ratio als der realen Na=
turordnung ist hier also immer ganz streng festgehalten.

Daß die naturale Blutsgemeinschaft zunächst in der römi=
schen Rechtsordnung, gegenüber der agnatischen Verwandtschaft,
noch wenig Raum gehabt, und erst allmälig sich ein umfängliche=
res juristisches Gebiet errungen hat, ist hier nicht von mir zu
erörtern. Unter diesen errungenen Rechten steht die b. p. unde
cognati [für den Cognatenkreis bis zu den Sobrinen, 6ter Grad,
— und ausnahmsweise noch 7ter Grad] als Ausgangspunkt einer
großen weiteren Entwicklung da; fr. 1 §. 3 unde cogn. 38. 8.
Es ist aber damit dieser bis zu den Sobrinen gehende Cognaten=
kreis vom Prätor nicht erst geschaffen. Derselbe war vielmehr,
wie Klenze (Zeitschrift f. gesch. R. W. VI. S. 1 ff. f. bes. S. 32)
festgestellt hat, eine durch das ius osculi zusammengehaltene,
insbesondere in Eheverboten, Familiengerichten und Trauerpflicht
wirksame, altitalische Familiengenossenschaft (vgl. auch §. 2.
Anm. 1 Nr. 1), die gleichartig auch in Griechenland (S. 139 ff.)
vorkommt. Danach läßt sich annehmen, daß die Wurzeln dieser
in beiden Völkersträngen bestehenden Genossenschaft schon in das
Urvolk zurückreichen werden. Aber den Versuch Klenzes, die
Cognaten mit ihrer 6. Grad=Begrenzung auf das indische Sa=
pindaerbrecht zurückzuführen (S. 120 ff.), muß man als
ganz mißlungen und sich selbst widerlegend bezeichnen. Das
Sapindaerbrecht ist die zur Perpetuirung der Sacra
(Sradd'ha — d. h. der Versöhnungsopfer für die Seele des
Verstorbenen) aufgestellte, immer nach 3 Graden der Sradd'ha=
bescendenz auf eine neue Stufe springende, Intestaterbfolge
[für: a) die breigrabige Sradd'habescendenz des Verstorbenen
(Sohn, Sohnessohn und Sohnesenkel); b) Vater, Mutter und
Vaters Sradd'habescendenz (Sohn, Sohnessohn und Sohnes=
enkel); c) Großvater und dessen Frau und dessen Sradd'habescen=
denz; d) Urgroßvater, dessen Frau und dessen Sradd'habescen=

benz; e) mütterlicher Großvater und deſſen Srabb'habeſcendenz; 5 f) die männlichen Descendenten des Verſtorbenen hinter der Srabb'habeſcendenz alſo: vom 4.—6. Grad; g) die ferneren männ= lichen Aſcendenten des Verſtorbenen (ohne ihre Frauen), bez. ihre Srabb'habeſcendenz]. Dies Erbrecht iſt, gerade im Gegenſatz zu Klenzes Behauptung [7]), das indiſche Product des aus dem Ur= volke herſtammenden, im griechiſchen wie italiſchen Völkerſtrange ebenfalls fortlebenden, ſacral=agnatiſchen Inteſtaterb= rechts (ſ. unten §. 7).

§. 6. — II. Das voluntare Element. — Im Bisherigen 6 mußte ich mehrfach den Blick über den Kreis der indogermani= ſchen Völkerfamilie hinausſchweifen laſſen. Ich beſchränke mich fortan ganz auf die indogermaniſche „Welt". Man kann ſie wohl ſo nennen, wenn man ſie auch dabei im Vergleich zu der Maſſe anderer Völker mit G. Curtius als „winzig" bezeichnen mag. Abgeſehen vom Judenthum, liegt das geiſtig Größte der menſchheitlichen Entwicklung in ihr.

Die menſchliche maris et feminae coniunctio muß, als auf menſchlicher Geiſtesfreiheit beruhend, nothwendig durch den Willen der Betheiligten geſchloſſen werden. So lange die Ehebegründung durch den Mädchenraub geſchah, iſt freilich activ Betheiligter nur der Räuber. Aber in der indogermaniſchen Völ= kerfamilie deuten auf den Mädchenraub als auf eine vergangene Periode nur noch Traditionen aus der Vergangenheit [1]). Das

---

7) Ueberhaupt verfällt die Klenze'ſche, ſonſt ſo anregende, Abhandlung nach verſchiedenen Richtungen hin dem Spruche: „wer zu Viel ſagt, ſagt Nichts".

1) Insbeſondere bei dem erſtabgezogenen Völkerſtrange, dem germa= niſchen, treten die Traditionen, und auch wohl das Individualvergnügen an gewaltſamer Entführung, noch am ſtärkſten hervor. Hier finden ſich deßhalb die meiſten Strafandrohungen für den Raub. Grimm S. 440. Eine Hindeutung auf das frühere Erlaubtſein liegt in dem von Grimm ange=

allgemeine indogermanische Nationalrecht war, daß das Mädchen
durch Kauf, also durch friedlichen Vertrag des Manns
mit denen, die die Macht über das Mädchen haben [denn das
Mädchen selbst ward in jenen rohen Zeiten noch nicht gefragt],
zur Ehe erworben wird. Wo dieser Satz in historischen Zeiten
als bloße Rechtsform (imaginärer oder Scheinkauf) uns entgegen
tritt, da haben wir immer den Schluß zu ziehen, daß in früheren
Zeiten ein wirklicher Kauf in Geltung war. Aber auch wo wirk=
licher Kauf stattfand, haben wir nicht daraus den Schluß des
Nichtjuristen Peschel zu ziehen (236): „das Weib geht dann in
das Eigenthum des Mannes über und kann von ihm auf einen
Rechtsnachfolger übertragen werden." Es ist auch hier, wie ich
oben schon in Betreff des Mädchenraubes sagte, „juristische Con=
struction", Anwendung eines schon feststehenden Rechtsbegriffs auf
ein anderes Verhältniß, das man damit rechtlich sicher feststellen
will. Freilich erheben sich damit eine Menge weiterer Fragen,
auf deren Besprechung ich aber hier verzichten muß.

Ich sagte, es war indogermanisches Nationalrecht. Es galt
bei den Germanen (Grimm S. 420 ff.; Sohm R. d. Eheschl.
S. 50 ff., Trauung u. Verlob. S. 13 ff.); bei den Römern als

---

führten Frief. R., welches den Ausgang der Sache in die Wahl der Braut
legt. Die Braut wird dem Entführer für drei Nächte genommen, dann
auf dem Gerichtsplatz zwischen ihre Verwandten und den Räuber gestellt.
„Geht sie zu diesem, so gilt die Ehe und keine Strafe hat statt." —
Rücksichtlich des italischen Volksstranges ist die in der Sage vom Raub der
Sabinerinnen liegende Tradition allbekannt; vgl. noch Festus: rapi simu-
latur virgo ex gremio matris, aut, si ea non est, ex proxima necessitu-
dine, cum ad virum trahitur. — Im Griechischen liegt die Tradition im
Wort; (Curtius 260) während der (durch Kriegsraub erworbene, also ge=
bändigte) Sklav: δμώς heißt, so heißt δάμαρ: Gattin, also „die Ge=
bändigte". — Ein Ueberrest der Ehebegründung durch Raub kann auch noch
in der coelibaris hasta stecken, vgl. Festus v. coelibari.

coemtio ²); bei den Griechen (Grimm S. 421, 430, Klenze S. 169 Anm. 3); bei den Indern (Klenze S. 137, 169); bei den Russen (Grimm S. 421; Curtius 448: věno (Kaufpreis) ſſl. = dos). — Aber nicht bloß die römiſche coemtio (oder wenigſtens die etwa ihr vorhergehende Kaufform) iſt aus dem indogermaniſchen Urvolk; auch die bei ihrer confarreatio ³) ver= wendete Verbindung durch Waſſer und Feuer gehört dem Urvolk an (Serv. ad Virg. Aen. IV. 103: ut aqua et igni adhibi-tis, duobus maximis elementis, natura coniuncta ha-beatur; derſelbe Satz gilt auch im indiſchen Recht: Klenze S. 138 A. 2). — Aber nicht bloß dies. Sohm hat ausgeführt (vgl. übrigens auch Grimm S. 440), daß man für das deutſche Recht zwiſchen Schließung (Verlobung) und Vollziehung der Ehe unterſcheiden müſſe. Dieſe Vollziehung iſt zunächſt: die copula carnalis; aber ſie wird verdeckt durch die feierlichen Acte der Trauung (Uebergabe des Mädchens an den Mann) und der tra-ductio ad domum (Heimführung). So ſtellen ſich alſo äußer= lich einander gegenüber: eheſchließende Verlobung und Trauung mit Heimführung. Dies tritt nun auch im italiſchen und grie= chiſchen Völkerſtrange hervor. Die traductio ad domum ge-ſchah nach uralter Sitte unter Verhüllung (nubere, ſich dem Manne verſchleiern) des Mädchens, die ſich nachher dem Gatten enthüllte. „Zur vollen Rechtsbeſtändigkeit einer Ehe ſſagt

---

2) Neuſtens wird dies, aus unzutreffenden Gründen, von Bechmann Kauf I (1876) S. 164. 165 geläugnet.

3) Das Wort confarreatio trägt die ſicher dem indogermaniſchen Ur-volk angehörige Wurzel bhar in ſich. Curtius 411: die zweite Bedeu-tung derſelben iſt: „tragen mit Bezug auf die Wirkung, Ertrag"; ſtt. bharāmi tragen; gr. φορά Ertrag; lat. far, farina; goth. barizeins aus Gerſte; agf. bere Gerſte; ir. bar Getreide; altir. bairgen (panis). „Die frühere allgemeinere Geltung ergiebt ſich ſchon aus farina, wodurch die Verſchiedenheit der Getreideart vom goth. *baris weniger auffallend wird."

I.

6 K. Fr. Hermann griech. Staatsalterth. §. 119] gehörte das vor=
gängige Verlöbniß von Seiten dessen, in dessen Gewalt sich
rechtlich die zu Verheirathende befand, mithin des Vaters oder
Großvaters, in deren Ermangelung aber des Bruders, oder sonst
des nächsten männlichen Agnaten oder bestellten Vormundes; der
Mangel dieser Förmlichkeit (ἐγγύησις) schloß die Kinder als il=
legitime von der Phratrie des Vaters und damit auch von allen
Erbansprüchen aus; staatsrechtliche Nachtheile konnte derselbe
jedoch für Kinder eines Bürgers mit einer Bürgerin wohl
schwerlich haben." Also die νυμφευομένη wird verschleiert [4]),
aber dieses „nubere" ist eheschließendes Verlöbniß, ohne
welches die Kinder unehelich sind; die ἀνακαλυπτήρια ist die
Hochzeit, die nach der Heimführung eintretende Entschleierung
deutet an, daß nun die copula carnalis gestattet ist.

Bei dem italischen Strange hat sich dies dahin geändert, daß
diese juristisch wohl schon damals vorsichtigen Leute das Verlöbniß
in eine besondere klagbare sponsio faßten [5]). Damit ist das
„nubere" („nuptiae" = Verschleierung und Entschleierung) zum

---

4) Otfr. Müllers Archäologie §. 352: „Seit alter Zeit war der
Schleier, welchen die dem Manne verlobte Jungfrau (νυμφευομένη)
zum Zeichen ihrer Trennung von dem übrigen Leben annimmt, das Haupt=
attribut der Hera; in alten Holzbildern verhüllte er oft [auch in Argos vor
Polyklet] die ganze Gestalt; auch Phidias charakterisirt die Hera am Fries
des Parthenon durch das Zurückschlagen des Schleiers (die bräut=
liche ἀνακαλυπτήρια)." Prolegomena (1825) S. 155: „Die Stadt Theben
soll, wie uns Euphorions Sagengelehrsamkeit berichtet, Zeus der Kora ge=
schenkt haben, an dem Tage, da sie zuerst ihrem Bräutigam zu Gunsten
den bräutlichen Schleier vom Gesicht zog. — Die Handlung der Braut
hieß ἀνακαλυπτήρια und gab unter dem griechischen Volk auch sonst Anlaß
zu Geschenken."

5) S. die Beweisstellen bei Danz R. G. (2. Aufl.) I S. 152 Nr. 644.
645. Bruns font. p. 268 (Spondere) 277 (Spondere) 297. 301 (26). Diese
Klagbarkeit erhielt sich länger in den latinischen Gemeinden als in Rom.

vereinigten Bestandtheil der herkömmlichen in domum deductio ⁶
(fr. 5 de ritu nupt. 23. 2) geworden, der man aber als einer
nicht nothwendigen Förmlichkeit als wesentliches Moment der
Eheschließung den consensus nuptialis substituirte (fr. 2 eod.).
Statt jener formellen Sponsio wurde dann ein nudus consensus
Sitte; fr. 2—4 de sponsal. 23. 1 ⁶).

. Aber auch der germanische Völkerstrang hat den S ch l e i e r
fortgetragen. Grimm S. 443: „Die Neuvermählte läßt nicht
mehr das Haar fliegen, sondern schlägt es in Knoten zurück und
bindet ihr Haupt." „D i e F r a u i m S ch l e i e r, unter der
Haube, i st d i e G e b u n d e n e." Daher nimmt die Nonne als
Braut Christi den Schleier; daher sagt man noch heutzutage von
der sich verheirathenden Frau: „sie kommt unter die Haube". Und
unsere den „Brautschleier" ausbietenden Modemagazine bezeugen
noch immer die durch alle die Jahrtausende von dem indogerma=
nischen Urvolk herstammende Sitte.

§. 7. — III. Das ethische Element. — Je höher die Sitt= ⁷
lichkeit in einem Volke steigt, um so mehr wird die Frau zu dem
Manne auf gleiche Stufe emporgehoben, um so mehr stellt sich
die Ehe als eine Genossenschaft Gleichstehender heraus. Jenes
reale Fortpflanzungselement der Ehe wird damit nicht geändert
oder zurückgedrängt, aber es wird mehr verschleiert und von dem
freisittlichen „genossenschaftlichen" Element, wonach die Ehe als
wesentlich ein fürs Leben geltendes und um der Ehegatten selbst
willen geschlossenes Band erscheint, gleichsam zugedeckt. Kinder=
lose Ehen gelten dann von diesem Standpunkte aus nicht mehr,
wie sie der naktreale Standpunkt roher Völker auffaßt, als ver=
fehlte Verhältnisse, woraus der Mann die Frau verstoßen kann,

---

6) Wie dies formlose „ehevorbereitende" Verlöbniß dann bei uns in
Deutschland zur Geltung gekommen ist, habe ich in dem Artikel „Recht der
Eheschließung" in der Allg. Ev. Luth. Kirchenzeitung 1876 Nr. 31 (4. Aug.)
erörtert.

7 fonbern fie ftehen ben beerbten Ehen an fittlicher Würbe gleich. Es erwächft unter ben Ehegatten bie zarte unb befeligenbe Blüthe ber Liebe, von ber in rohen Völkern noch nicht bie Rebe ift, unb bie eheliche Fortpflanzungsfunktion wirb, als Geheimniß bes Haufes, zu einem Elemente ber Ehe, von bem Gefeß unb Gefell= fchaft nur in feinen Wirkungen Notiz nimmt.

Das ift ber befreienbe Einfluß fteigenber Sittlichkeit auf bie Ehe. Ich will, obgleich fich barüber noch Viel fagen läßt, babei nicht verweilen. Aber es ift nöthig für meine Zwecke, baß ich noch eingehenber bie Sache vom entgegengefeßten Stanbpunkte aus beleuchte. Die Ehe empfängt nicht bloß, fie giebt auch. Sie ift eins ber fittigenbften Elemente in ber Menfchheit. Sie erzieht ben Menfchen erft zu feineren Gefühlen, zu höherer Hu= manität, unb was bie Sittlichkeit befreienb ber Ehe gewährt, bas hat fie zum großen Theil von ben im Laufe ber Generationen mit allen ben unzählbaren Erfahrungen burchlebten Ehen erft erhalten. Die Ehe, bas ift eine Erfahrung jebes Ehegatten, ift ein Ge= fchick feiner Perfon, bas ihm eine ganze Summe von Lebens= anfichten überhaupt erft erzeugt hat.

Mit ber Einficht, baß bie Ehe ein ihm zu Theil geworbenes Gefchick fei, wirb ber Menfch nothwenbig auf bas von ber Ehe un= trennbare religiöfe Element geführt. An fich ift hier für ihn ein rein negatives ober umgekehrt ein pofitives Refultat benkbar. Stellen wir uns unmittelbar in unfere Gegenwart; nehmen wir ein Ehepaar mobernfter Färbung, bas als Gott nur einen pan= theiftifchen Complex perfönlich=unbewußter Naturgefeße anerkennt. Ich feße ein Paar voraus, bas in ernftem Wollen ohne Heuchelei bem, was es für „bas Gute" hält, nachlebt. Ich muß von mei= nem bogmatifch=analytifchen Stanbpunkte, ber alles Beftehenbe mit feinem eigenen Maaß zu meffen fucht, anerkennen, baß folch ein Paar eine burchaus tüchtige unb nußenbringenbe Ehe zu burchleben im Stanbe fein wirb. Irgenb eine feftliche Weihe bei

Eingehung des Verhältnisses, und herzliche Wünsche seitens der
Nahestehenden, daß dieser Ehe ein glückliches Loos von dem „un=
bewußten“ Geschick zu Theil werden möge, wird auch ein solches
Paar nicht verschmähen, wenngleich es sich vom kirchlichen Segen
fern hält. — Andererseits ein Paar, das sich die Welt nicht den=
ken kann ohne eine bewußt=persönliche Gottheit, die auch diese
Ehe leiten wird und zu der man um den göttlichen Segen beten
kann, wird und muß es als unerläßlich betrachten, daß ihnen als
Gliedern einer Kirche ihre Ehe vom Diener des Worts unter
Gebet dem göttlichen Schutz, der den Bittenden gegeben wird,
unterstellt werde. So entsteht, auch wenn das bürgerliche Gesetz
eine Civilform für die Ehe feststellt, die Nothwendigkeit
einer kirchlichen Handlung für alle Glieder der
Kirche. So erklärt sich auch, daß die christliche Kirche seit
dem 13. Jahrh. ihre Mitwirkung mittelst der kirchlichen Trau=
ung zur Geltung gebracht hat. Und welche Wirkung hat eine
christliche Ehe? Ich setze auch hier ein Ehepaar voraus, das in
ernstem Willen ohne Heuchelei seine christliche Ueberzeugung in
seiner Ehe auslebt. Das christliche Ideal ist ein so hohes[1]), daß
man nicht von Erreichbarkeit, nur von Nachstreben wird reden
können. Auch nichtchristliche Ehen vermögen einen sittigenden
Einfluß auf Mit= und Nachwelt zu üben; aber selbst der Nicht=
christ wird einräumen, daß der Einfluß der seit bald zwei Jahr=
tausenden doch nach Millionen zählenden christlichen Ehepaare,
die in stiller Bescheidenheit, so wie sie sollen: keusch, in selbstloser
Hingebung, zu ihrer gegenseitigen sittlichen Besserung ihre Ehe
durchlebt haben, — für die allmälige Höherhebung der mensch=
lichen Gesellschaft ein gar nicht abschätzbarer Factor gewesen sind.
In diesen Dingen muß, im höchsten Sinn verstanden, nach dem

---

1) Epheser 5, 25—33: Luthers Traubüchlein (Bekenntnißschriften der
ev. luth. K. 3. Aufl. Berlin 1858 S. 304); „Ihr Männer, liebet eure
Weiber, gleichwie Christus geliebet hat die Gemeinde.“

I.

7 Erfolge geurtheilt werden. Auf dem Boden, der die reinsten beglückendsten Früchte erzeugt hat, wird auch wohl das Ziel stehen, dem die Menschheit, wenn sie höher steigen will, in der Ehe nach-streben muß. —

Ich kehre aus unseren neueren Zeiten in das früheste indo-germanische Alterthum zurück, um die sittigende, erziehende Wirkung der Ehe auf den Geist unserer Urvölker zu verfolgen. In der Ehe ist den Inbogermanen der Begriff vom Frieden, von der Heiligkeit des Hauses erwachsen. Aus der em-pfangenden Frau hat sich ihnen überhaupt ein Gesammtbegriff dessen entwickelt, was von geistigen Dingen weiblichen Charakters ist[2]). Das Haus ist nach inbogermanischen, überhaupt auf tiefe

2) Die Einwirkungen der Ehe auf die geistigen Anschauungen der Ur-völler spricht sich besonders deutlich in der griechischen Mythologie aus. Otfr. Müller Prolegomena S. 276: „Ich will dabei nur noch daran erinnern, daß man auch bei der Eintheilung aller mythologischen Wesen in männliche und weibliche — eine Mittelgattung kennt das eigentliche alte Griechenvolk schwerlich, — in keinem Falle dem Zufall gefolgt sein kann. In eigentlichen Naturreligionen ist bekanntlich der Mann das thätige, die Frau das empfangende Princip; um aber durch die ganze Mythologie davon Rechenschaft geben zu können, warum ein mythisches Wesen Mann oder Weib sei, wird die Bedeutung der Geschlechter für die vorge-schichtliche Zeit erst vollständiger ergründet werden müssen. Statt des Prometheus hätte man z. B. auch eine Prometheia setzen können, wenn der nie rastende Verstand nicht nothwendig hätte ein Mann sein müssen; die göttliche Vorsehung dagegen, ein Schicksalswesen, bezeichnet Altman schön mit dem weiblichen Worte. Warum aber das Schicksal durchaus immer weiblich personificirt wird als: Μοῖρα, Αἶσα, Κήρ, Ἀνάγκη, Εἱμαρμένη, Νέμεσις, Κατακλῶϑες u. s. w. — denn μόρος kommt bei Homer gar nicht als Person, bei Hesiod nur als Tod vor, — sieht man ein, wenn man bedenkt, daß die stille, vorbereitende, spinnende Thätigkeit, das Verborgene, Verschlossene, Unsichtbare sich weit mehr für weiblichen als männlichen Charakter eignet. Ebenso versteht man gewiß, warum die Gesangsgottheiten Μῶσαι und keine Μῶντες sind, wenn man weiß, daß das Alterthum die weibliche Seele

Religiosität gebauten, Grundbegriffen ein unter sacralem Schutz [7] stehendes. Würden die Sacra aufhören, so würde Glück und Bestand des Hauses stürzen. Der Hausvater hält durch seine Persönlichkeit das Haus zusammen; stirbt er, so ist beim Eintritt des neuen Hausvaters, auf dessen Erzeugung ja die Ehe ausgeht (§. 5 Anm. 4), vor Allem zur Aufrechthaltung des Hauses die pünktliche Erfüllung der sacra [quorum, kann man schon für die Urzeiten, denen die sorgfältig überwachenden Priester nicht gefehlt haben, sagen: illis temporibus summa observatio fuit; Gai. II 55] nöthig. So erzeugt die Heiligkeit des Hauses den Begriff des Erbrechts des Sohnes. — Gehen wir etwas genauer in die diesen allgemeinen Sätzen inliegenden Einzelnheiten ein.

1) Zuerst das Sprachliche. Das Wort „Ehe" ist ein Urwort; aber es bedeutet anfänglich noch nicht: matrimonium, sondern: Zeit, Sitte (mos), Band (vinculum), also den Urbegriff des von der Vorzeit Ueberkommenen, Bindenden, des Bundes. Erst später im germanischen Völkerstrange hat es sich auf den Sinn von matrimonium verengt. Curtius 585: Skt. évas Gang, Wandel, im Plur. Gewohnheit, Sitte; Gr. αἰές, αἰέν (ἀεί) immer, ἀίδιος ewig, αἰών Lebenszeit, Zeit, ἐπηετανός für alle Zeit ausreichend; Lat. aevum, ae(vi)tas, ae(vi)ternus; Goth. aivs Zeit, aiv (unquam), aiveins (αἰώνιος); Ahd. êwa Gesetz, Vertrag, Ehe [3]); Altir. áis, áes, óis (tempus, aetas). — Derjenige indogermanische Wortstamm,

---

jeder Begeisterung zugänglicher erachtete, die auch immer nach alter Ansicht ein πάσχειν ist."

3) „Der Ausdruck êwa, verkürzt ea, bedeutet im Ahd. Gesetz, Bund, Band (lex, vinculum, testamentum) nicht matrimonium. Da er aber bei diesem Verhältniß, wenn es gesetzmäßig eingegangen war und rechtliche Wirkung hatte, immer gebraucht zu werden pflegte, ging er unter Verlust seiner allgemeinen Bedeutung, endlich von der Form auf die Sache über, und ehelich bezeichnet nicht mehr: legitimus, sondern matrimonialis." Grimm S. 417.

I.

7 welcher sich auf die Ehe bezieht, hat auch sogleich den Begriff von Hausgewalt und Herrschergewalt zum Ausdruck gebracht: Curtius 377. Skt. patis Herr, Gatte, patni Herrin, Gattin, patje herrsche, bin theilhaft; Gr. πόσις (s. πότις) Gatte, πότνια die Hehre, δεσπότης Herr, δέσποινα Herrin, δεσπόσινος herrschaftlich, δεσπόζω herrsche; Lat. compo(t)s, impos, potis, potior, potens, potestas, potiri; Goth. — faths Herr, bruthfaths (Herr der Braut), Bräutigam; Lith. pats Gatte, Männchen, selbst, pati Ehefrau, pat gerade, selbst, vëszpats Herr, Herrscher.

2) Die Hausgewalt hat in den verschiedenen aus dem Urvolk hervorgegangenen Völkersträngen sehr verschiedene Gestaltungen gewonnen. Zu der intensivsten Stärke hat sie sich im italischen, als eine vom Staatlichen getrennte absolute Herrschermacht, entwickelt[4]). Die Römer sind sich dessen bewußt, daß sie hierin ein eigenthümliches ius civile haben. — Im Römischen wie im Griechischen aber ist die Hausgemeinde die Grundlage des Staatsgedankens geworden. „Die naturgemäßeste Entwickelung des gesellschaftlichen Lebens, sagt Hermann Gr. St. A. §. 5, wie wir sie also namentlich auch für Griechenland sowohl aus der Natur der Sache[5]) als den Zeugnissen seiner Denker und

---

4) Fest. familia antea in liberis hominibus dicebatur, quorum dux et princeps generis vocabatur pater et materfamiliae; unde familia nobilium Pompiliorum, Valeriorum, Corneliorum. Et familiares, ex eadem familia. In der römischen patria potestas liegt die absolute Gewalt über das Kind; der Hausvater kann es tödten (ius vitae et necis, fr. 11 de lib. et post. 28. 2), er kann es durch Verkauf (mancipatio) der Sache gleich machen (servorum loco) Gai. I. 116—123 (während es unter dem Hausvater stehend keine Sache ist), ebenso wie der rex „den Bürger dem Mitbürger an Knechtesstatt zusprechen oder den Verkauf in's Ausland anordnen kann" (Mommsen R. G. S. 62), ohne aber damit „Eigenthümer des Staats" (S. 63) zu sein.

5) Hermann verfällt hier dem Fehler, das was sich in Einem Volk

selbst einzelnen geschichtlichen Spuren zufolge voraussetzen müssen, 7 geht aus dem Schooße der Familie hervor: die durch das Band der Blutsverwandtschaft verknüpfte **Hausgemeinde** ist der natürlichste Staatsverein, die patriarchalische Monarchie des Familienhauptes die ursprünglichste Regierungsform." [Daher Anknüpfung des Stammes an einen mythischen Ahnherrn]. „Eine Anzahl von Geschlechtern bildet eine Phratrie, aus mehreren Phratrien besteht ein Stamm, und selbst der größere Staatsverein . . . kennt keinen heiligeren Vereinigungspunkt als das Prytaneum, das den gemeinschaftlichen Heerd der Gesammtheit vorstellt und die Verehrung einer gemeinschaftlichen Gottheit[6]. Für den patriarchalischen Charakter des ganzen Verhältnisses aber begegnet uns als sicheres Zeichen die priesterliche Eigenschaft des Fürsten und Königs[7]." — Bei den Indern, nachdem Germanoslaven, Gräco-Italokelten sie verlassen hatten, hingen, wie **Klenze** S. 136. 137 sagt, „der Staat und die Priester schon so früh mit der ältesten Ordnung und Sitte des Volks zusammen, daß im Staate zu irgend einer öffentlichen Thätigkeit geschlossene

gesund entwickelt hat, für allgemein „natürlich" — selbstverständlich zu erklären.

6) Bei den Italikern: „neben oder in der Wohnung des rex der ewig flammende Heerd der Vesta". **Mommsen** R. G. S. 62. 168. — Daß der rex der Indogermanen nur als der **Hausherr** [der die potestas hat, die aber nicht = dominium ist] im erweiterten Sinn des Wortes besteht, erweist sich auch sprachlich; **Curtius** 95 [vgl. unten §. 17 A. 1: οἶκος, vicus]. Slt. vêças, vêçman Haus, viç Wohnsitz, Haus, Pl. viças Menschen, viçpatis Hausherr, Gemeindeherr. — Zb.: viç Haus, Dorf, Clan, viçpaiti Clanoberhaupt. Lit. vêšpats Herr, altpr. waispattin Hausfrau; — vgl. auch über den slavonischen „gosspodar" **Mommsen** R. G. S. 67 A. *.

7) Der griechische Volksstrang hat „am treuesten das Alte bewahrt" (**Schleicher**); daher auch in dem griechischen Volksleben die meisten Anklänge an das bei den Indern hinterdrein völlig „versteinerte" Kastenwesen. **Hermann** §. 6. — In **Sparta** sind dann im Verlauf der griechischen Geschichte die Ehen ganz vom Staatszweck beherrscht worden; **Hermann** §. 27.

7 Familien gar nicht vorkommen können. Wo geschlossene Familien älter sind, als die bürgerliche Anordnung des Ganzen, da geben sie auch wohl noch in geordneten Staaten ihren Gliedern Schutz und Hülfe. Im indischen Recht bleibt ... der Familie nicht viel übrig." — Wieder ganz entgegengesetzt hat sich das germanische Wesen gestaltet; hier findet sich weder die indische Unterdrückung der Familie durch den Staat, noch die sacrale Geschlossenheit der Familie, wie im italischen und griechischen Strange, die im italischen zur Selbständigstellung des pater familias vom Staatlichen, im griechischen zur Zusammenschmelzung von Familie und Staatsgewalt geführt hat. Bei den Germanen ist Alles freier, loser; sie sind aus der Urheimath abgezogen, ehe dort einerseits Staat und andererseits Familie zu festerer Organisation gelangt waren [8]).

3) Die sacrale Geschlossenheit der italischen [9]) und griechischen Familie, und ihr Zusammenhang durch das Urvolk mit der indischen Familie, ist etwas noch gar nicht genügend Ausgeforschtes. Ich bezeichne hier nur die zwei Haupt=

---

8) Grimm R. A. S. 462 „so wenig die deutsche Munt der römischen patria potestas gleich ist"; S. 465 „den Maaßstab römischer Adoption und patria postestas muß man davon fern halten". Das Aussetzungsrecht des Vaters über das neugeborene Kind liegt aber sowohl in der deutschen wie römischen und griechischen patria potestas; Grimm S. 455. 456; ius vitae et necis bei den Galliern Caesar B. G. VI. 19.

9) Festus: Maximus pontifex dicitur, quod maximus rerum, quae ad sacra et religiones pertinent, iudex sit vindexque contumaciae privatorum magistratuumque. Sacer mons . . At si qua sacra privata suscepta sunt, quae ex instituto pontificum stato die aut certo loco facienda sint, ea sacra appellari, tanquam sacrificium. Ille locus, ubi ea sacra privata facienda sunt, vix videtur sacer esse. Varro L. L. V. 83: Pontifices . . . ego a ponte arbitror: nam ab his sublicius est factus primum ut restitutus saepe, cum ideo [Bruns font. 274] sacra et uls et cis Tiberim non mediocri ritu fiant. Ueber die Bedeutung der sacra für das römische Erbrecht f. Glück-Leist Commentar I. S. 165 ff. (das von Klenze S. 159. 160 darüber Gesagte ist ganz ungenügend).

punkte. a) Im römischen Civilinteſtaterbrecht und in dem in=
diſchen Srabb'haerbrecht der Sapindafamilie iſt ganz genau das
gemeinſame Erbrecht des Urvolks zu erkennen. Nur war in=
zwiſchen ſeit der Trennung die indiſche patria potestas abge=
ſchwächt worden [alſo ein Hauskind kann dort als Erblaſſer, und
ein Hausvater als miterbend gedacht werden], und umgekehrt
die italiſche patria potestas war erſtarkt [alſo kein Hausvater
konnte als Erbe ſeines Hauskindes gedacht werden]. Das indiſche
wie das römiſche Inteſtaterbrecht dient zur Aufrechthaltung
des Hauſes und der Sacra (Srabb'ha). α) Die erſte
Stufe der Erben bildet die Srabb'ha=Deſcendenz des Defunctus,
Sohn, Sohnesſohn und Sohnesſohnesſohn [alſo der römiſche
suus heres, oder die domestica hereditas [10])] [11]). β) Die
zweite Klaſſe der Römer, die legitimi, entſpricht der zweiten,
dritten und vierten Stufe der Inder, in denen die (in manu be=
findlich geweſene) Mutter, bezw. Großmutter, Urgroßmutter und
die bezügliche Srabb'habeſcendenz des Vaters, Großvaters, Ur=
großvaters erben. Die Abſcheidung in dieſe drei hintereinander=
geſtellten Klaſſen iſt erſt ſpecifiſch indiſch; der italiſche Strang ruft
einfach den proximus agnatus. γ) Die dritte Klaſſe bildet
die übrige Sapindafamilie, der oben S. 41 angegebene Punkt g
[deutlich von der vorhergehenden Klaſſe dadurch geſchieden, daß
nicht mehr die Frauen in manu in Betracht kommen], bei den
Römern iſt dies die gens [12]). Bei den Indern trägt die Vor=

---

10) Danz R. G. 2. Aufl. II. S. 88 hat mit ſeinem hiſtoriſchen Spür=
ſinn die Grundbedeutung der domestica hereditas herausgefunden. Nur
geht er darin zu weit, daß er das Erbrecht der legitimi als erſt durch die
Zwölftafelgeſetzgebung eingeführt annimmt S. 95; es beſtand ſchon,
wie das Erbrecht der gens, im alten Urvolk.

11) Die Abſchließung der Srabb'habeſcendenz mit dem dritten Grade
iſt noch nicht ſicher erklärt; in's italiſche Recht iſt ſie nicht gelangt.

12) Ueber die Erkennbarkeit der Geſchlechterbezirke in den uralten ita=
liſchen Gauen Mommſen R. G. S. 35 f.

I.

7 ausschiebung der Stufen c und f schon den Charakter punktiliös schematisirender indischer Gesetzgebungskunst, der dem Urvolk beim Abscheiden des italischen Stranges noch völlig fremd war. Davon kann also im römischen Recht keine Spur sein. — b) Auch in der testamentarischen Frage erkennen wir den Zusammenhang. Das indische Recht kennt „keine vollständigen Testamente [13]), son= dern nur gewisse Erbtheilungen" (Klenze S. 126). Im Grie= chischen tritt der Urgesichtspunkt deutlich zu Tage, daß alle Erb= folge an sich nur z u r A u f r e c h t h a l t u n g des Hauses dient, und also eine testamentarische Erbeinsetzung nur verbunden mit der Adoption zum Sohne vorkommt. Hermann §. 120: „Ueber= haupt konnten Erbeinsetzungen auch durch Testament nur unter der Form der Adoption geschehen ... Die Adoption war übrigens nicht bloß ein Recht sondern auch eine Pflicht, die, wenn sie der Kinderlose nicht selbst erfüllte, noch nach seinem Tode von den nächsten Verwandten nachgeholt zu werden pflegte [vgl. auch oben §. 5 A. 4], um den Namen des Hauses zu erhalten und das Ge= schlecht, insbesondere die mit demselben verknüpften Sacra, nicht erlöschen zu lassen, wogegen selbst der Staat nicht gleichgültig war [14])."

---

13) Bei den Germanen gar keine Testamente: Tacit. Germ. 20. — Bei den Germanen findet sich für die Intestaterbfolge nicht die Geschlossen= heit der Familie, wie sie bei den Italikern in der gens, bei den Indern in der Sapindafamilie besteht. Den Germanen fehlt das strenge bindende Element der Haussacra, die das Erben bedingte. Sie müssen also v o r dieser Festigung der Familie ausgeschieden sein.

14) Der Grundgedanke des r ö m i s c h e n Erbrechts, daß p e r u n i - v e r s i t a t e m succedirt werde, ist offenbar specifisch-juristisches Product der Auffassung von der sacral-einheitlichen Aufrechthaltung des Hauses. Es tritt uns darin ein wichtiges Moment original-italischer Rechtsconstruction entgegen. Die Italiker haben im Ausdruck: h e r e s für das Erbnehmen ein schon dem Urvolk angehörendes Wort verwendet (s. unten §. 18 A. 7: Stt.: aça-bara-s = Erbtheil empfangend). — Bei den Griechen hat sich

der Erbbegriff an die **Erbtheilung** angeknüpft. Paſſow Gr. Wörterb.
v. κλῆρος: „Bei Homer werden die Looſe in einen Helm geworfen, in
welchem man ſie umſchüttelt, nachdem zuvor ein jeder das ſeinige gezeichnet
hatte; über benjenigen, deſſen Loos aus dem Helme flog, war entſchieden.“
Daher: „Das Verlooſte, durch das Loos Zugetheilte, beſ. das **Erbgut**,
und wieder vorzugsweiſe vererbtes Land, Grundſtück, liegendes Gut.“ —
Ueber das germaniſche Wort „Erbe“ ſ. Grimm S. 466 f. — Ueber die
Grundelemente des indogerm. Erbbegriffs iſt noch ſehr viel zu forſchen;
vgl. auch Beil. Nr. A. XIV. 2.

Vermögen, Stamm und Staat.

§. 8. Seit Anfang der Menschheit besteht der Kampf nach Außen. 1) Zum Theil beruht dies schon auf der „realen Naturordnung", der naturalis ratio. Der Mensch hat Hunger und Durst, und diese treiben ihn zur Gewinnung der Nährstoffe. Es ist nicht richtig, daß, wie Savigny sagt, das Eigenthum (sei es Gesammt= oder Privat=Eigenthum) nicht ebenso auf natürlicher Grundlage ruhe, wie die Ehe. Die reale Organisation, daß der menschliche Körper des Eingangs, Durchgangs und Aus= gangs gewisser Materie bedarf, ist ihm mit dem Thier gerade so gemein, wie die Geschlechtsorganisation [1]. Der Nahrungs= trieb macht beim Menschen, — da er mit Geistesfreiheit und Ueberlegung versehen ist, und das Bedürfniß für die Zukunft vor= aussieht, — daß er sich, um nicht stets „aus der Hand in den Mund" zu leben, die Materie sammelt, was aber in den Grenzen thierischer Ueberlegung auch Dachs, Hamster und Biene thun. Also hier, wie dort bei der Ehe, dieselbe naturalis ratio für Mensch und Thier, die sich beim Thier zu instinctuellen, beim Menschen zu geistig freien Verhältnissen gestaltet. — Aber weiter. Während dem Thier von Natur die Waffen anwachsen um sich

---

1) P. 158—176 „Die Nahrungsmittel und ihre Zubereitung".

gegen Feinde zu schützen, und Kleidung gegen die Unbilden des 8 Wetters, wird der Mensch nach der realen Naturordnung nakt, schutzlos und waffenlos nicht bloß in die Welt gesetzt, sondern er bleibt es auch, wenn er herangewachsen ist. Nur seine Geistesfreiheit ist ihm nach der realen Naturordnung die Waffe, die jener physischen Mitgabe der Thiere entspricht, indem er sich dafür Ersatz durch seine Einrichtungen schafft. Also die real ge= gebene Schutzlosigkeit des Menschen ruft (naturali ratione) es hervor, daß die Menschen dem Kinde, das der Vater nicht mehr schützt, einen künstlichen Schutz im Vormund geben (Gai. I. 189); daß der herangewachsene Mensch sich selbst Waffen fertigt und Vorkehrungen trifft, um sich gegen seine Feinde zu schützen [fr. 1 §. 27 de vi 43. 16: vim vi repellere licere Cassius scribit idque ius natura comparatur: apparet autem, in- quit, ex eo arma armis repellere licere; fr. 4 pr. ad leg. Aquil. 9. 2: nam adversus periculum naturalis ratio permittit se defendere; fr. 45 §. 4. eod.; fr. 3 de iust. et iure 1. 1][2]); daß der Mensch sich Kleidung und Obdach fertigt, um sich gegen die Natur, die wilden Thiere und feindliche Men=

---

2) Ueber die Bewaffnung P. 188—202; (S. 191): „Bogen und Pfeil müssen überall dort verschwinden, wo die Jagd nicht mehr ein Lebens- erwerb ist, oder wo es Jagd überhaupt gar nicht geben kann"; (S. 200): „die Uebergänge bedurften jedenfalls großer Zeiträume. Hirtenvölker legten die Jagdwaffen nicht plötzlich ab, sondern nur nach und nach"; (S. 202): „So wie aber der Krieg methodisch eingeübt wird, muß der Einfluß der Ortsbeschaffenheit auf die Bewaffnung mehr und mehr schwinden, ja bei modernen Culturvölkern kann von ihm kaum noch gesprochen werden". — — Vgl. noch S. 346. 347: „Da die Raubthiere als große Gegner günstig auf die Erziehung des Menschen einwirken, so ge- hört ihr Mangel unter die Nachtheile des Wohnorts .... Friedfertig- keit, wenn wir die Vorgänge der belebten Schöpfung richtig verstehen, bedeutet so viel wie Erstarrung".

II.

8 ſchen zu becken [3]). — Aber wiederum weiter. Indem der Menſch ſeinen Zwecken des Erwerbs für ſeine Nahrung wie für Kleider Waffen und Obdach, überhaupt ſeinem Streben nach immer weitergreifender Dienſtbarmachung der Natur nachgeht, geräth er den Thieren und anderen Menſchenſtämmen in's Gehege. Indem er die Thiere die er nicht zähmt als ſeine Feinde behandelt, er= kennen auch die Thiere (was ſie erſt aus Erfahrung lernen) ihn als Feind; indem ſich die Menſchenſtämme in ihren Intereſſen ſtören, lernen ſie ſich als Feinde kennen und ſchreiten auch zum Angriff. So kommt der Kampf und Krieg naturali ra= tione in die Welt [4]). Auch die Thiere kämpfen untereinander; auch in Betreff ihrer kann man ſagen: feras istius iuris (belli) peritia censeri.

Man ſagt wohl: der Krieg ſei etwas Unſittliches, dürfe nicht ſtattfinden; und damit meint man dann den Krieg aus dem Rechtsgebäude wegdecretirt zu haben. Allerdings kann ein Krieg ſehr unſittlich ſein; aber es heißt zwei Dinge, die in der dogma= tiſchen Analyſe genau auseinandergehalten werden müſſen, ſtörend vermiſchen, wenn man Fragen der realen Naturordnung mit ſitt= lichen Inſtanzen glaubt erledigen zu können. Feindſchaft, Kampf und Krieg ſind Stück der Weltordnung [5]); ſie können ſehr ein=

3) P. 176—188 „Bekleidung und Obdach“.

4) Damit iſt die Baſis der Eigenthumsoccupation, die Bekämpfung, Bezähmung der freien Natur, durch die reale Naturordnung ge= geben; fr. 3 pr. de adq. rer. dom. 41. 1: quod enim nullius est, id ra= tione naturali occupanti [„qui venandi aucupandique gratia ingreditur“ fr. 3 §. 1 eod.] conceditur. Dieſe Studien III. S. 81.

5) Schon unter den Funden aus alter Steinzeit, vgl. §. 3 Nr. I, tritt uns der vom Feinde Getödtete entgegen. In der §. 3 A. 5 citirten Mit= theilung heißt es: „Das Skelett lag auf der linken Seite in einer Haltung als ſei der Menſch während des Schlafes überraſcht und getödtet worden. Der Schädel war geſchmückt mit einer Kette aus Mittelmeermuſcheln und Hirſchzähnen. Eine 17 Cm. lange zugeſpitzte knöcherne Waffe oder Art In= ſtrument hatte die Stirn durchbrungen“.

gehegt, der Kampf kann sehr viel menschlicher gemacht werden, aber sie werden unter Menschen nie aufhören; sie gehören zum Weltplan, dessen Tiefen wir freilich nicht ergründen können. Der Krieg ist das Product des Ehrgeizes der Völker; der Ehrgeiz der Völker aber ist das treibende Element der Weltgeschichte. Der Krieg ist dem Menschen nöthig zur Entwicklung vieler Eigenschaften, die sonst schlafen würden; er ist den menschlichen Einrichtungen nöthig als Correctiv gegen die Erstarrung (A. 2). — Aber noch weiter. Der Krieg ist ein Ding, das die Menschen lernen müssen, und das sie in der That allmälig immer besser lernen. Der Mensch sieht sehr bald ein [was aber auch manche Thiere: wilde Pferde, Hunde, Gemsen zu begreifen anfangen, so daß man wiederum sagen kann: feras istius iuris peritia censeri], daß er zur Verstärkung seiner Kraft, der Symmachie, der Verbindung von Genossen (zunächst: der weiteren aus dem Hause erwachsenen Familie, Phratria oder Sippe) unter einem Führer, bedarf; daß die kampfgeordnete Vereinigung (der „methodische" Kampf; A. 2) von 100 Einzelkräften nicht bloß = 100, sondern = 200, 500, 1000 und mehr ist. Wie der Krieg ein Product der naturalis ratio d. h. der realen Naturordnung ist, so ist es auch die Symmachie. Und in der Symmachie liegen die ersten Anfänge des (sei es die Sippe festhaltenden, sei es über sie hinauswachsenden) Staates. —

Kampf und Krieg sind hiernach so alt wie das Menschengeschlecht. Sie sind eine durch die Menschheit nothwendig sich hindurchziehende Strömung. Es hat nie jene geträumte goldene Zeit gegeben, wo sie den Menschen unbekannt gewesen wären. Aber jede Strömung ruft eine Gegenströmung hervor. Kampf und Krieg richtet sich nach Außen, und damit ist zugleich ein Innen gegeben. Die Menschheit ringt danach, sich einen Bereich des Friedens zu festigen, d. h. nicht bloß einen Zustand des

8 augenblicklich ruhenden Kampfes [Friedensschluß[6])], sondern einen Zustand der absoluten Kriegsnegation, des grundsätzlichen Ausschlusses der Gewalt[7]). So lange der Krieg besteht, so lange besteht die Gegenströmung nach einem „umfriedeten" Gebiet. Also nicht handelt es sich um einen des Krieges unkundigen Urfrieden, sondern umgekehrt um einen von dem Kriegsbestande hervorgerufenen Gegenzustand. Wie dieser **Friedensbegriff** aus der uralten Zeit heraus in der inbogermanischen Welt allmälig sehr verschiedenen Sinn erhalten hat, wird sich aus der weiteren Darstellung ergeben.

2) Die inbogermanische Völkerfamilie zeigt in dem Verlauf der Geschichte einen hervortretend **kriegerischen** Charakter. In allen Phasen, die die inbogermanischen Völker als Jagdvölker,

---

6) Den Wortstamm, aus dem: pax hervorgegangen ist, hat schon die Ursprache. Curtius 343: Skt. páças Schlinge, Strick, páçajámi binde, páçras feist, derb; Zd. paç binden; Lat. paciscor, pax, pacio, pactio, pango, pignus, palus; Gr. πήγνυμι befestigen, πῆγμα Gefügtes, Gestell, πηγός fest, stark, πάγος, πάχνη Reif, Frost, πάγη Falle, Schlinge, πάσσαλος Pflock, Nagel; Goth. fahan fangen, fullafahjan ἱκανὸν ποιεῖν, fagrs εὔθετος; Ahd. fuoga (Fug), gafuogi (aptus), gafagjan (satisfacere), fah Fach.

7) Sippe heißt ursprünglich: „Friede, Freundschaft" (Grimm S. 467); sie ist eben jenes „Innen", in dem nicht erst durch pacisci, pactum eine pax hergestellt wird (der Gedanke vom contrat social ist ein grundverkehrter); sie ist die aus dem „Hause" natürlich erwachsene „Phratrie", die eben damit auch gleich „Symmachie" ist. Aus der Symmachie wächst aber keineswegs immer gleich der Staat heraus (§. 7 A. 5), sondern häufiger muß noch erst das Stadium familienartig (im Sinn des erweiterten Hauses) zusammenlebender gentes oder Clans durchschritten werden, welche unter einander lose quasiinternationale foedera abschließen, aus welchen nationalen foedera dann erst die wirklichen Keime einer Staatsorganisation sich emporarbeiten. Aber der Begriff des **Friedens** (Sippe, Freundschaft) durchzieht alle diese Gestaltungen; sein Ursprung ist das „Haus", die Ehe (§. 7 A. 2).

dann als Biehzucht=, dann Aderbau=, dann Handel= und In= 8
buſtrie treibende durchgemacht haben, bleibt der kriegeriſche Cha=
rakter derſelbe, und die große Rolle, die dieſe Völkerfamilie in
der Weltgeſchichte geſpielt hat, ruht vorzugsweiſe auf dieſem lei=
tenden Elemente 8). Was aber die Völker im Ganzen bewegte,
was ſie aus ihrer Urheimath in unſere europäiſchen Länder führte,
— es erhebt ſich die Frage, ob das nicht auch in ihren Pri=
vatangelegenheiten als ein weſentlich treibender Factor in's
Auge zu faſſen ſei? Ich denke, das Folgende wird zeigen, daß
dies in der That der Fall iſt. Kampf und Selbſtſchutz
kommen nicht bloß als die Baſis in Betracht, worauf dieſe Völker
ihr Recht an den von ihnen in Beſitz genommenen Ländern redu=
ciren; ſondern ſie ſind auch ein tiefgreifender Factor geweſen,
wodurch ſich im Inneren der allmälige Rechtsaufbau vollzogen
und zwar in einer in den verſchiedenen Völkerſträngen vielfach
übereinſtimmenden Weiſe entwickelt hat. Was ſich in dieſer Hin=
ſicht nach den uns bis jetzt offenliegenden Quellen conſtatiren
läßt, betrifft überwiegend das germaniſche und das römiſche Recht,
von denen alſo im Folgenden vorzugsweiſe die Rede ſein wird.

§. 9. — I. Die Periode des Selbſtſchutzes. — A. Zwei 9
Punkte ſind es, die wir ohne allen Zweifel als Gründe des
Eigenthumserwerbes ſchon in die Zeiten des indogermani=

---

8) Das tritt auch in der griechiſchen Mythologie hervor. Ottfr.
Müller Prolegomena S. 277: „Wie Vereinigung und Uebereinſtimmung
im Ganzen durch Verwandtſchaft und Vermählung ausgedrückt
wird (vgl. §. 7 A. 2), ſo iſt für jeden Gegenſatz das allgemeine Bild der
mythiſchen Ausdrucksweiſe: Kampf. Der Mythus liebt, was innerlich
iſt äußerlich zu machen, jede Beziehung in Handlung zu verwandeln; und
es muß daher in ihm auch kämpfen, was nie wirklich in Kampf geweſen
iſt. Nicht ſelten iſt aber auch ein mythiſcher Kampf aus dem Beſtreben
hervorgegangen zu erklären, wie ein gegenwärtiger Zuſtand an die Stelle
eines früheren getreten".

II.

9 schen Urvolks zurückführen können: die Eigenthumsoccupation
und den Gütertausch ¹).

1) Die Indogermanen sind ein jagendes, viehzüchtendes,
und daneben den Kriegserwerb betreibendes Volk gewesen²). Die
Jagd, die älteste Erwerbsweise der Völker, erzeugt mit Noth=
wendigkeit den Begriff des Eigenthumserwerbes durch Occupation.

----

1) Vgl. diese Studien III. S. 73—118, 180—196; Mancipation und
Tradition S. 207 ff.

2) Vgl. noch Cäsars Schilderungen von den Sueven B. G. IV, 1:
Suevorum gens est longe maxima et bellicosissima Germanorum
omnium. Hi centum pagos habere dicuntur: ex quibus quotannis singula
milia armatorum, bellandi causa ex finibus educunt, reliqui, qui
domi manserint, se atque illos alunt. Hi rursus in vicem anno post
in armis sunt: illi domo remanent. Sic neque agricultura nec ratio
atque usus belli intermittitur: sed privati ac separati agri apud eos
nihil est: neque longius anno remanere uno in loco incolendi causa licet
[Tacit. Germ. 26]: neque multum frumento, sed maximam partem lacte atque pecore vivunt [vgl. über Britannien V. 14];
multumque sunt in venationibus: quae res et cibi genere et
quotidiana exercitatione et libertate vitae (quod a pueris nullo officio
aut disciplina adsuefacti nihil omnino contra voluntatem faciant) et vires
alit, et inmani corporum magnitudine homines efficit. VI. 21: Vita omnis in venationibus [vgl. übrigens Tac. Germ. 15] atque in studiis
rei militaris consistit. 22. agriculturae non student. 23. Latrocinia
nullam habent infamiam, quae extra fines cuiusque civitatis fiunt. —
Hermann Gr. St. A. §. 9. „Ausländer und Feind ist in der Sprache des
Alterthums ein und dasselbe Wort. Alle Staaten befinden sich einander
gegenüber rechtlich in einem ewigen Kriegszustande, dessen thätliche
Ausbrüche Alles, was dem Menschen heilig und theuer ist, bedrohen, kein
Mittel scheuen, selbst den Wehrlosen nicht schonen und nur durch positive
Verträge in Schranken gehalten werden. Dem Räuberhandwerk im
Großen hatte freilich schon frühe Minos mächtiger Arm zur See ein Ziel
gesetzt, so wie um ähnliche Zeit Herakles und Theseus als Retter des Con-
tinents von seinen Landplagen gepriesen werden; doch Räubereien der Einzelnen gelten noch bei Homer als erlaubt und ehrenwerth." — Kriegs-
gewohnheit der Gallier Caes. B. G. VI. 15.

Aber einen wesentlich erweiterten Sinn gewinnt der darauf ge=
baute Eigenthumsbegriff erst dadurch, daß der Mensch es lernt,
das gefangene Thier: Hund, Rind, Pferd u. s. w. zu zähmen,
es an sich zu gewöhnen, so daß es frei herumlaufend doch im
Stande ist, seinen Herrn wieder zu erkennen, und zu ihm zurück=
kehrt: fr. 5 §. 5 de adquir. rer. dom. 41. 1: in his autem
animalibus quae [e] consuetudine abire et redire solent, talis
regula comprobata est, ut eo usque nostra esse in-
tellegantur donec revertendi animum habeant,
quodsi desierint revertendi animum habere, desinant nostra
esse et fiant occupantium . intelleguntur autem desisse
revertendi animum habere tunc, cum revertendi consue-
tudinem deseruerint (fr. 3 §. 2 — fr. 5 pr. eod.). Dieses
Zähmungsverhältniß lernt der Mensch objectiv erblich zu
machen. Er erreicht es, die so gewonnenen Hausthiere ganz an
seine eigene Culturstufe zu gewöhnen und durch Züchtung zu
höherer Entwicklung und einer Menge neuer Arten emporzu=
heben. Wir haben oben schon gesehen, daß in den ältesten Denk=
mälern menschlichen Lebens in unseren Ländern nur erst der Hund
als Hausthier aufzutreten scheint, und haben bemerkt (§. 3 A. 7),
daß für die Menschen dies Gewonnenhaben der Haupthausthiere
die Vorbedingung zur Erlangung höherer Gesittung ist. Das
Zähmungsverhältniß, zusammen mit der Kenntniß der Feuer=
bereitung [vgl. §. 3 A. 8], sind die beiden wichtigsten Urerrungen=
schaften der Menschheit. Während das Feuer ein ungreifbares
Ding ist²ᵃ), richtet sich das Zähmungsverhältniß auf eine kör=
perliche Sache, die damit als der greifbare Repräsentant einer

---

² ᵃ) Wegen seiner Wichtigkeit wird im hohen Alterthum das Feuer
(und sein Gegensatz das Wasser) den Völkern leicht das Symbol des Zu-
sammenlebens. Daher in den indogermanischen Völkern die Auffassung
einer Verbindung aqua et igni (§. 6 A. 3), aber auch einer aquae et ignis
interdictio (§. 17 A. 3).

II.

9 das ganze Menschenleben umgestaltenden wohlthätigen Einrich=
· tung bastehet. Das Zähmungsverhältniß ist danach der eigent=
liche Kern des Eigenthumsbegriffs an beweglichen
Sachen.

Hierzu tritt als zweitwichtiges Object für länger conservirtes
Eigenthum (im Gegensatz zu dem rasch verzehrten Jagberwerbe)
der Erwerb durch Kriegsbeute. In rohen Zeiten ist, wie
wir aus jener Stelle des Cäsar (Anm. 2) sehen, der Krieg Le=
benscarriere des Mannes; gegenüber dem frieblichen Erwerb durch
Biehzucht und Ackerbau das höher geachtete [Tac. Germ. 13. 14]
Ziel des Thatkräftigen[3]). In ihm liegt die Besoldung des Sol=
daten; und da man das Geraubte nicht gerade alles gleich brauchen
kann, so sorgen schon in rohesten Zeiten herumziehende Händler
für Umtausch gegen marktgängige Werthobjecte[4]). Innerhalb
der Kriegsbeute tritt noch wieder besonders hervor: der Sklav.
Es liegt leiber noch viel Dunkel über der Entstehung und Aus=
breitung der Sklaverei in den inbogermanischen Völkern[5]). Unter

---

3) Caesar B. G. V. 12: praedae ac belli inferendi causa. Bon den
Helvetiern I. 1: fere quotidianis praeliis cum Germanis contendunt. —
Bon den alten griechischen Zeiten sagt Hermann §. 9 „es scheint Griechenland eine Zeit schrecklicher Zerrüttungen und eines wilden Faustrechts
durchgemacht zu haben"; — so urtheilen wir von unserem modernen
Standpunkte aus; die alten Anschauungen vom „frischen fröhlichen Krieg"
fanden in solchem Zustande die nothwendige Boraussetzung eines „menschen-
würbigen Daseins".

4) Caes. B. G. IV. 2: Mercatoribus est ad eos aditus magis eo
ut quae bello ceperint, quibus vendant habeant, quam
quo ullam rem ad se importari desiderent.

5) P. 253: „Daß ganze Völkerschaften ihre bisherigen Wohnstätten
abbrechen, vorwärts drängen und große Erbräume durchwandern, ist überhaupt nur denkbar in Begleitung von Heerden, welche auf dem
Marsche die nöthige Nahrung gewähren. Die Biehzucht auf Steppen nöthigt
ohnehin zum Wechsel der Weibeplätze. Mit dem Seßhaftwerden
und dem Ackerbau regt sich aber sogleich die Begierde nach Skla-

ben Germanen ift bie Knechtſchaft eine viel milbere; fie waren 9
wohl noch nicht feßhaft genug, um nach ihren Lebensverhältniſſen
eigentliche ſtrenge Sklaverei überhaupt durchführen zu können.
Grimm S. 300: „Die Unfreiheit iſt doppelter Art, eine härtere
unb milbere, jene kann man Leibeigenſchaft nennen, dieſe Hörig=
keit, alſo etwa Knechte von Liten unterſcheiden. (Es erſchien)
aber bie beutſche Knechtſchaft ſelten ober nie als ſtrenge burch=
gängige Sklaverei, unb es liegt bloß eine Reihe vielfach gefärbter
Abhängigkeitsverhältniſſe vor, beren Namen unb Begriffe in ein=
anber überſpielen.“ Dagegen im italiſchen unb griechiſchen Völ=
kerſtrange liegt ſchon ein weit erſtarkteres Hausweſen vor; hier
konnte denn auch bie Giftpflanze ber Sklavenarbeit gebeihen unb
ber Begierde ber Sieger reizvoll erſcheinen [6]).

Die Römer ſagen über bas Sklavenverhältniß (fr. 32 de
reg. iur. 50. 17): quod attinet ad ius civile, servi pro
nullis habentur: non tamen ex iure naturali, quia quod
ad ius naturale attinet omnes homines aequales
sunt (fr. 3 §. 1 de cap. min. 4. 5); Pr. — §. 2 I. de iure
pers. 1. 3: servitus est constitutio iuris gentium, qua quis
dominio alieno contra naturam subiicitur; Gai. I 52:
iuris gentium est: nam apud omnes peraeque gentes animadvertere possumus, dominis in servos vitae necisque
potestatem esse. Unter naturalis ratio iſt hier bie Thatſache

---

venarbeit. Jäger, bie nur unter beſtändiger Anſtrengung ſich unb ihre
Familien ernähren, können Unfreie nicht in ihrem Hausſtande verwenden.
Anbers verhält es ſich ſchon, wo Fiſchfang getrieben wirb“ u. ſ. w.

6) Sprachlich erklärt ſich servus folgendermaßen; Curtius 518:
Skt. sarat Draht, sarit Faben; Gr. σειρά Seil, ὅρμος Halsband, ὁρμιά
Angelſchnur, εἴρω knüpfe, binde, εἱρμός Verknüpfung, ἕρφερος Knecht=
ſchaft; Lat. sero reihe, knüpfe, sera, reserare, sertum, series, servus;
Lit. seris Faben, Pechbraht (?); Altir. sreth (series, ordo, strues), bid
comarithi („cum his manus conserenda est“).

9 verftanben, baß nach der realen Naturorbnung bas Thier in Folge
feiner niederen Organifation zum bienenben, der Menfch in Folge
feiner Geiftes= und Willensfreiheit [bie ihm auch die natürliche
libertas consentiendi giebt Gai. III 154] zum Beherrfcher der
Natur und insbefonbere der Thiere beftimmt ift. Demnach ift
es „absurdum" Thier und Menfch zu ibentificiren [alfo z. B.
auch bie Menfchenkinder und bie Thierjungen auf gleiche Stufe
zu ftellen; §. 37 in fin. I. de rer. div. 2. 1], und banach ift
es an fich ein Widerfpruch „contra naturam", bas gegen die
Thiere wohlbegründete Eigenthumsverhältniß auch auf Menfchen,
als Sklaven, herüberzuziehen. Aber bas genirt die Römer gar
nicht, bas ben Thieren gegenüber auf der naturalis ratio der
Occupation ruhenbe (§. 8 A. 4) Eigenthum, auch in der Herüber=
ziehung auf ben Krieg gegen die Menfchen ganz ebenfo auf bie=
felbe naturalis ratio zu bafiren (Gai. II 69: ea quae ex hostibus capiuntur, naturali ratione nostra fiunt; IV 16:
quod maxime sua esse credebant, quae ex hostibus
cepissent). Dagegen vor der Zurückführung des captus hostis
felbft auf die naturalis ratio fchrecken fie wegen jener „Abfurbi=
tät" zurück, und fo helfen fie fich hier mit der Wendung, baß —
ba ja nach bamaliger allgemeiner Anficht: anfangs iure naturali
ein allgemeiner Friede die Menfchheit beglückt hat und erft fpäter
iure gentium die „bella introducta" finb, alfo urfprünglich
auch keine Sklaverei beftanden haben kann, fondern erft fpäter
eingeführt fein muß, — urfprünglich alle Menfchen frei geboren
feien, baher an fich auch noch immer iure naturali frei geboren
würben, baß fie mithin nur iure gentium als Sklaven betrachtet
werben könnten [7]).

---

7) Schaamhafter Weife ift beßhalb in §. 17 I. de rer. div. jener Aus=
bruck des Gaius II 69: „naturali ratione" — weil die Inftitutionen
gleich von den Sklaven felber zu reden fortfahren — in „iure gentium"

Indem so die Römer die Sklaverei nur für iure gentium [9] begründbar erklärten, haben sie doch damit nicht gezweifelt, daß sie ein vollkommen berechtigtes Institut sei. Es ist ein völlig unrichtiges Hineintragen unserer seit dem Christenthum entwickelten Anschauungen in das Alterthum, wenn man ihm als schon damals herrschenden Gedanken unterschiebt, daß es die Sklaverei für unsittlich und unberechtigt gehalten habe. „Die allgemeine Erscheinung der Sklaverei, sagt Hermann Gr. St. A. §. 9, die selbst von den Weisesten der Nation gebilligt[8]) und rechtlich begründet gefunden wurde, ist nur eine natürliche Folge dieses Grundsatzes, der die Persönlichkeit des Menschen wesentlich an sein Bürgerthum bindet." Man muß sich nur in die damalige Lage versetzen. Es handelte sich ja nicht darum, vom theoretischen Standpunkt aus zu überlegen, ob es human sei, einen niedriger entwickelten Stamm (wie unsere Neger) zur Sklavenarbeit zu verwenden; sondern die Frage trat sehr practisch an den Einzelnen heran: „Hätten die Feinde gesiegt, so wäre unsere Stadt zerstört, und wir Alle, die wir nicht getödtet worden, in die Sklaverei verkauft; da das Kriegsglück für uns entschieden, so ist es nach streng gleich austheilender Gerechtigkeit „aequum", daß wir die Feinde bändigen und zu Sklaven machen." Diese Ansicht ist mit dem lebendigsten Mitgefühl für die Person des Einzelnen vereinbar. Sie ist eben die des Kriegs-

---

umgewandelt worden. Danach auch fr. 5 §. 7 — fr. 7 §. 1 de adquir. rer. dom. 41. 1.

8) Daher die nach unseren Begriffen empörende Gefühllosigkeit, daß man gerade die Sklaven für die gegebenen Objecte der Tortur, wenn es sich um Wahrheitsermittelung handelte, ansah; ja daß man im Proceß die auf Tortur der Sklaven ruhenden Zeugnisse für die besten hielt. Hermann §. 140: „Die Tortur ward in Gegenwart gemeinschaftlich bestellter Obmänner vorgenommen; man konnte sowohl seine eigenen Sklaven dazu anbieten, als auch die des Gegners dazu verlangen; πιστότερόν ἐστι βάσανος μαρτύρων."

II.

9 ſtandpunktes, die wir innerlich noch ganz ebenſo, nur in civili=
ſirter Geſtalt, heutzutage bei den Land= und Leute=Annexionen ge=
genüber einem beſiegten Feinde durchführen. Bei allem Mitgefühl
für den Kummer und Jammer der Einzelnen heißt es: „Hättet
Ihr geſiegt, ſo hättet Ihr uns eine Provinz weggenommen; wir
haben geſiegt und nehmen zu unſerer Sicherheit Euch eine Pro=
vinz; ſo müßt ihr Euch alſo gefallen laſſen, daß wir Euch nach
unſerem Sinne bändigen".

Das aber, was im heidniſchen Alterthum allerdings ſchon
immer beſtanden, und immer mehr auf Beſſerung der Sklaven=
lage hingedrängt hat [9]), das iſt eben jenes [in einer anderen Seite
der Aequität begründete] tiefe Mitgefühl mit dem Schickſal der
Sklaven, hervorgegangen aus der Ueberzeugung, daß das Frei=
ſein die erſte Bedingung perſönlichen irdiſchen Glücklichſeins ſei.
Daher der Standpunkt, daß die Freiheit in aller Weiſe zu be=
günſtigen, daß bei allem Feſthalten des Rechts der Sklaverei,
doch die Clemenz gegen die Sklaven eine Aufgabe der Aequität
ſei (ſ. unten Beil. Nr. A. XIII. 1). Dieſer im Heidenthum
ſchon ſehr entwickelte Gedanke hat dann in Verbindung mit dem
Chriſtenthum die Kraft gewonnen, auf Ausrottung der Gift=
pflanze hinzuarbeiten. —

In dem „ex hostibus captum" und im „captus hostis"
hat die Eigenthumsoccupation nothwendig von Anfang an einen
internationalen Charakter. Die Thatſache der Kriegsberau=
bung und des Zumſklavenmachens iſt von jeher international.
Sie iſt auch für den Beraubten, Beſiegten wirkſam, aber ſie gilt
nur ſo lange, als die Thatſache des Beherrſchens dauert [10]).
Es wäre lächerlich, hier eine gemeinſame Rechtsüberzeu=
gung als die Baſis der Geltung der Occupation hinzuſtellen,

---

9) Vgl. über die größere Freiheit der Sklaven in Athen: Hermann
Gr. St. A. §. 114.

10) Dieſe Studien III S. 80 A. 2.

die der Beraubte, Unterworfene als definitiv bindend anzu=
erkennen hätte [11]). Wir haben hier also einen „organifirten
Jug", es ist nicht das was wir „Recht" zu nennen gewohnt
sind. Der Schutz des Siegers ist lediglich sein Selbstschutz.
Das „Recht" ist in der factischen Herrschaft verkörpert, es dauert
so lange, bis die erbeutete Sache, der geknechtete Mensch wieder
auf kriegsmäßigem Wege in die frühere Freiheit zurückgelangt.

§. 10. — 2) Der Gütertausch (Kauf) [1]). — Vom ersten 10
Beginn einer Kunde über die Existenz von Menschen in unseren
Ländern datirt auch zugleich der Nachweis, daß der internationale
Gütertausch schon von weit entfernten Ländern her die gewünschten
Waaren zu Kaufliebhabern getragen hat (vgl. §. 3 Anm. 4—6).
Die Handelsleute zogen durch die Länder, gleichviel ob de iure
der Satz galt, daß Fremder und Feind einerlei sei. Die feineren
Culturerzeugnisse des Südens waren zu lockend für den Norden,
und die Producte des Nordens (Zinn, Bernstein u. s. w.) mogte
der Süden nicht entbehren. Das Interesse der Menschen über=
steigt alle Rechtsschranken. Man muß nicht denken, daß der

---

11) Das was den Sieger und den Besiegten als gemeinsame Ueber=
zeugung verbindet, ist nur jener kriegsmäßige Gesichtspunkt streng gleich=
austheilender „Aequität", daß was der Eine dem Anderen thun würde, er
auch für sich anerkennen muß; s. darüber Beil. Nr. C. II.

1) Innerhalb eines einzelnen Volks kann der juristische Gegensatz von
Kauf und Tausch Gegenstand genauerer Untersuchung werden müssen. In
der großen Gesammtentwicklung der Völker ist er ein völlig flüssiger; es
wird deßhalb auch hier auf die Unterschiede zwischen beiden nicht eingegangen.
Grimm S. 427: „es waren in ältester Zeit Vieh und Waffen statt alles
Geldes". Speciell die Germanen zeigen mehr Abneigung gegen das Geld;
Caes. B. G. VI. 22: ne qua oriatur pecuniae cupiditas. Tacit. Germ. 5.
Anders die Gallier Caes. VI. 17: Mercurium . . ad quaestus pecuniae mercaturasque habere maximam vim arbitrantur. — Die Bri=
tannier (Caes. B. G. V. 12): Utuntur aut aere aut taleis ferreis ad certum pondus examinatis, pro nummo . . . aere utuntur inportato.

II.
10 Händler, indem er durch die fremden Länder zog, darum so sehr
gefährdet gewesen wäre. Man erkundet vorher, wo man willige
Aufnahme finden werde; man knüpft Gaſtfreundſchaften an;
man bringt begehrte Waare; man holt Sachen, deren Abgabe
erwünſcht iſt. Es bilden ſich feſte Straßen für die Züge der
Händler, beſtimmte Zeiten wo ſie ihre Touren unternehmen;
durch Vereinigung zu größeren Karavanen gewinnen ſie Schutz
gegen Ueberfälle, und an den Einheimiſchen, die ihr Kommen
gern ſehen, finden ſie Rückhalt. Anders und gefährlicher, als
für die ſeit Jahrhunderten und Jahrtauſenden Africa durchziehen=
den, ſchwarzes und weißes Elfenbein zuſammenbringenden, Händ=
ler wird auch in der indogermaniſchen Völkerfamilie, vor wie
nach dem Völkereinzuge, die Durchführung des Handelsverkehrs
zu keinen Zeiten geweſen ſein. Nach dem Völkereinzuge ging
vorzugsweiſe durch Deutſchland (§. 3 A. 6) der Handelszug nach
dem Norden; übrigens ſagt Cäſar (§. 9 A. 4), ſeien die Deutſchen
mehr export= als importbedürftig. In Gallien war es anders;
hier ſpielen zu Cäſars Zeiten die mercatores eine große Rolle[2]).

In dem griechiſchen Volke iſt ebenfalls der Grundſatz, daß
außerhalb des einzelnen Staates alles Recht aufhört. (Hermann

---

2) Caesar B. G. IV. 2: Quin etiam iumentis, quibus maxime
Gallia delectatur, quaeque inpenso parant pretio, Ger-
mani inportatis his non utuntur. Von den Ubiern: c. 3: Ubii .. paullo
quam sunt eiusdem generis et ceteris humaniores; propterea quod Rhe-
num attingunt multumque ad eos mercatores ventitant,
et ipsi propter propinquitatem Gallicis sunt moribus adsuefacti. In
Gallien ſind die mercatores die Träger der Neuigkeiten, c. 5: et mercatores in oppidis vulgus circumsistat, quibusque e regionibus
veniant, quasque ibi res cognoverint, pronunciare co-
gant. — Von den Belgiern Caesar B. G. I. 1: propterea quod a cultu
atque humanitate provinciae longissime absunt, minimeque ad eos
mercatores saepe commeant, atque ea quae ad effeminandos ani-
mos pertinent inportant.

§. 9): „Außer der Grenze seiner Heimath steht der Mensch so=
fort auch außer dem Gesetze und als ein völlig rechtloser da [3]),
der nicht allein, um liegendes Gut und Eigenthum in einem frem=
ben Staate zu besitzen, eine Bürgerin desselben zu heirathen
u. s. w., sondern selbst zu seiner persönlichen Sicherheit der aus=
drücklichen Zusage desselben bedarf". Aber das darf man
wiederum nicht so nehmen, als wenn nicht reger Handelsverkehr
zwischen Griechen und Griechen wie Nichtgriechen bestanden hätte.
Die Griechen haben gerade vorzugsweise in dem ganzen Umkreise
des Mittelmeers Verkehr angeknüpft und dann auch Colonien
angelegt. Also Rechtlosigkeit ist nicht Verkehrslosigkeit. Außer=
halb des Rechts ist nach Anschauung des Alterthums immer noch
der Schutz der Götter, und zwar ein in bestimmten socialen Schutz=
einrichtungen sich verkörpernder. (Hermann §. 10): „Schon
frühe trat der strengen Rechtsansicht milbernd das Gefühl der
Humanität zur Seite, und die Religion, die Pflegerin jeder
höheren Ahnung im Menschen, lieh ihr dazu die Heiligkeit ihrer
Formen. So schützte den Einzelnen das heilige Gastrecht [4]),
und die fromme Scheu der Schutzflehenden [5]); die Ach=

---

3) Ebenso bei den Italikern; Mommsen R. G. S. 154.

4) Ebenso bei den Germanen, Caes. B. G. VI. 23: Hospites vio-
lare fas non putant: qui quaque de causa ad eos venerint, ab iniuria
prohibent, sanctosque habent: iis omnium domus patent, victusque com-
municatur. Tacitus Germ. 21: Quemcunque mortalium arcere tecto nefas
habetur; pro fortuna quisque apparatis epulis excipit. Cum defecere,
qui modo hospes fuerat, monstrator hospitii et comes proximam domum
non invitati adeunt. Nec interest, pari humanitate excipiuntur;
notum ignotumque quantum ad ius hospitis nemo discer-
nit. Abeunti, si quid poposcerit, concedere moris, et poscendi
invicem eadem facilitas. Gaudent muneribus, sed nec data imputant
nec accepta obligantur. Victus inter hospites comis.

5) Ebenso bei den Römern. Servius in Aeneid. 3. 117: genua Mi-
sericordiae, unde haec tangunt rogantes. Iure pontificali,

II.

10 tung der Herolde beschränkte selbst den hitzigsten Kampf, und sicherte stets die Möglichkeit friedlicher Beendigung. Alle Verträge wurden unter die Obhut irgend einer Gottheit gestellt". Die Römer nennen dies, im Gegensatz zum ius, das Gebiet des fas (Isid. or. V 2. 2): fas lex divina, ius lex humana est. Transire per alienum [das gilt auch von fremden Ländern], fas est, ius non est[6]). Man kann sagen, weil kein Rechtsschutz bestand, so fühlte die Sitte sich um so mehr gebunden, dem Fremdling schützend beizustehen.

Aber es gab doch auch schon früh Wege, dem Handelsverkehr einen dem ius sich nähernden Schutz wenigstens vorübergehend zu gewähren. Es galten überhaupt nach dem fas „Tempel und Heiligthümer auch bei feindlichen Einfällen als unverletzlich"; (Hermann §. 10): „Insbesondere wurden [in Griechenland] die religiösen Hauptfeste einzelner Städte frühe Veranlassung zu friedlichen und freundschaftlichen Berührungen benachbarter Völker, die sich hier gleichsam unter dem wirthlichen Dache des Staates zusammenfanden; um so mehr, da dieser ihnen nicht bloß festliche Spiele und Lustbarkeiten, sondern auch Sicherheit des Verkehrs im Handel und Wandel darbot, zu welchem Ende nicht selten ein eigener Gottesfriede ausdrücklich verkündet wurde." Auf den Märkten und Messen, die hier eröffnet wurden, haben wir uns wahrlich nicht bloß die stammverwandten Umwohner, sondern gerade vorzugs-

---

si quis flamini genua fuisset amplexus, verberari non licebat; — vgl. fr. 2 de his qui sui vel al. 1. 6: eorum qui ex familia Iulii Sabini ad statuam confugerunt.

6) Servius in Verg. Georg. 1. 269: fas et iura sinunt i. e. divina humanaque iura promittunt, nam ad religionem fas, ad homines iura pertinent. — Ueber die Zugehörigkeit zu seiner civitas galt der Satz: de sua civitate cuique constituendi facultas libera est; vgl. Beil. Nr. A. XIII. 3.

weiſe auch bie völlig volksfremben, peregrinen mercatores ver=
ſammelt zu benken. — Ganz gleichartig waren auch im alten
Italien bie religiöſen Hauptfeſte, wie z. B. bas Neptunsfeſt, auf
welches bie Sage ben Raub ber Sabinerinnen verlegt[7]).

Aus bieſen Feſtesmärkten haben ſich bie ſtehenben Märkte,
unb aus bem Gaſtrechte bes fas haben ſich allmälig (oft burch
beſonbere Hanbelsverträge ſpecificirte) bem ius angehörige Schutz=
rechte für ben Verkehr entwickelt. — In Rom haben bieſe enblich
in ber Aufſtellung bes praetor peregrinus ihren Abſchluß gefun=
ben, unb mit bem Ausbruck „ius gentium" ihre Reception in
bas Rechtsgebäube empfangen. —

Wie iſt nun nach bieſem fas in ber älteſten Zeit, ehe ſich
irgenb welches ius entwickelte, bie Stellung bes internationalen

---

7) Liv. I 9: L u d o s ex industria parat N e p t u n o E q u e s t r i
s o l e n n e s: Consualia vocat. Indici deinde finitimis spectaculum iubet:
quantoque apparatu tum sciebant aut poterant, concelebrant, ut rem
claram exspectatamque facerent. M u l t i m o r t a l e s c o n v e n e r e ..
maxime propinqui quique ... Turbato per metum ludicro, moesti paren-
tes virginum profugiunt, i n c u s a n t e s v i o l a t i h o s p i t i i f o e d u s:
deinde invocantes c u i u s a d s o l e n n e l u d o s q u e per f a s a c f i d e m
d e c e p t i v e n i s s e n t. Vom alten mythiſchen Geſetzgeber N u m a heißt
es Cic. de rep. II. 14: idemque m e r c a t u s l u d o s o m n e s q u e c o n-
v e n i e n d i c a u s a s et c e l e b r i t a t e s invenit. [Unter mercatus ſinb
„Meſſen" im Gegenſatz ber gewöhnlichen nundinae zu verſtehen; bieſe mercatus (früher geſchrieben merk.) ſinb ſehr alt. Mo. S. 193. 216. A.*]
— Aus bieſen Tempelfeſten haben ſich bann bei ben Griechen bie A m-
p h i c t y o n i e n entwickelt [welche „nichts ſinb als geſchloſſene Vereine ber
Nachbarvölker eines Heiligthums ohne Rückſicht auf Stammverſchiebenheiten,
einzig zum Zweck wechſelſeitiger Befriebung unb gemeinſamer Feſtfeier,"
Hermann §. 11], unb an bieſe ſchließen ſich erſt bie eigentlichen „Bünbe",
wie namentlich ber Phyläiſche Bunb (Hermann §. 12 — 14). — Gleichartig,
wenn auch mit weſentlichen nationalen Differenzen, wirb auch bie Entwicklung ber italiſchen Bünbe insbeſonbere bes latiniſchen zu benken ſein. Vgl.
barüber Mommſen S. 37 ff.

10 Kaufs zu denken? Daß der internationale Verkehr schon im Urvolk existirte, ist nach der bisherigen Entwicklung nicht zu bezweifeln; und daß das Urvolk schon den Kaufbegriff kannte, beweist mit Sicherheit die Sprache; Curtius 448: Skt. [ved.] vasnas Kaufpreis, vasnam Lohn; Gr. ὦνος Kaufpreis, ὠνή Kauf, ὠνέομαι kaufe; Lat. venum, veneo, vendo; Ksl. věniti (vendere) [věno (dos) vgl. oben §. 6 nach Anm. 2]. Der Ort, wo zum Verkauf die Dinge zusammengetragen werden, heißt das forum [Varro L. L. V 145: quo conferrent suas controversias et quae vendere vellent quo ferrent forum appellarunt]. Da wir Schutzeinrichtungen des ius immer erst als spätere zu denken haben, so ergiebt sich als der reine Zustand des fas für die Urzeit mit Nothwendigkeit: der Realkauf (vendere praesenti pecunia), d. h. die unmittelbar reale Gegeneinanderleistung beider Sachen oder der Sache und des Preises. Mit dem Herübergegebensein beider Gegenstände hat die Angelegenheit die Kraft des eigenen Schwergewichts. Jeder schützt sich mit seinen Waffen in seinem Besitz. Verträge auf Leistung konnten ja nur unter dem Schutz der Götter gestellt sein, ihre Ausführung mußte immer erst noch erkämpft werden. Es konnte also Derartiges ursprünglich nur unter ganz besonderen Umständen eintreten und als allgemeine Regel gar nicht in Betracht kommen.

Wir haben hier einen Punkt, den ich für einen der wichtigsten Uranfänge des Rechts halte. Aber er ist noch nicht Recht in unserem Sinne (ius), er ist die „Physis" eines Verhältnisses, das erst allmälig zu ius erstarkt. Hier schon von einer Unterscheidung von Sachenrecht und Obligationenrecht zu sprechen, hat gar keinen Sinn, es ist der reine Realismus der vollendeten Thatsache. Gerade aber dieses Internationale des Kaufs ist ein in den Urzuständen, wie etwa bei des §. 3 A. 4, zuerst Hervortretendes. Unter den Stammesgenossen zu tauschen oder zu kaufen,

ift faft gar kein Anlaß: seine Nahrung durch Jagd schafft man 10
sich selbst; sein Vieh züchtet man selbst, um lacte atque pecore
zu leben (§. 9 A. 2); seine Kleider und Waffen macht man selbst
mit den Seinen; sein Zelt- oder seinen Pfahlbau zur Wohnung
macht man mit dem aus dem offenen Walde entnommenen Ma=
terial sich wiederum selbst, zusammen mit den Seinigen. Aber die
ersehnte f r e m b e Waare vom Händler muß man durch Gegen=
gabe k a u f e n; hier tritt das erste Bedürfniß nach einem „Rechts=
acte" des Erwerbes, wie wir jetzt sagen würden, hervor [8]).

In dem internationalen Realkauf haben wir das Prototyp
eines F r i e d e n s a c t e s vor uns. Er ist ein in friedlicher Ueber=
einstimmung ausgeführtes negotium, der Anfang alles Commer=
cium. Er ruht gerade so gut wie das Erjagen und Zähmen der
Thiere auf naturalis ratio, auf der „realen Naturordnung".
Der Mensch, der dieser Dinge bedarf, muß, da er sie nicht mehr
naturfrei findet, und es sich nicht um feindliche Wegnahme han=
delt, sie vom Anderen naturali ratione mit dessen consensus
Gai III. 154 (s. oben §. 9.) zu gewinnen suchen. Also von dem,
der sie hat, muß er sie durch Gegengabe dessen, was dieser wünscht,
ertauschen. Die Ursprungsgestalt dieses Geschäfts ist mithin auf
n a t u r a l i s r a t i o gebaut [und das nennen die Römer hinter=
brein ius naturale, obgleich es anfangs nur fas war], und sie
ist i n t e r n a t i o n a l [und das nennen die Römer hinterbrein ius
gentium, obgleich es ursprünglich nur fas war].

Wie aber war es denn, wenn es Kauf mit den auswärtigen

---

8) Deßhalb bestand auch in manchen Böllern eine Antipathie gegen die
fremden Händler und das Geld. Die damaligen „Reactionäre" meinten
Geld und Kauf ganz entbehren zu können, wenn man nur in der Weise
der Altvordern lebe, und sich den verderblichen Lockungen einer verweich=
lichenden von Außen eindringenden Cultur entgegenstemme; vgl. Anm. 1
u. 2 a. E. — Ueber das Berbot der Edelmetalle als Tauschmittel für die
Spartiaten s. unten §. 19.

II.

10 Händlern gab, mit Kauf und Tausch innerhalb der Stammesgenossen? Selbstverständlich war dieser, wenn auch weniger vorkommend, doch auch wiederum nicht verboten und ausgeschlossen. Aber es ist erklärlich, daß für den Kreis der Stammesgenossen (für den ja eben das ius gilt) der Kauf, da wo er vorkommt und namentlich in Betreff wichtigerer Sachen, nicht lediglich unter jenem allgemeinen internationalen Gesichtspunkte verbleibt; daß er unter bestimmte Satzungen des ius gestellt wird. Wir berühren hiemit ein wichtiges Moment, das civile, das nothwendig erst späteren Ursprungs sein kann, und hier einstweilen noch unerklärt bleiben möge. Jedenfalls kann vor seinem Entstehen der Zustand unter den Stammgenossen nicht anders gedacht werden, als gegenüber den peregrinen Händlern. So gelangen wir zu dem Satz: als Anfang, von dem die Kauf= und Tausch= lehre ausgeht, ist der Realkauf, internationaler wie innengenossenschaftlicher, zu denken. Es muß in allen indogermanischen Völkersträngen die dann möglicherweise weit auseinandergehende Entwicklung jenen Anfang noch erkennen lassen. Daß er im lateinischen Strang in dem Rechtssatze steckt, das Eigenthum der erkauften und tradirt erhaltenen Sache gehe erst mit der Preiszahlung über, habe ich in meiner „Mancipation und Tradition" ausgeführt. Die dies erklärenden berühmten Worte des §. 41 I. de rer. div. 2. 1 sind ganz genau richtig. Der Satz, daß die reale Eigenthumsleistung der Waare das reale Geleistethaben des Preises voraussetzt, ruht auf naturalis ratio und ist zugleich von Anfang an ius gentium [fas]: tamen recte dicitur, et iure gentium, id est iure naturali, id effici. Naturalis ratio und ius gentium coincidiren hier, oder wie man auch sagen kann: der Realkauf ist zugleich Naturalkauf[9]) und Internationalkauf.

---

9) Lediglich den Ausdruck „Naturalkauf" zu gebrauchen (wie Bechmann S. 8 vorschlägt), ist nicht passend, da damit nur die Eine Seite der Sache

3) Zu den beiden Punkten der Eigenthumsoccupation und
des Kaufs wäre nach der naturalis ratio an sich noch als dritter
zu stellen: die Fabrication. Aber da diese naturalis ratio
nicht von Anfang an gleichmäßig in den verschiedenen indogerma=
nischen Strängen sich zu positivrechtlicher Geltung durchzuarbeiten
vermogt hat [hauptsächlich in Folge der Sklavenarbeit, die das
südeuropäische Leben tief verdorben hat, gegenüber dem in dieser
Hinsicht gesünderen nordeuropäischen vgl. §. 9], so fehlt hier das
indogermanisch Gemeinsame. Die Bedeutung der Fabrication im
röm. Recht habe ich in diesen Studien III S. 119 ff. entwickelt.
Indem sich die dort erörterte, der Fabrication zum Grunde lie=
gende naturalis ratio der hier in diesem Heft durchgeführten
Erklärung des Gesammtbegriffs der naturalis ratio als „der
realen Naturordnung" von selbst einfügt, so glaube ich die Fabri=
cationsfrage, die nach der deutschrechtlichen und allgemeinmodern=
rechtlichen Seite hin noch vielfacher Untersuchung bedarf, hier fer=
nerhin nicht eingehend in Betracht ziehen zu sollen. —
    Aber in Betreff jener anderen beiden Punkte, der Eigen=
thumsoccupation und des Kaufs, muß ich noch ein rückerinnern=
des Wort hinzufügen. Sie sind Urbegriffe, nicht des „Rechts"
in unserem Sinne des consolidirten Begriffs, wohl aber der „Phy=
sis" der Verhältnisse; sie sind nach unserer modernen Anschau=
ung: werdendes Recht. Als solche real festorganisirte Ver=
hältnisse (Herrschaft im Besitz verkörpert, und durch das reale
Gleichgewicht der menschlichen Zustände aufrecht erhalten) waren
sie der Menschheit schon zu vollem Bewußtsein gekommen und
durch évas (mos) geheiligt (vgl. §. 7 Nr. 1), ohne damit auf
einem, im Kreise eines einzelnen oder mehrer einzelner Völker
verkörperten, eine besondere selbständige Zwangskraft involviren=

bezeichnet wird. — Daß auch im germanischen Recht der Kauf zunächst als
Reallauf auftritt, dann aber ganz andere Wege geht, als das römische
Recht, darüber vgl. Sohm Trauung u. Verlobung (1876) S. 13.

II.

10 ben „Rechtsbewußtfein" zu beruhen. Doch aber sind sie im Sinne der Urzeit schon als wirkliche Rechtsinstitute zu bezeichnen. Daher erklärt sich, daß sie, wie wir gesehen haben, auch schon in Urzeiten zur „juristischen Construction" verwendet werden konnten, indem sie im internationalen wie innengenossenschaftlichen Mädchenraub und Mädchenkauf zu Eingehungsgestalten der Ehe gemacht wurden.

11 §. 11. — B. Das Resultat der bisherigen Erörterung ist folgendes: Das indogermanische Urvolk hat schon den **Eigen-thumsbegriff** gehabt, aber dieser bezieht sich **nur auf be-wegliche Sachen.** Der Kern der Eigenthumsoccupation ist das, eine ganz neue Epoche der Urzeit bildende, **Zähmungs-verhältniß an beweglichen Sachen**; und [die Fabrication, sowie] der internationale Realkauf hat ebenso nur bewegliche Waare zum Gegenstande. Giebt es für diese Sätze äußere Be-weise? Prüfen wir.

1) Wir haben zwei aus dem Urvolk stammende Wörter für den Eigenthümer.

a) Dominium kommt nicht von domus, wie man nach der bekannten, beide Wörter alliterirend verbindenden, Pandekten-stelle [1]) vielfach geglaubt hat. Domus kommt vom Stamm δεμ, dominium aber vom Stamm δαμ. Domus lebt noch in unserem Worte: zimmern, Zimmer; Curtius 265: Skt. damas, dam (ved.) Haus, dampati Hausfrau; Zd. dema Wohnung; Gr.

---

1) Fr. 195 §. 2 de V. S. 50. 16 (Ulp.): pater autem familias appella-tur, qui in domo dominium habet, recteque hoc nomine appellatur, quamvis filium non habeat: non enim solam personam, sed et ius de-monstramus. Dominium ist danach nicht zu verstehen als: die „recht-lich anerkannte Hausgewalt". Die Römer schieben hier, ohne Kunde von richtiger Etymologie zu haben, etwas Anderes später Gewordenes dem Sinne nach unter. Potestas ist das etymologisch richtige Wort für Hausgewalt; f. oben §. 7 Nr. 1.

δέμω baue, δέμας Bau, Gestalt, δόμος Gebäube, Gemach, δῶμα Haus; Lat. domus, domesticus, domicilium, Domitius (?); Agf. timber; Ahb. zimbar (lignum, aedificium); Goth. timrjan (οἰκοδομεῖν); Kfl. domü Haus; Lit. namas Haus (?); Altir. aurdam, erdam (prodomus). — Dagegen dominium lebt noch in unserem: Zähmen, zahm; Curtius 260: Skt. dâmjâmi (damajâmi, damanjâmi) bin zahm, zähme, part. damitas (domitus), — damas in Comp. bändigenb, damanas (domitor), damjas junger Stier; Gr. δάμνημι, δαμάω, δαμάζω bändige, bezwinge, δάμαρ (st. δάμαρτ) Gattin [vgl. §. 6 Anm. 1], — δαμος in Comp. bändigenb, ἄδμη(τ)ς ungebändigt, δμώς Sklave, δαμάλης Stier; Lat. domare, domitus, domitor, dominus. Goth. gatamjan (δαμᾶν), Ahb. zamon zähmen, zam zahm; Altir. dam Stier.

Also dominium ist bas Gezähmtfein unb Gezähmt= haben, überhaupt bas Zähmungsverhältniß. Das Object ist bas Thier (insbefonbere als wichtigstes: ber Stier) unb ber Sklav[x]). Von biefem Hauptpunkte aus wird alles Uebrige, wie ber ge= fundene Stein (bie fabricirte Sache), bie gekaufte Sache allmälig mit barunter begriffen[3]). Es liegt im Wort gleich bas, was

---

2) Die römische potestas (f. b. vor. Anm.) ist eine abfolute; aber baraus ist gar kein Schluß bahin zu ziehen, baß bie Objecte „Sachen", also im dominium, feien. Ob man im Dominium stehe ober nicht, ent= scheidet sich aus ber Begründung. Sein Kind hat ber Hausherr „erzeugt", (fr. 11 de lib. et post. 28. 2 „genitor") also bas ist patria potestas; fein Hausthier, feinen Sklaven hat er sich [bie Verhältnisse als zuerst be= gründet gebacht] „gezähmt", also bas ist dominica potestas. „Wahres Eigenthumsrecht" (Mommfen R. G. S. 58) ist banach an Kind (unb Frau) nie angenommen worben.

3) Dies ist freilich eine juristische Zufammenfaffung, zu ber es viel= leicht langer Zeiten beburft hat, unb zu ber es beim Abzuge bes germani= fchen Stranges wohl noch nicht gekommen war. Grimm S. 491: „Be-

II.

11 für das Eigenthum immer das vorzugsweise Charakteristische ist, der Hinweis auf die iusta causa des Erwerbs, das Wohl= erworbensein [4]). Daraus leitet es sich ab, daß der dominus sich die ganze Substanz der Sache, nicht bloß die äußere Gestalt, zu= rechnet („das Substanziirtsein", „ipsa res" vgl. Anm. 5).

b) Es wird sich weiter unten zeigen, daß der Eigenthums= begriff an Grund und Boden, wie die indogermanischen Völker ihn in historischer Continuität überhaupt verwenden, erst vom Völkereinzuge datirt. Ob sie ihn vorher überhaupt schon gehabt haben, wissen wir nicht. Jedenfalls ist klar, daß der Begriff des Besitzens erst von einer Zeit herstammen kann, wo man auf dem Grund und Boden ansässig ist. Grundstücke „besitzt" man, nicht bewegliche Sachen. So ist denn auch aus den ver= schiedensten Punkten ersichtlich, daß der Begriff der possessio von den Grundstücken ausgegangen und dann erst auf bewegliche Sachen übertragen ist [5]). Bewegliche Sachen dagegen beherrscht man mit der Hand. Wird also in der Sprache (die ja nicht künstelt, sondern die Sache nach der Anschauung bezeichnet, welche zur Zeit des Aufkommens des Wortes besteht) das factische Herr=

---

merkenswerth scheint, daß der altdeutschen Sprache substantivische Ausdrücke für dominus im Sinne von Eigenthümer mangeln".

4) Dem Nichtjuristen Peschel ist es nicht zuzurechnen, daß er diesen Be= griff des Wohlerworbenseins nicht trennt vom bloßen „Nehmen" (worunter auch der Diebstahl an Sippengenossen gehören würde) und also sagt (S. 250): „Wo irgendwo auf Erden der Mensch zu Brauch oder Genuß eine Sache ergriffen hatte, da hielt er sich von jeher für ihren Eigenthümer". — Vgl. über den Diebstahl im Urvolk (und die Haussuchung wegen Diebstahls) unten §. 12.

5) Festus: Possessio est, ut definit Gallus Aelius, usus quidam agri aut aedificii, non ipse fundus aut ager. Possessiones ap= pellantur agri late patentes publici privatique, qui non mancipa= tione sed usu tenebantur, et ut quisque occupaverat, collidebat [possi= debat, colebat]. Isidor. Or. XV. 13. 3.

ſchen, unb implicite denn auch bas Sichzurechnen ber Subſtanz,
die „res ipsa", bamit ausgebrückt, daß man bie Sache „nimmt"
„faßt" „handhabt", ſo iſt das ein Zeichen, daß zur Zeit des Auf=
kommens dieſes Worts bie „Herrſchaft" nur an beweglichen
Sachen ſtatt fand. Dieſer Sinn bes „Handhabens", ber „Ober=
hand", liegt in ber That ſeit bem Urvolk in bem ſo eben ſchon
verwendeten Wort „Herrſchaft". Curtius 189: Skt. h a r a n a m
Hand [6]), harâmi (rapio, adipiscor, alſo mit ber Hand bie Sache
erfaſſen); Zb. zar ergreifen; Gr. χεὶρ Hand, εὐχερής leicht zu
behandeln (δυσχερής), χέρης unterthan (Comp. χερείων, χείρων)
[῾Ηρη bie Herrin; Preller Gr. Mythologie I. S. 104]; Altlat.
hir (manus); Lat. herus, hera, heres [Festus: h e r e s apud
antiquos pro domino ponebatur], hereditas, heredium [vgl.
Bruns font. p. 23 [VII. 3] und p. 243 zu not. 1] [7]).

§. 12. — 2) Wir haben eine beſtimmte, zunächſt deutlich 12
a u f b e w e g l i ch e S a ch e n ſich beziehende F o r m b e r R e ch t s =
v e r f o l g u n g, bie ſowohl ber germaniſche wie ber italiſche Strang
ſich bewahrt hat, bie wir alſo ſchon bem gemeinſchaftlichen Ur=
volk zuſchreiben müſſen. Daß an ſich eine beſtimmte äußere For=
malität ber Rechtsgeltenbmachung in beiden Strängen fortge=

---

6) Curtius 189 überſetzt herus mit: ber „Nehmer". Deßhalb weil
bas „Faſſen" mit ber Hand (unb in Folge deſſen bas „Haben") im herus
enthalten iſt, tritt bies auch in ber Verwendung bes Worts c a p e r e her=
vor: mancipatio, pignoris capio, usucapio, usureceptio.

7) Ueberreſte bavon, baß bie H a n d bas Zeichen ber factiſchen (unb
bamit auch rechtlichen) „Herrſchaft" war,: bas beutſche Wort munt (was
‚Hand" bebeutet, Grimm S. 447); Altn. handhasi (mentenedor) Grimm
S. 491; herro Ahb. nur gegenüber Sklaven gebraucht, Grimm ebendaſ.;
— im Lateiniſchen: uxor in manu, mancipatio, manumissio [fr. 4 pr. de
iust. et lur. I. 1: manui et potestati suppositus], bie manus beim iactus
lapilli [fr. 20 §. 1 quod vi aut cl. 43. 24: m a n u m opponentis vel lapillum iactantis prohibendi gratia, — §. 3 A. 9], manus iniectio [fr. 10
§. 1 de in ius voc. 2. 4; Bruns font. p. 298 (419) Gai. IV. 21].

II.
12 tragen werden konnte und fortgetragen worden ist, habe ich be=
reits im Hammerwurf und iactus lapilli gezeigt (§. 3 A. 9).
Daß aber auch sogar das unveränderte Festhalten bestimmter her=
kömmlich concipirter Wortformeln eine durchaus nicht (troß
der Länge der Jahrhunderte, ja Jahrtausende) verwunderliche
Sache ist, wird sich aus dem Folgenden ergeben. Ich komme hier
auf einen Punkt, den ich als einen für das Verständniß des höch=
sten Alterthums vorzugsweise wichtigen ansehe.

Man sollte denken, daß Wortformeln sich unmöglich un=
verändert durch Jahrtausende hinziehen konnten, in denen die
Schrift, um sie aufzuzeichnen, fehlte. Aber es ist uns eine
Nachricht aufbewahrt worden, wodurch uns mitgetheilt wird,
wie die Menschen den Mangel erseßt haben[1]). Cäsar erzählt
uns von den Galliern (Kelten) und von ihren Druiden (VI. 13.
14): Einer der Druiden ist ihr Oberster, der, mit höchster Auto=
rität bekleidet, durch Würdigkeit oder Abstimmung der Druiden,
zuweilen auch durch offenen Kampf, zu seinem Amte gelangt.
Zu bestimmter Zeit des Jahres lassen sich die Druiden im Gebiet
der Carnuten, mitten in Gallien, an geheiligter Stelle nieder:
huc omnes undique qui controversias habent con-
veniunt, eorumque decretis iudiciisque parent. Also
die Druiden haben auch Rechtsangelegenheiten zu entscheiden. Die
Druiden haben nun eine Geheimwissenschaft (disciplina),
die aus Britannien nach Gallien gebracht sein soll, und wer sie
studiren will, reist (zu Cäsars Zeiten) meist deßhalb nach Bri=
tannien. Die Druiden sind von allen möglichen Lasten, insbe=
sondere auch Kriegsdienst, befreit, und darum gilt Vielen der
Druidenstand als erstrebenswerth. So kommen, aus freien
Stücken oder von Eltern oder Verwandten gesandt, immer Viele

---

1) Danach hat das sicher wortgetreue Forttragen auch der ältesten
Bedenstücke, der Edda, in einer des Schreibens noch nicht kundigen Zeit
durchaus nichts Befremdliches.

zum Studium der Disciplin zusammen. Dabei müssen sie eine
große Zahl von versus (Versen, Formeln) auswendig lernen, und
zu dem Zweck bleiben Manche an zwanzig Jahre in der Disciplin.
Nichts darf niedergeschrieben werden, während im
Uebrigen griechische Schrift in Gebrauch ist²). Cäsar erklärt
diese Unzulässigkeit der Niederschreibung aus der Absicht sicherer
Geheimhaltung und der Gedächtnißstärkung, da bekanntlich man
Niedergeschriebenes leichter vergesse.

Offenbar datirt dies Auswendiglernen der Disciplin
aus der Zeit vor der Kenntniß einer Schrift. Es wurde nur,
als man später griechische Schrift kennen lernte, als festgewur-
zelte Institution festgehalten. In dieser Gestalt aber kann die
durch Auswendiglernen in der festgeschlossenen Druidencorporation
fortgetragene Disciplin, die sich, da die Druiden auch Richter
waren, auf Rechtsformeln mitbezogen haben muß, Jahrtausende hindurch, seit dem Bestande der Druidencorporation, in
sicherer historischer Continuität bewahrt worden sein. Nun ist
freilich eine so festgeschlossene Priestercorporation und so strenge
Disciplin bei den Germanen, wo Alles ungebundener auftritt,
nicht anzunehmen; also kann man bei ihnen so wortfeste Rechtsformeln, wie wir sie bei den Römern finden, nicht suchen wollen.
Aber auch bei den Germanen „scheinen in ältester Zeit die Priester
bedeutenden Einfluß auf das Gericht gehabt zu haben" (Grimm
S. 750), und danach können wir auch hier die Priester als
Träger sachlich fester Rechtstradition voraussetzen. — Und wie
nun im italischen Strange? Die Tradition hat es für die Haupt-

---

2) Massalia an der Keltenküste ist von den Phocäern in der Mitte des
zweiten Jahrhunderts der röm. Stadtrechnung gegründet worden (Mommsen
R. G. S. 142). Seitdem mag in langsamer Wanderung der Gebrauch
der griechischen Schrift zu den Druiden gelangt sein, wofern nicht auf dem
Wege über Hatria und Spina (Mommsen R. G. S. 215) sie ihnen schon
früher zugetragen worden ist.

12 ſache erachtet, zu conſtatiren, daß Rom (abgeſehen von den Sacra
des Evander) auf die albaniſchen (b. h. eben auf die altitali=
ſchen) Sacra gegründet worden iſt³). Daß die römiſchen Prieſter
eine feſt organiſirte Corporation waren, die eine Geheimbiſciplin
in ſich bewahrte, iſt bekannt. Auch daß ſie nicht bloß Wächter
der Sacra, ſondern auch, als Vorgänger des Prätors, die Leiter
der Privatrechtsangelegenheiten waren, ſteht feſt⁴). Nun habe
ich oben gezeigt, daß die altrömiſche ſacrale Inteſtaterbfolge (für
die auch das Wort: „heres" aus dem Urvolke ſtammt) ganz ge=
nau in der altindiſchen Srabb'haerbſchaft der Sapindafamilie
wiedererkennbar iſt. Wir haben damit den Nachweis der hiſto=
riſchen Continuität mit dem Sacralweſen des indogerma=
niſchen Urvolks. Ferner habe ich gezeigt, daß die aqua et igni
coniunctio der römiſchen Prieſterehe (confarreatio) ſich ſchon im
altindiſchen Recht findet. Wir haben damit den Nachweis der
hiſtoriſchen Continuität der italiſchen Prieſtercorporation
mit dem Urvolk. Nun iſt aber ſprachlich und nationalhiſtoriſch
das Keltiſche dem Italiſchen am Nächſten ſtehend (Schleicher
S. 6: „Italiſch und Keltiſch ſind einander ähnlicher als dem
Griechiſchen"). Danach wird wohl keine kühne Willkür in der
Annahme gefunden werden, daß zur Zeit des Mangels einer
Schrift die italiſchen Prieſter das Auswendiglernen der versus
zur Herſtellung feſter Rechtstradition gerade ſo gut exercirt haben
wie die keltiſchen, und daß auf dieſem Wege Rechtsformeln aus
dem Urvolke her ſehr wohl bewahrt werden konnten. —

---

3) Liv. I. 7: Sacra diis aliis Albano ritu; Graeco, Herculi,
ut ab Evandro instituta erant, facit . . . Haec tum sacra Romulus una
ex omnibus peregrina suscepit. Von der perſoniſicirenden Sage
wird Vieles von den sacra auf den alten mythiſchen Geſetzgeber Numa
zurückgeführt, Cic. de rep. II. 14.

4) Fr. 2 §. 6 de or. iur. 2. 2: collegium pontificum, ex quibus
constituebatur quis quoquo anno praeesset privatis. Meine Geſch. d. R.
S. S. 7. 8.

Hiernach wird man Folgendes erklärlich finden. Wir haben im Germanischen **eine uralte Gestaltung einer Klage**, **actio**, die ganz in denselben Punkten auch das römische Recht (und zwar **hier**: auch in genau festgestellter Formel) darbietet. Sie muß also schon aus dem Urvolk stammen. Im deutschen Recht ist es die **Anefangsklage**[5]). Sie enthält als die wesentlichen Punkte: a) **Anfassen** des gegenwärtigen Hausthiers [also bewegliche Sache — und zunächst lediglich construirt für das „Zähmungsverhältniß", das „dominium" im ursprünglichen Sinn; — dann erst ausgedehnt auf „unbelebte Sachen", Grimm S. 591]; b) **Behauptung** des Eigenthums, c) **Beschwören** dieser Behauptung, d) **Vornahme** des **Ansprechens** vor dem Richter (Priester). — Demgegenüber hat die Grundklage des römischen Rechts [ich gehe hier natürlich nicht in Detailnachweise ein], die actio sacramenti, folgende Punkte: a) **Anfassen** der gegenwärtigen Sache [mobilia quidem et moventia, quae modo in ius adferri adducive possent, Gai. IV. 16, also bewegliche Sache, — auf andere offenbar erst übertragen, Gai. IV. 17; ipsam rem adprehendebat]; b) **Behauptung** des

---

5) Grimm S. 588—591: „Bei Vindication des entfremdeten Hausviehes mußte der **schwörende** Eigenthümer es mit **Hand und Fuß berühren** (ansehen). Diese Berührung des gerichtlich angesprochenen Thiers und während geschworen wurde, scheint vom **höchsten Alterthum** [wie der Hammerwurf oben §. 3 A. 9]; das Hausvieh mußte leiblich mit in den Rechtshandel gezogen werden; man glaubte durch Stillhalten des Ohres und Fußes bestätige, durch Wegrücken entkräfte das Vieh den geleisteten Eid [offenbar als ein gegen diesen als Herrn **zahmes** oder **nichtzahmes**]. Der Eid geht darauf, daß „der Eigenthümer Gott und seine Heiligen anruft, daß sie ihm helfen, so wahr er des Viehs **rechter Eigenthümer** sei"; „per reliquias actor iurabit, animalis nullum dominum praeter se". „Auch die Stellung der Hände und Füße ist bemerkenswerth . . Beide müssen denen beim Hammerwurf verglichen werden und scheinen desto alterthümlicher."

II.

13 Eigenthums: aio hanc rem meam esse; c) Beschwören dieser Behauptung (sacramentum); d) Vornahme des Ansprechens vor dem Magistrat (Priester), in ius adferri adduci⁶).

Freilich sind beide Klagen, die Anefangsklage und die actio sacramenti in den beiden Völkersträngen allmälig juristisch sehr weit auseinander gegangen. Das aber ist kein Gegengrund gegen ihre im Grundbau völlig identische Construction⁷). Auch in Betreff des Anlasses, der in den Urzeiten vorzugsweise zur Klage führen mußte, Diebstahl und Auffuchung der gestoh= lenen Sache, um dann die Vindication vornehmen zu können, besteht die schon von Grimm S. 640—642 und Klenze S. 119 Anm. 3 hervorgehobene Identität des Rechts der Haus= fuchung [„ransak" — „lance et licio" vgl. Bruns font. p. 28 n. 15], die sich hier auch auf das griechische Recht erstreckt⁸).

Wir haben hiermit (ein ungemein wichtiges Moment für

---

6) Danach dann auch für nichtcontentiöse Uebertragungsacte verwendet als in iure cessio: a) Anfassen der Sache (rem tenens); b) Behauptung des Eigenthums: aio hanc rem meam esse [der Eid fällt hier weg, da kein Streit ist, indem der Gegner schweigt]; c) Vornahme des Ansprechens vor dem Magistrat: apud magistratum . . eam rem addicit. Gai. II. 24. Vgl. diese Studien III. S. 268 A. 4.

7) Finden wir eine gemeinsame Klageinleitung, so kann es nicht Wunder nehmen, daß auch eine eigenthümlich rechtsactliche Sitte, das Zupfen am Ohr zum Zeichen der Zeugenherzuziehung [Grimm S. 857 erklärt das Wort „Zeuge" als: entweder der „Zugezogene", oder geradezu: der „Ohrgezogene"], sei es für die Proceßeinleitung, sei es zu anderen Rechtsacten, eine germanisch (Grimm S. 143—146) und römisch (Horat. Sat. I. 9. 75—77) gemeinsame ist. Man darf nicht, wie Grimm S. 146 richtig sagt, die germanische Sitte aus der römischen herleiten wollen; — beide stammen aus einer gemeinsamen Urquelle her.

8) Eine Folge der Uebereinstimmung in der actio ist, daß auch die Einleitung des Processes im germanischen (mannire) und römischen Recht (in ius vocatio) gleichartig gestaltet ist; Grimm S. 842. [Aehnlich auch bei den Griechen: Hermann §. 140 A. 2. 3.]

eingehendere Unterfuchungen) aus dem indogermanifchen Urvolke her zwei Handlungen zur Bethätigung des Rechts conftatirt: a) den Hammerwurf[9]), Waffenwurf, iactus lapilli, zur Feftftellung der Grenzen; der, wenn auch fich auf das feit dem Völkereinzug gewonnene Ländergebiet beziehend, doch als Rechtshandlung fchon von früher her im Volke feftftehen mußte. In den ftabiler werdenden Grundverhältniffen lag die Urfache, daß er allmälig verfümmerte. b) Die actio aio rem meam esse in Betreff beweglicher Sachen, vor dem Oberen (Priefter, Magiftrat), unter Anfaffung der Sache. Diefe actio (ἀγών)[10]), die dann der Kern der Entwicklung des römifchen Proceffes geworden ift, hat demnach fchon Jahrtaufende exiftirt, ehe fie römifche legis actio wurde.

§. 13. — C. Die actio ift nach dem Bisherigen nur: die den Wettkampf u. f. w. beginnende Bethätigungshandlung der wohlerworbenen Befugniß. Ich fage hier abfichtlich nicht: des „Rechtes". Denn Recht in unferem heutigen Sinn, als eine vom Staat mit äußeren Zwangsmitteln verfehene Befugniß, giebt es im indogermanifchen Urvolk noch gar nicht. Das ift eben erft Product einer Entwicklung von Jahrtaufenden, die wir durch

13

---

9) Daher die deutfche Redensart: „Der wirft das Beil zu weit" (behauptet zu viel) f. Altdeutfcher Witz u. Verftand (Bielefeldt. Velh. & Claf. 1877) S. 192.

10) Curtius 117: Slt.: agámi gehe, treibe, fchwinge, agas Treiber, agman Zug, agmes Bahn, Zug, Agis Wettlauf; Zd. az, führen, treiben; azra Jagd; Gr. ἄγω, ἀγινέω treibe, führe, ἀγός, ἄκτωρ Führer, ἀγών Wettkampf, ἀγυιά Straße, ὄγμος Zeile, ἄγρα Jagd; Lat. ago, agmen, agilis, actor, actio, actus; Altn.: aka (ago); Altir. atomaig attotáig atobaig (adigit me, te, vos). — In beiden Handlungen, dem Waffenwurf und der actio: aio rem meam esse, liegt gleichmäßig der allgemeine Gedanke, daß man feine Anfprüche durch Waffenkraft geltend macht und aufrechthält; — derfelbe Gedanke, der im Völkerrecht noch jetzt herrfcht. — Vgl. auch den Zuf. a. Schluß d. Heftes.

II.

13 genaue Unterfuchung in ihren einzelnen Momenten darzulegen
verpflichtet find. Aeußerer Rechtsfchuß exiftirt im Urvolk noch
nicht, man fchüßt fich felbft, und rächt alle Krän=
kungen felbft. Die actio ift nur die Einleitung und alfo
Stück des damit beginnenden Wettkampfes, hinweifend auf
eine noch frühere Urzeit, wo man überhaupt nach erlittener Krän=
kung gleich den Kampf begann. Gegenüber dem reinen Kampf=
zuftand trägt fie fchon einen außerordentlichen Fortfchritt zu hö=
herer Gefittung in fich. Der Gekränkte tritt zur Einleitung des
Kampfs mit dem Gegner vor den Oberen (Priefter), die Behaup=
tung feiner „Fugniß" im Widerfpruch zum Gegner wird genau
conftatirt, und durch den Schwur wird der Streit, für den es
noch kein ius giebt, unter das fas geftellt. Den Streit ent=
fcheiden kann kein Menfch, kein Richter. Durch den Schwur
ruft man die Götter herbei, die Streitenden beginnen darauf den
phyfifchen Kampf, und im Siege bethätigt fich der Spruch der
Götter. Nach der Auffaffung des indogermanifchen Urvolks wird
jeder Proceß durch Kampf und Gottesurtheil ent=
fchieden. Diefer Kampf ift nicht mehr der rohe ungeregelte, er
ift der ordnungsmäßig zur Herabholung des Götterwillens ein=
geleitete „Wettkampf". — Sehen wir, welches Material
zum Erweife diefer Säße vorliegt.

1) Ich beginne die Erörterung mit einem kürzen Hinblick
auf das, was ich, um andere Wörter, die fchon feften Sinn
haben, nicht zu verwenden, das Gebiet der „Unthaten" nennen will.
Das römifche Recht bezeichnet die denkbaren Folgen derfelben
mit drei Ausdrücken [1]: a) Animadversio. Diefe geht von dem
Inhaber einer potestas aus. Wenn auch diefe potestas felbft
(§. 7 Nr. 1) in ihrem Urfprunge entfchieden altindogermanifchen
Beftandes ift, fo erfcheint doch Alles, was in diefer Hinficht das

---

1) Vgl. Danz R. G. 2. Aufl. II. §. 187.

römifche Recht enthält, als fpecififch italifch und römifch, worauf [13]
ich, nach den Zwecken die ich hier verfolge, nicht eingehe (f. Danz
Nr. III). Nur das möge erlaubt fein zu bemerken, daß das
deutfche alte Recht einen parallelen Begriff hatte[2]). b) Poena
[Sühne]. (Danz Nr. II.) Hiebei „wird das genus peccati un=
terfucht (causa dicitur), das Urtheil lautet auf fchuldig oder
nicht fchuldig. Bei fchuldig folgt Art und Höhe der Strafe aus
dem genus peccati, auf diefes Verbrechen lautet das Urtheil"
z. B. tibi perduellionem iudico (Liv. I. 26). Das Wort
poena ($\pi o \iota \nu \eta$ = Buße) ftammt nicht aus dem indogermanifchen
Urvolke, und es ift gewiß richtig, danach mit Mommfen und
Curtius (373) den Ausbau des Pönalfyftems für eine „gräco=
italifche" Leiftung zu erklären. Dabei ift aber doch die Ein=
fchränkung zu machen, daß im Germanifchen auch fchon ein gleich=
artiger Kern befteht[3]), nur daß dort „im Alterthum die An=
wendung der Strafe auf den freien Mann Ausnahme war"
(Grimm S. 759). Eine beim Hängen vorkommende äußere
Sitte, die der Verhüllung des Hauptes, findet fich im
römifchen Recht[4]) wie im deutfchen (Grimm S. 684), und führt
uns auch hier auf einen uralten Zufammenhang. c) Vindicta
(Danz Nr. I). Für diefe befteht entfchiedener Zufammenhang
aus dem Urvolk her[5]), aber die Wege in Betreff derfelben find

---

2) Tacit. Germ. 7 (von den reges und duces fprechend, fährt fort);
ceterum neque animadvertere neque vincire nec verberare quidem
nisi sacerdotibus permissum: non quasi in poenam, nec ducis
iussu, sed velut Deo imperante quem adesse bellantibus credunt.

3) Tacit. Germ. 12: Licet apud concilium accusare et discrimen capitis intendere. Distinctio poenarum ex delicto: proditores et transfugas
arboribus suspendunt cet.; — f. unten §. 14 A. 1.

4) Liv. I. 26: Bei der Perduellion die „lex horrendi carminis": caput obnubito: infelici arbori reste suspendito.

5) Sie reicht überhaupt ganz über das Indogermanifche hinaus, worauf
ich aber nicht eingehe. P. 247—249.

13 weit auseinander gegangen. Im erstabgezweigten Völkercomplex, bei den Germanen, hat die Vindicta (das „Ansagen der Gewalt" oder des Kampfes an den Thäter) noch am offensten den alten Boden wenigstens theilweise behauptet [6]). Bei den Italikern sind nur noch spärliche Ueberreste erkennbar. Bei den Griechen tritt die Vindicta etwas schärfer in dem Ueberbleibsel hervor, daß „im Fall einer Verwundung oder eines Todtschlages die προσήκοντες oder οἰκεῖοι das vorzügliche Anrecht hatten den Thäter vor Gericht zu ziehen" (Klenze S. 152). Bei den Indern hat der Staat die Familie allmälig so herabgedrückt, daß „von der Blutrache oder Mordsühne das indische Recht, soweit es uns zugänglich ist, eine bedeutende Anwendung nicht kennt" (Klenze S. 136).

Verweilen wir noch bei den germanisch=römischen Zuständen. Bei den Germanen tritt es ganz deutlich hervor, daß die Art, wie das Gemeinwesen die Blutrache milbernd und allmälig bei Seite schiebend [7]) auftritt, das der Zeit nach Spätere ist. Wir haben uns also eine Vorzeit zu denken, in der für Alles, was man damals als persönliche Kränkung ansah [was also außerhalb des engen Gebietes fällt, in dem das Gemeinwesen schon in der ältesten Zeit (s. Nr. b) sich zum Nehmen directer Strafe aufrafft], der Gekränkte mit dem Verletzer kämpft, um im Siege das richtende Gottesurtheil zu finden. Das Ge= meinwesen führt dann milbernd das Compositionensystem ein, worin ein doppeltes selbständiges Moment liegt: einestheils wird die Unthat für eine gleichzeitig auch das Gemeinwesen schädigende erklärt, und anderntheils wird es zur Wahl für den Gekränkten gestellt, ob er seine Rache oder ob er die Composition nehmen

---

6) Auch die Kelten kennen den Zweikampf; Mommsen R. G. S. 325.

7) In manchen Volkskreisen hat sich ja die „Vendetta" trotz alles Gegenringens des Staats und des Christenthums noch bis in die neueren Zeiten fortgezogen.

wolle. Gerade in diesem zur Wahl Stellen erkennt man, daß das Gemeinwesen noch nicht die Kraft hat, die in allen Gemüthern eingewurzelte Vindicta aufzuheben; daß es sie fortbestehen läßt, aber ein milderes, humaneres System daneben stellt, das man allerdings, gegenüber der früheren Alleinherrschaft der Vindicta, für „heilsam und unentbehrlich" (Grimm S. 647) erklären muß [8]. — Der Gedanke der Talion, der noch in den späteren Zeiten seine Nachwirkungen gehabt hat, ist als erwachsen gar nicht denkbar auf dem Gebiete der Animadversio oder der Pöna; er kann lediglich dem Urgebiete der Vindicta angehören. Die Vindicta ist nicht Sühnung sondern gleiche That wegen gleicher That: Seele um Seele, Auge um Auge, Zahn um Zahn, Wunde um Wunde. Sie findet ihren Boden in dem oben erörterten Kriegsstandpunkt und der strengen mit gleichem Maaß messenden aequitas (§. 9). Hast du mir diese Kränkung zugefügt, so füge ich dir die gleiche zu [9].

---

8) Grimm S. 622: „Gezügelt wurde die Ausübung des Fehderechts durch das Volksgesetz, welches für jede Verletzung bestimmte Bußen ordnend in des Verletzten Wahl stellte, ob er sich auf Selbstgewalt einlassen, oder die angewiesene Vergeltung fordern wollte. Forderte und erhielt er sie, so war alle Feindschaft niedergelegt.... Die Kraft roher Freiheit sittigte es und wollte nichts Anderes als Aussöhnung der geschehenen That. Weil aber die verletzende Handlung zugleich den gemeinen Frieden brach, eignete das Volk sich einen Theil der Buße zu." — Am Prägnantesten tritt der ursprüngliche Standpunkt der Vindicta und die nur mildernd vorgeschobene Compositionsmöglichkeit (die „Beilegung" der Vindicta) im Hauptfall, bei der Mordklage, hervor. Grimm S. 874: „Der dem Blutrecht oblag erschien bewaffnet mit bloßem Schwerdt vor dem Richter und den erschlagenen Leichnam mit sich führend. Die Klage war auf Entrichtung der Mordbuße oder wenn sich der Thäter weigerte, auf Kampf und Fehde gegen ihn gestellt. Die Verwandten des Getödteten" [sie nehmen Theil an der Vindicta wie auch im griechischen Recht, s. ob.] ... traten streitgerüstet auf.

9) Sehr richtig sagt Grimm S. 647 A. *: „Bei den Deutschen war

II.

13 Bei den Römern besteht durch den italischen Völkerstrang hindurch bis in den Fehdezustand des Urvolks hinein nur noch dunkle Kunde. Zunächst das Wort vindicta: „Gewaltansagung"; dann aber die bekannte Stelle der 12 Tafeln: si membrum rupsit, ni cum eo pacit, talio esto [Bruns font. p. 25 n. 2], weisen darauf hin. In der vom Gemeinwesen festgestellten Strafe hat an sich der Gesichtspunkt der Talion gar keinen Sinn; das Gemeinwesen fordert Sühnung, zum Zweck der Wiederherstellung des gemeinsamen Friedens (d. h. des Zustandes der absoluten Kriegsnegation)[10] (§. 8 A. 7); dazu kommt man nicht dadurch, daß man dem Thäter Gleiches thut, als er that. Der Standpunkt der Vindicta ist dagegen der Kriegszustand; also gleiches Uebel mit Gleichem vergelten[11], wofern nicht ein pactum zur pax (§. 8 A. 6) geführt hat (vgl. auch Danz S. 182). Es sind hier von Urzeiten her zwei ganz verschiedene Grundbegriffe vorhanden, die wir freilich jetzt anders bezeichnen. Friede im Sinn von „Sippe" würden wir heutzutage nur bezeichnen können mit: „verfassungsmäßige" Kriegsnegation, mag diese Verfassung in der natürlichen Gliederung der Familie; der Verwandtschaft; in der auf geschichtlicher Entwicklung ruhenden Constitution eines Staats; oder in einer auf

---

dies (die strenge Talion) nur im Fehdezustand möglich, d. h. wenn der Beleidigte keine Buße forderte, oder der Beleidiger die geforderte nicht zahlte".

10) Auch von diesem Gesichtspunkte aus kann man zu dem Resultate kommen, daß der Mörder hinzurichten sei, aber auf Grund der ganz anderen Argumentation, daß ohne Vernichtung des Uebelthäters eine Versöhnung des gebrochenen Friedens nicht herstellbar ist.

11) Festus v. Talionis: permittit lex parem vindictam. Isidor. Or. V. 27, 24: Talio est similitudo vindictae, ut taliter quis patiatur ut fecit. Hoc enim et natura [d. h. die ursprüngliche natura rerum, wonach es nur Selbstschutz gab] et lege institutum est, ut laedentem similis vindicta sequatur.

nationaler Basis ruhenden Bundesstaats- oder Staatenbunds-
verfassung bestehen¹²); dagegen Friede im Sinn von „pax"
dürften wir eigentlich nur als „Kampfesabschluß" bezeichnen; es
ist der Zustand souverain einander gegenüber stehender Gewalten.
So stehen noch heute im Völkerrecht die souverainen Mächte, so
standen aber in den Urzuständen der Völker rücksichtlich der Frage
von der Privatkränkung die „freien Männer" einander gegen-
über¹³). Unter souverain neben einander stehenden Kräften, die
keine Verfassung zur „Sippe" vereinigt, kann Krieg erlaubt ja
geboten sein, aber sie können den Krieg durch pactum schließen,
bis neuer Anlaß neuen Krieg hervorruft.

§. 14. — 2) Wenn wir finden, daß in der indogermani- 14
schen Urzeit sogar die „Unthaten" als ein Gebiet dastehen, um
das sich das Gemeinwesen nicht kümmert, sondern das es der
Vindicta des Einzelnen überläßt, so ist damit erwiesen, daß man
damals sich zu dem Begriff, den wir jetzt haben, noch nicht emporgearbeitet hatte, solche Unthaten seien Störungen des Gemeinwesens. Zur Erringung dieses Begriffs war eben der erste
Schritt, daß man diese Unthaten unter das Compositionensystem
stellte. Damit begann der große Entwicklungsgang, daß die
Vindicta immer mehr vom Gemeinwesen zurückgeschoben wurde,
und daß allmälig in dem zum wirklichen Staat erstarkten Gemeinwesen auch wieder das Compositionensystem durch den, allerdings schon aus sehr alten Zeiten herstammenden aber anfangs
sehr eingeschränkten Strafbegriff (= Sühnung, Herstellung des
gemeinen Friedens) absorbirt worden ist.

---

12) Die hiergegen von den der Verfassung Unterstehenden gebrauchte
Gewalt fällt nicht unter den Begriff des Krieges („purum piumque duellum",
vgl. §. 14 A. 5), sondern unter die dogmatisch ganz anders zu formuli-
renden der „Revolution".

13) Dies „pacere" der 12 Tafeln ist also begrifflich dasselbe wie die
germanische „Beilegung", Composition (Anm. 8).

II.

14 Für die Urzeit können wir jenen Satz der Vindicta auch so
ausdrücken: die den freien Mann kränkenden „Unthaten" gelten
noch als Privatangelegenheiten. Dabei ist es denn aber
schlechterdings undenkbar, daß das, was wir noch jetzt Privat=
angelegenheiten nennen, in der Urzeit schon unter irgend welchem
Rechtsschutze des Gemeinwesens hätte stehen können [1]). Das sind
alles Dinge, die die zu höherer Ordnung und Gesittung aufstre=
bende indogermanische Völkerfamilie erst nach langer schwerer Ar=
beit erlangt hat. Aber darin liegt, daß, wenn wir überhaupt
uralte Zustände verstehen wollen, wir nicht durch eine leicht fer=
tiggemachte allgemeine Theorie unsere jetzigen Begriffe in die alten

---

[1]) Die Anschauung des hohen Alterthums ist also diese: So weit sich
schon unter gemeinsamen Göttern eine vollliche festgeordnete Symmachie
(ein gemeinsames duellum) entwidelt hat, in soweit besteht eine [„verfas=
sungsmäßige"] Sippe (im alten Sinn = Frieden), ein „Innen" (§. 8
A. 7). Was als Verletzung dieses Gemeinwesens erscheint, das straft
auch schon das Gemeinwesen, freilich aber sind das anfangs nur wenige
Punkte. So namentlich: bei den Germanen, Tac. Germ. 12: proditores
et transfugas arboribus suspendunt, und: bei den Italikern besteht die alte
„lex horrendi carminis" (Liv. 1. 26) über perduellio: infelici arbori reste
suspendito. Hier handelt es sich nicht um Vindicta, sondern um Süh=
nung des gebrochenen Friedens. — Alles Uebrige dagegen liegt noch im
Machtkreise des freien Mannes [der „Privatsouverainetät"]. Fühlt hier
Einer eine „iniuria", einen „Hohn", so schützt er mit seiner Familie sich
selbst gegen den Kränkenden, und indem er ihm Fehde (vindicta) ansagt,
bricht er keine Sippe, keinen „Frieden"; hier wird also ein ganz gerecht=
fertigter Kampf ausgefochten. Frieden (= Sippe) ist erst wieder im Kreise
der unter eigenen Göttern stehenden Familie (= Sippe); die Heiligkeit des
„Hauses" (§. 7) buldet in dessen Bereich keine Vindicta. Und gerade von
diesem Frieden der Familie her, hat sich überhaupt erst der Friedensbegriff
des volllichen Gemeinen Wesens entwickelt. — Der große Gang der Aus=
bildung der indogermanischen Gesellschaftsorganisation ist der, daß der Friede
des Gemeinen Wesens die durch den Umkreis der Vindicta bezeichnete Pri=
vatsouverainetät des „freien Mannes" allmälig verdrängt, und Alles unter
den Frieden des Staats gestellt hat.

Zeiten hineintragen dürfen, die von denselben noch gar keine Ahnung hatten.

Hiermit sind wir zu folgendem Resultat gelangt: das, was wir jetzt Privatangelegenheiten nennen, war anfangs, wie die Vindicta der „Unthaten", lediglich unter den Selbstschutz des Kampfes gestellt. Also es gab noch nicht die Scheidung von dinglichem und persönlichem Recht, dinglichen und persönlichen Klagen, es gab den einen einzigen Begriff der persönlichen Kränkung. Fühlt man sich gekränkt, so ist die Folge der Kampf gegen den Verletzer [2]. Aber es erscheint schon als ein gewaltiger Fortschritt in der Gesittung, daß das indogermanische Urvolk nicht mehr den ungeregelten Kampf, sondern die ordnungsmäßige Klage (actio), und damit den Wettkampf kennt. Und wir bemerken bereits eine gewisse Gliederung der Klagen: wenigstens zwei Klaganwendungen. Die eine habe ich schon als dem Urvolk angehörig nachgewiesen, die actio: aio rem meam esse mit vor den Richter gebrachter beweglicher Sache. Jene andere: die Mordklage mit vor den Richter gebrachtem Leichnam (§. 13 A. 8) ist offenbar so gleichartig construirt und betrifft einen so nothwendig der Urzeit angehörigen Fall, daß wir beiden wohl ungefähr gleiches Alter werden zuschreiben müssen.

Bleiben wir aber fortan bei der Privatklage: aio rem meam esse [3] und dem dadurch veranlaßten Proceß.

---

[2] Ist der Angegriffene des Kampfes nicht selbst fähig, so kann ein Anderer für ihn den „Kampf aufnehmen" (vindex); vgl. auch Grimm S. 929.

[3] Das uralte Herkommen dieser Formel beweist namentlich das alterthümliche Wort a i o. Daß dasselbe aus der indogermanischen Ursprache stammt, ist sicher. Curtius 611: Skt. Perf. 3 S. âha er sprach, spricht; Gr. ἠμί sage (3. S. dor. ἠτί, aeol. ἠσί, Impf. 1. S. ἦν, 3. S. ἦ; Lat. aio, adagium, adagio(n); Umbr. aitu (dicito). — Von dieser uralten Formel stammt der allgemeine Gebrauch des Ausdrucks „meum est" = es steht in meinem Eigenthum. Vgl. das germanische: svés, suâs: Grimm S. 491.

14   a) Man barf in biefe alten Zeiten noch nicht ben Gebanken
einer binglichen Klage hineintragen. Die Klage ift nach bem
Hauptfall, ber weggekommenen (insbefonbere geftohlenen) beweg=
lichen Sache (insbefonbere Hausthier) conftruirt, aber baß es bie
Klage zum Schuß eines binglichen Rechts fei, würbe einem Mann
ber damaligen Zeit etwas vollftänbig Unverftänbliches gewefen
fein. Der Urbegriff ift: ber Mann fühlt fich gekränkt; er
nimmt ben Gegner, führt ihn mit bem körperlichen Object, wo=
rauf bie kränkenbe Hanblung gerichtet war, vor ben Richter; be=
fchwört, wenn ber Gegner leugnet, fein Recht zu ben Göttern,
baß fie ihm in bem nachfolgenben Kampfe beiftehen mögen. Eine
weitere Specialifirung ber verfchiebenen Rechte gehört erft viel
fpäteren Zeiten an. — Die Momente, bie uns im römifchen unb
beutfchen Recht auf biefe alte Auffaffung hinweifen, finb folgenbe:
als erften Begriff ber Injurie führen bie Römer an (fr. 1 pr.
de iniur. 47. 10): Iniuria ex eo dicta est, quod non iure
fiat: omne enim, quod non iure fit, iniuria fieri dicitur.
hoc generaliter. Aus ber Injurie geht eine vindictam
spirans actio hervor. Man ift jeßt gewohnt, bas lebiglich in
bem fpäteren verengten Sinn zu verftehen. Aber wörtlich über=
feßt heißt es nichts als: Klage woburch bie Gewalt, ber Kampf
angefagt wirb, b. h. alfo ganz baffelbe, was wegen „Untha=
ten", wie Morb, angefagt wurbe unb bort ebenfalls vindicta
hieß. Aber weiter: bei ber actio: aio rem meam esse wirb
wieberum baffelbe Wort (unb zwar in ber uralten Formel felbft)
gebraucht; Gai. IV. 16: „ecce tibi, vindictam imposui".
Diefes Zufammentreffen bes Worts in biefer älteften Zeit, wo
bas gefprochene Wort [bas fari; §. 16 A. 3] eine Bebeutung
hat, von ber wir uns in unferen fchreibfeligen Zeiten kaum noch
eine Vorftellung machen können, — kann nichts Zufälliges, Un=

[„Eigen" = proprium tritt erft fpäter unb in befchränktem Sinn hervor;
Grimm S. 492.]

97

II.
14

bedeutendes sein [4]). Es zeigt, daß die Mordklage, die Injurien=
klage und die Klage aio rem meam esse nur verschiedene An=
wendungen einer einzigen Urform sind: der actio, in der man
vor dem Richter sein behauptetes Recht dem Gegner gegenüber
constatirt („Gewalt ansagt"), sich und ihm durch Schwur das
Gottesurtheil auf's Haupt zieht, und somit den „Wettkampf",
d. h. den unter den Augen der Götter vollzogenen Kampf zur
Constatirung des Götterwillens, einleitet [5]). Die beiden Sätze:
des Ulpian über Injurie: „hoc generaliter", und des Gaius
IV. 13: „sacramenti actio generalis erat", sind danach
für die Urzeit völlig zusammentreffend. Ihr Umfang ergiebt sich
aus dem der vindicta, und diese ist: Kampfansage unter Schwur
zur Ermittelung des Götterurtheils durch den Kampf. Die actio
sacramenti war von jeher generalis; sie war nach dem Haupt=

---

4) Es kann also nicht vindicta: dort Rache, hier Klage wegen „Ver=
gewaltigung" (Mommsen R. G. S. 152) bedeuten, sondern beide Punkte
müssen in gemeinsamem Sinn (Kampfansage) ursprünglich zusammentreffen
und erst später auseinander gegangen sein.

5) Ganz gleichartig construirt ist die staatliche Kriegseinleitung durch
den Fetialen Liv. I 32; a) Constatirung der Rechtsbehauptung (hier fehlt
nur der leitende Obere) gegenüber dem Gegner, und Ansage des Kampfes
„vim dicere", hier „condicere" genannt; „puro pioque duello
quaerendas"); b) Anrufung der Götter, daß die eigene Behauptung rich=
tig, die des Gegners unrichtig sei, also damit Stellung der Sache unter
das fas „audiat fas", d. h. Provocation auf das Götterurtheil; c) Be=
ginn der factischen Durchführung des eigenen Rechts durch den „Waffen=
wurf" §. 12 a. E. — Vgl. diese Studien III. S. 257 ff. — Dieses Fetial=
recht der Kriegseinleitung giebt Livius als: ius ab antiqua gente
Aequicolis (vgl. Mommsen R. G. S. 37), quod nunc fetiales habent,
descriptum, quo res repeterentur. Wir werden, da der „Waffenwurf"
dabei vorkommt (der auch im Germanenthum dem „Urältesten" zugehört),
diese Formeln, lange vor aller „Niederschreibung" durch „Auswendiglernen"
der Priester, als schon aus dem indogermanischen Urvolke hergetragen an=
zunehmen haben.

Leist, civ. Studien IV.

7

II.

14 fall, dem der Eigenthumsbehauptung an beweglichen Sachen, ursprünglich construirt, aber sie umfaßte auch alle anderen Fälle der „Injurie" im alten Sinn. Man darf dies nicht so fassen, daß sie eine persönliche Delictsklage (im Gegensatz der dinglichen Klage) gewesen wäre; weder der Begriff von crimen noch von delictum noch von Privatverletzung war schon specialisirt. Es geht alles Dreies auf in dem unarticulirten Begriff der „Kränkung".

Dieser Satz: „Die actio auf Wettkampf zum Götterurtheil fällt zusammen mit dem Umfang der vindicta oder iniuria im alten Sinn," — trifft genau überein mit dem was Grimm S. 622 aus der Sprache über die älteste germanische Anschauung ermittelt hat: „Wer sich vergreift an Leib, Gut und Ehre des Anderen „höhnt", schmälert, schädigt ihn und die Seinigen. [Will man absehen von der jetzt sehr eingeschränkten Bedeutung des Worts: Hohn (Spott, Ironie), und erwägen, daß das Ahd. gihonan Ags. gehynan viel allgemeiner heißt: kränken, schädigen, erniedrigen, unterdrücken, so werden die Ausdrücke des friesischen Rechts hana für den Verletzten hane für den Verletzer, Schuldner, bezeichnend erscheinen.] Hohn und Schmach duldete kein Freier auf sich, ungehindert durfte er mit seiner Freunde Beistand gegen den Beleidiger Fehde erheben, Rache nehmen [oder (nach dem späteren Compositionensystem) Sühne erzwingen"]. S. 646: „Das natürliche Gefühl nach empfangener Beleidigung war Rache, Vergeltung, Sühne; der Flecken sollte getilgt und abgewaschen werden, dem Beleidiger eine wenigstens gleich hohe oder höhere Schmach widerfahren, es entsprang offene Fehde und Feindschaft."

Der römische Injuriant ist der germanische hane, der Injuriirte der hana, die römische „vindicta" die deutsche „Fehde" [6].

---

[6] Gleichartig auch der ältere griechische Standpunkt. Die „dictio" oder „condictio" (vgl. Anm. 5) des Rache-Kampfes [Curtius 14: Ekt.

§. 15. Ich muß hierbei noch auf eine besondere Frage näher eingehen. Können wir in diese generalis sacramenti actio der Vorzeit auch Verträge rangiren? — Ich berühre damit zugleich die in unserer Wissenschaft viel= besprochene Frage von der „verbindenden Kraft der Verträge". Hat es in dem indogermanischen Urvolk schon bindende Verträge gegeben? Das Wort, aus dem das römische pactum, pacere und pax hervorgewachsen ist, findet sich schon (vgl. §. 8 Anm. 6; Curtius 343: Skt. paçajâmi binde, Zb. paç binden). Aber tech= nische Wörter für Vertragsgestaltungen sind noch nicht da. Man wird indeß nicht zweifeln können, daß schon ein „Sichbinden" beim Friedensschluß nach geführtem Kriege mit einer fremden Völkerschaft, ein pacere zur Beilegung der vindicta (woraus dann allmälig das Compositionensystem erwachsen sein wird); ja daß auch schon sonst unter den „freien Männern" ein vielfaches pacere über Vermögensleistungen vorgekommen sein wird. Die Ursprache kennt ja den Kaufpreis (§. 10; Skt. vasnas); wie nun, wenn unter zwei Volksgenossen nicht ein Realkauf, sondern nur eine Verabredung über Sache und Preis statt gefunden, und der Ver= käufer seine Sache geleistet, den Preis aber nicht erhalten hatte? — In der Art, wie die Frage von der bindenden Kraft der Ver= träge in unserer Wissenschaft behandelt wird, liegt meiner Ansicht nach ein dogmatisch=analytischer Fehler. Zunächst mischt man

---

diçâmi zeigen, diçâ Richtung; Gr. δείκνυμι, δείξις, δίκη; Lat. dico] ist die griechische δίκη = Privatklage. Passow Gr. Wörterb. v. δίκη: „δίκην ἔχω, ich habe meine Genugthuung, Sühnung oder Rache empfangen: δίκην διώκω ich verfolge mein Recht, verklage; dagegen δίκην φεύγω, der Klage zu entfliehen suchen, verklagt sein, welcher Sprachgebrauch aus der frü h= sten Zeit herrührt, wo jeder sich selbst sein Recht nahm, der Belei= digte also den Beleidiger verfolgte, und dieser jenes Rache zu fliehen hatte."

7 *

II.
15 ethische Elemente ein [1]). Nun ist freilich die sittliche Bedeutung
der Maxime der Wahrhaftigkeit eine sehr hohe, und auch der Er=
fahrungssatz, daß schließlich die Wahrhaften am Besten fahren,
von sehr Vielen anerkannt. Aber nehmen wir Beispiele aus
unserer Gegenwart des Völkerrechts. Hier, wo über den souve=
ränen Staaten eine höhere „Hyperpoliteia" mit äußerer Zwangs=
kraft sich noch nicht organisirt hat, was bedeuten internationale
Verträge? Sie werden gehalten, so lange sie dem Interesse des
einzelnen Staates gemäß sind, oder er in Furcht ist vom anderen
Paciscenten für den Vertragsbruch gezüchtigt zu werden; sie
werden zerrissen, wo sie dem eigenen Interesse zuwiderlaufen, und
der einzelne Staat sie glaubt ungestraft zerreißen zu können. —
Also die bloße Maxime der Wahrhaftigkeit und die tausendjährige
Erfahrung seiner Vortrefflichkeit machen es nicht. Aber im Pri=
vatrecht haben wir jetzt eine über den Einzelnen stehende Macht
von positivem Herkommen und Gesetz, die nach ebenfalls schon
tausendjährigen Erfahrungen den ethischen Grundsatz: grave est
fidem fallere in gewissen Grenzen auch in's positive Recht auf=
genommen hat; davon werde ich unten bei der Aequität sprechen
(vgl. Beil. Nr. A II). Ich behandle hier Zeiten, wo diese Auf=
nahme noch gar nicht stattgefunden hatte, also (unseren heutigen
gegenseitigen Staatenbeziehungen parallel) unter den freien Män=
nern für ihre Privatangelegenheiten noch kein Zwang seitens des
Gemeinwesens organisirt war, wo Alles sich durch die Vindicta
regulirte. Hier wird rücksichtlich der bindenden Kraft der Ver=

---

1) So noch neuerdings Schloßmann Vertrag (1876) S. 308: „Treu
und Glauben sind ein durch die socialen Verhältnisse einer gewissen
Culturstufe gerechtfertigtes vernünftiges Fundament menschlichen Han=
dels und Wandels. — Die Besorgniß, durch eigene Unzuverlässigkeit sich
auch die Hülfe Anderer zu verscherzen, hat die Menschen dazu geführt, die
Wahrhaftigkeit sich zur Maxime zu machen." — Das ist doch nur
der Spruch „ehrlich währt am Längsten".

träge die Frage von vorn herein falsch gestellt, wenn man in den Verträgen selbst irgend ein mystisches Etwas sucht, aus dem ihre verbindende Kraft zu deduciren wäre. Es ist das nur ein Ueber= bleibsel des früher herrschenden Naturrechts. In Wirklichkeit aber liegt die Sache so, daß der Vertrag dem Zusageerhaltenden nur einen „wohlerworbenen Anspruch" gewährt, so wie Occupation und Kauf eine wohlerworbene Eigenthumsbefugniß erzeugen; d. h. der Vertrag enthält nur die „Physis" des Ver= hältnisses. Zwangskraft aber geht nicht aus dem Inhalte des Vertrages hervor, sondern muß als etwas Aeußeres zum Ver= trage hinzutreten. Zwang ist eine reale Macht, Zwangskraft hat nur das was reale Macht hat. Nun giebt es nach der „natura rerum" drei zwingende Kräfte. α) Alles was in einem real= factischen Zustand seine Vollziehung findet (die Ehe im factischen Zusammenleben — occupirtes, specificirtes, im Realkauf erwor= benes Eigenthum im Besitz, — der Staat im factischen Inne= haben des Territoriums), hat im factischen Bestande die reale Macht der vollendeten Thatsache. Es ist leichter das Bestehende sich zu bewahren, als das Nichtbestehende einem Anderen abzu= ringen. Das ist ebenso naturalis ratio, wie es auf realer Natur= ordnung beruht: ut alius possideat alius a possidente petat (§. 2 Nr. 3. a). Also: ebenso wie unter den Staaten schon bloß der Besitzstand ein gewisses s. g. „Europäisches Gleichgewicht" erzeugt, das sich durch seine eigene Schwere erhält, so tragen voll= zogene Ehe, im Besitz vollzogenes Eigenthum schon durch den factischen Bestand des Realisirtseins einen gewissen Schutz in sich, der Alle, die nicht die Schwierigkeit des Umstoßens unternehmen wollen, dahin führt, das Bestehende neben sich gelten zu lassen. β) Zwangskraft dagegen, welche die Erfüllung einer gegebenen Zusage auf etwas zu Leistendes effectuiren soll, muß gerade auf Aenderung des bisherigen factischen Zustandes gerichtet sein; sie ist nur denkbar als Zwang von Seiten des Gemeinwesens oder

II.
15 von Seiten des Zusageerhaltenden. Nehmen wir jenen als noch
nicht vorhanden an, so bleibt nur dieser übrig.

Diese Selbsterzwingung der eigenen wohlerworbenen An=
sprüche ist das in unserem heutigen Völkerrecht unter den souve=
rainen Staaten Bestehende. Sie war auch das im indogerma=
nischen Urvolk für die Privatpersonen Geltende. War damals die
actio sacramenti der generelle Weg, um statt des ungeregelten
Kampfes auf geordnete Weise den Gegner zum Sichfügen zu
bringen, so muß das auch bei einem stattgehabten pacere über
eine vorzunehmende Leistung zur Anwendung gekommen sein [2]).

b) Da die actio sacramenti die Provocation zu wirklichem
Kampf ist, so erscheint das Bewaffnetsein nicht als Forma=
lität, sondern es bezeichnet ursprünglich die nakte Wirklichkeit, daß
es demnächst zum Kampf kommen wird. Derartiges entsteht in
der Rechtsbildung überhaupt nie als Form, sondern, wo es uns
als Form entgegentritt, beweist es uns, daß, nach langem Be=
stande in der Wirklichkeit, es unter veränderten Verhältnissen zur
Form veraltet ist.

Dies Bewaffnetsein tritt hervor: im Germanischen bei der
Mordklage (§. 13 A. 8), bei der Anefangsklage [Grimm S. 589:
cum dextra armata, et cum sinistra ipsam rem tenere]
und bei der Ausdehnung, welche die Klagform auf Grundstücke er=
fahren hat [3]); im Römischen: bei der ursprünglich auf bewegliche

2) Die actio sacramenti als die von jeher generalis, wodurch man
seine Privatansprüche vor dem Richter zum Gottesurtheil des Kampfes ein=
leitete, wird auch, neben Klagen auf res wie auf Schuld, immer auf die
in der potestas stehenden Familienglieder (die nie als res betrachtet worden
sind §. 11 A. 2), Kinder und uxor in manu, gerichtet gewesen sein. Durch
die „adiecta causa“: filium suum vel in potestate ex iure Romano
(fr. 1 §. 2 de R. V. 6. 1) wird hier angezeigt, daß es sich nicht um die
rei vindicatio, sondern direct um die alte generalis actio der vindicta
handle, von der die rei vind. nur eine Unterart ist.

3) Grimm S. 115: „von einem Grenzstreit: aus dem streitigen

in's Gericht transportabele Sachen sich beziehenden actio sacramenti [Gai IV. 16: qui vindicabat f e s t u c a m tenebat (ge=
wiß ebenso wie bei den Deutschen: mit d e r R e c h t e n) deinde
ipsam rem adprehendebat (gewiß ebenso wie bei den Deut=
schen: m i t d e r L i n k e n).. et.. homini festucam imponebat
... festuca autem utebantur q u a s i h a s t a e l o c o [also die
hasta, die auch bei dem Waffenwurf der fetialischen Kriegsein=
leitung das Zeichen der Rechtsbethätigung durch eigene Waffen=
kraft war, §. 14 A. 5], signo quodam iusti dominii,
quod maxime sua esse credebant, quae ex hostibus cepissent: unde in centumviralibus iudiciis hasta praeponitur];
sodann ebenso bei der Ausdehnung der „vindicatio" auf die nicht
in's Gericht transportabelen Sachen (Gai. IV. 17) und bei der
Ausdehnung der Klagform auf Rechtsübertragungen (in iure
cessio) Gai. II. 24: „hic v i n d i c a v e r i t"[4]).

§. 16. — 3) Es bleibt mir, nachdem gezeigt worden, daß 16
actio = vindicta ursprünglich die Einleitung zum Wettkampf
war, noch übrig zusammenzustellen, was in dem Bau des ger=
manischen und italischen Processes [nicht: Folge des schon aus der
naturalis ratio eines Rechtsstreites sich Ergebenden, §. 2 A. 5;
sondern] Product der, specifisch indogermanischen, uralten Auf=
fassung des Processes als e i n e s K a m p f e s ist [1]). Ich thue dies,
nach dem Zwecke dieser Schrift, nur in ganz kurzen Zügen. Da

Grund wird eine Scholle gegraben, vor den comes gebracht und in ein
Tuch geschlagen, ein Kampfgericht soll entscheiden, und beide Kämpfer berühren diese Erde mit ihren Schwerdtern."

4) Vgl. meine Mancipation u. Tradition S. 38 f. S. 188 A. 1. —
Wir haben auch die, wirklich ursprünglich unter Bewaffnung vor sich gehende,
in iure cessio für uralt zu halten. Bei Anderen herrschen in dieser Hin=
sicht heutzutage freilich ganz andere Anschauungen; vgl. z. B. Bechmann
Kauf I. S. 56; — s. unten §. 33 A. 5.

1) Grimm S. 854: „die Ansicht, daß der Proceß e i n K a m p f sei,
läßt sich leicht durchführen".

II.

16 der Fehdezuſtand ſich unter den Germanen gegenüber dem nur
loſe zuſammengefügten Gemeinweſen am längſten erhalten hat, ſo
iſt erklärlich, daß das meiſte auf dieſe Frage Licht Werfende dem
deutſchen Recht zu entnehmen iſt.

a) Daß der Proceß urſprünglich ein Kampf war, hat den
Satz zur Folge gehabt, daß alles Gericht am Tage gehalten
werden müſſe. Grimm S. 816 „der gerichtliche Zweikampf er=
forderte Sonne". S. 813 „der römiſche Grundſatz: sol occasus
suprema tempestas esto [Bruns font. p. 16] herrſchte auch
durch alle deutſchen Gerichte .. Tag und Sonne waren geheiligt".
S. 814 „Gegen die Sonne wandte ſich der hegende Richter,
gegen die Sonne ſtabte er dem Schwörenden den Eid". S. 895
„die ſpätere Gewohnheit, Eide im Angeſicht der Sonne abzulegen,
könnte ſich noch auf göttliche Verehrung der Sonne beziehen²),
doch war die Sonne für jegliche Gerichtshandlung heilig".

b) Nur an beſtimmten Tagen kann proceſſirt werden.
Durch den „Wettkampf" ſtellt man den Streit unter das Gottes=
urtheil d. h. unter das fas (§. 14 A. 5)³). Es muß alſo ein

---

2) Vgl. Curtius 269: Skt. divjámi glänze, ſpiele, div Leuchten, Helle,
Himmel, djáus Himmel, Himmelsgott, Tag, adja heute, devas Gott; Zd.
div leuchten, daéva Dämon; Gr. δέατο, δοάσσατο ſchien, δίαλος, δέελος,
δῆλος hell, Ζεύς, δῖος himmliſch, ἔνδιος mittäglich, εὐδία heiterer Himmel,
Διώνη; Lat. Diovis, deus, divus, sub dio, Diana, dies, biduum, nudius,
interdiu, nundinae; Altn. tivar Götter, Helden; Ahd. Zio; Agſ. Tivesdäg;
Lit. dévas Gott, déna Tag; Kſl. dĭnĭ Tag, dĭnĭsĭ heute; Altir. dia (deus),
dia (dies) iudiu (hodie).

3) Fas heißt: Glanz, Strahl, Licht, Schimmer, alſo: die göttliche
Aeußerung, davon dann abgeleitet die menſchliche Aeußerung: das Zeigen,
Scheinen, Leuchten, Sprechen. — Es ſind hier mehre Wurzeln vereinigt,
die ſich im Griechiſchen in φα, φαν und φαϝ ſcheiden. Curtius 407: Skt.
bhámi (splendeo), bhámas, bhánus (lumen), bhás (splendere) bhásh (loqui)
bhan (loqui) bhan (ved.) ertönen; Zd. bänu Strahl, bäma Glanz; Gr.
W. φαϝ φαε erſchien, φάος, φαῦος, φῶς, φέγγος Licht, ὑπόφαυσις Schim=
mer, φαίζω leuchte, φαείνω, φαεινός glänzend, φανός hell, licht, Fackel,

dies fastus fein [damit benn zufammenhängenb, baß man an 16 folchen Tagen fari: (do, dico, addico) kann. Festus v. fastis]. Bei ben Germanen ift biefer Tag insbefonbere ber Dienftag (zistig); Grimm S. 818: „Mars unb Ziu [f. Anm. 2: Ahb. Zio] ftanben bem Krieg unb Sieg vor: bas gerichtliche Verfahren war nach allgemeiner Anficht ein Streit (dingstrit, lis forensis) unb [noch mehr?] nach beutfcher ein Kampf unb Gottesurtheil." — Die Hinweifungen ber römifchen Quellen barauf, baß bie vindicta ein Kampf war, finb bekannt: bie Worte ber 12 Taf. 'si qui in iure manum conserunt' [Bruns font. p. 22. n. 5]; bie ausbrückliche Zufammenftellung biefes manum consere mit bem wirklichen conserere cum hoste [Varro L. L. VI. 64: conserere manum dicimur cum hoste; sic 'ex iure manum consertum' vocare; vgl. auch oben §. 9 A. 6: Altir. bid comsrithi „cum his manus conserenda est"]; bie Hinweifung barauf, baß bie Gewalt in ber actio sacramenti nicht fo fehr eine wirkliche als eine gefprochene fei [Festus v. Vindiciae: quod potius dicitur (vi)s, qu(am) fit, inter eos qui contendunt — Bruns p. 272], was aber eben beweift, baß es fich hier urfprünglich um eine vis quae fit gehanbelt haben muß.

c) Die Hinweifung auf bas Gottesurtheil liegt im urfprüng= lichen Wefen bes Eibes, unb biefer ift in ber Geftalt, wie er ben ganzen Proceß burchzieht, eine fpecififch inbogermanifche In= ftitution. Der Proceßeinleitenbe ftellt bie Sache unter ben Strahl ber Götter (bas fas); er conftatirt feine Rechtsbehauptung im Wiberfpruch zum Gegner; er erkämpft fich unter Zufchauen unb Mithülfe ber Götter fein Recht. „Deum adesse bellantibus credunt" fagt Tacitus (Germ. 7) von ben Kämpfenben, unb

---

πιφαύσκω zeige; W.φαν φαίνω fcheine, zeige, φανερός hell, φανή Fackel, φάσις, φάσμα Erfcheinung, W.φα φημί, φάσκω fage, φάτις, φήμη Sage, φωνή Stimme; Lat. favilla; facs, facies, facetus; fas, fatum, fari, fama, fabula, fateor; Kfl. basnĭ (fabula) obavati (incantare).

II.

16 noch jetzt führen unsere Völker den erkämpften Sieg auf den be=
sonderen Gotteswillen zurück. Grimm S. 908. 927: „Es blieb
der Kampf (iudicium pugnae s. duelli) überall unter Edeln und
Freien im Gebrauch;" S. 939 „Gottes Gericht, dei iudicium,
wird der Zweikampf ausdrücklich genannt;" S. 928 „dem Krieg
der Völker wie dem Kampfe Zweier stand die Gottheit als ober=
ster Richter vor." — Um aber den Strahl der Gottheit zum Be=
schauen dieses (nur bei Tage denkbaren) Wettkampfes herabzu=
ziehen, dazu ist nach alter Anschauung der geleistete Eid die
nothwendige Voraussetzung. Und zwar ein Eid in bestimmter
Leistungsform. Auch darin zeigt sich zwischen Germanen und
Italikern uralte Gemeinsamkeit der Anschauungen. „Zum Eide
gehören zwei Theile, Einer, der ihn abnimmt, der Andere, der
ihn schwört" Grimm S. 902. Man schwört bei oder auf einen
berührten Gegenstand (Schwerdt, Stein u. s. w.) [4]).

Auch bei den processualischen Eiden [die, zwischengeschoben,
sich auf die Wahrheit der Behauptungen, und also möglicher=
weise auf das Beilegen der Sache ohne den über die bestrittene
Sache zu führenden Gottesurtheilskampf beziehen] erkennt man
in dem germanischen Völkerstrange noch ganz deutlich, daß der
Kampf als letzte Eventualität immer dahinter steht. So nament=
lich in den deutschen Friedensbruchsachen, wo die Eideshelfer,
Consacramentalen [d. h. ursprünglich die bei jeder Vindicta hel=
fende Sippe] auftreten. Grimm S. 859: „Der Beklagte durfte
sich von der wider ihn erhobenen Beschuldigung durch Eid
oder Gottesurtheil reinigen. Ihm stand vor Gericht der
erste Beweis zu, wie noch heute im Duell der erste Hieb oder
Schuß dem Geforderten. Diesen Eid leistete er im höheren Alter=
thum .. wahrscheinlich allein .. zur Zeit der geschriebenen Gesetze
aber schon in Begleitung einer bestimmten Anzahl Verwandten

---

4) Ueber das Römische vgl. die sorgfältigen Untersuchungen von Danz,
Sacr. Schutz (1857) S. 19 ff.

und Bekannten .. die ihm bei ausgebrochener Fehde zur Seite
gestanden hätten" [auch die „Composition" erhält die mit dem
Kläger zur Fehde gerüstete „tota domus" Tac. Germ. 21].
Ferner bei dem im Proceß durch Eidbieten verwendeten Eide tritt
wiederum der Gedanke hervor, daß dieser Eid nur der Versuch
einer „Beilegung" ohne Kampf war. Grimm S. 904: „Miß=
traute der Theil, gegen welchen geschworen werden sollte, der
Rechtschaffenheit des Eidbietenden, so konnte er .. die Eides=
ablage hindern und die weitere Entscheidung auf einen Zweikampf
kommen lassen."

d) War der Kampf geführt, und hatte der Kläger gesiegt,
so war an sich die Person des Gegners ihm verfallen;
aber doch immer mit dem Hintergedanken der Talion, daß par
vindicta (§. 13 A. 11) sein mußte. Also bei der „Unthat" des
Mordes: Nehmen von Leben um Leben. Wie aber bei geringeren
Kränkungen, wie insbesondere bei den Privatansprüchen wegen
einer Eigenthumssache, wegen einer Schuldsache? Gewiß hat
hier der Talionsgedanke von jeher mildernd gewirkt, und es ist
stets gebilligt worden, wenn der Sieger sich mit Wegnahme
der vindicirten Sache und Pfändung bis zum Schuldbetrage be=
gnügte. Ja man mag vermuthen, daß gerade hier, zur Begün=
stigung der Innehaltung dieser Talion, zuerst eine Theilnahme
und Hülfe des Richters, vor dem das vim dicere stattgefunden,
sich entwickelt habe, indem entweder wie bei`den Germanen direc=
tes Helfen des Richters eintrat[5]), oder wie bei den Italikern der
Richter wieder eine eigene besonders begünstigte actio iudicati
zuließ. — Es ist aber der Punkt, wenn es sich um einen Schuld=
betrag handelte, noch besonders in's Auge zu fassen. Man hat
schon seit lange darauf hingewiesen, daß das altrömische Schuld=

---

5) Grimm S. 866: „Betraf der Streit liegende Habe, so wies das
Gericht den Beklagten aus dem Besitz, den Kläger in den Besitz: war in
fahrende Habe verurtheilt, so erfolgte gerichtliche Wegnahme, Pfändung."

II.

16 recht und das indische übereinstimmen, daß sogar das ‚partes
secanto‘ der zwölf Tafeln [Bruns font. p. 18 Nr. 6] sich auch
in der Tradition nordischer Sagen findet (Grimm S. 616 ff;
Klenze S. 118 A. 4; S. 164 A. 3)⁵ᵃ). Also: daß diese Sätze aus
dem Schuldrechte des indogermanischen Urvolks stammen, ist nicht
zu bezweifeln. Es ist aber meines Erachtens nichts geeigneter,
den ganzen inneren dogmatischen Zusammenhang des Gebiets der
„vindicta“ klarzustellen. Vindicta ist die allgemeine Schwur=
klage (sacramenti actio) wegen „Unthat“, „Schmähung“ und
„Vermögensschädigung“ (sei es Sachvorenthaltung, sei es Nicht=
erfüllung des Zugesagten), überhaupt also wegen Kränkung (hohn,
iniuria). Man fordert damit talio; wenn aber der Verletzer
diese talio verweigert, so geht die vindicta auf die im ordnungs=
mäßigen Wege vorgenommene Stellung des Kampfes unter das
fas. Nothwendig verfällt dem siegenden Kläger die ganze
Person des Besiegten; er kann sie als Schuldknecht mitnehmen;
sind ihrer mehre Kläger wegen Schuld zusammen aufgetreten, so
können sie sich den Besiegten in Stücke hauen. Alle die Ent=
wicklungen, daß ein Zurückgreifen auf den „Anspruch“, ein Ab=
verdienen der Schuld beim Sieger, ein Sichbegnügen mit Weg=
nahme der in Anspruch genommenen Sache eintritt, sind allmälige
Milderungen des ursprünglich nothwendigen Grundgedankens, daß
wie der Kampf kein Scheinkampf ist, sondern die ganze Person
der Kämpfenden gefährdet, so auch der Sieg dem Kläger die
ganze Person des Beklagten in die Hand giebt. Sie sind, nach
durchgeführtem Kampf, ein milderndes Zurückgreifen auf den Ge=
danken der Talion. Der Sieger begnügt sich: Zahn um Zahn,
Wunde um Wunde, die beanspruchte Sache, den Werth des
Schuldbetrages zu nehmen.

e) Ich habe schon hervorgehoben, daß (neben diesen Mil=
berungen des Sieges) allmälig die Tendenz in die zu höhe=
rer Gesittung aufstrebende indogermanische Welt gekommen ist,

---

5 ᵃ) Vgl. d. Zusatz a. Schluß d. Heftes.

auch überhaupt den **Wettkampf** selbst, dies so trügliche Gottes= urtheil, mehr und mehr bei Seite zu schieben. Es ist, wie ich angab, dies in zwei **begrifflichen** Stufen geschehen. Die nächststehende ist: „Beilegung des Kampfes", zunächst mit dem Willen des Verletzten, dann auch allmälig ohne dessen speciellen Willen, „Composition". Die zweite Stufe ist: directes Ein= greifen des Gemeinen Wesens, also Selbstsprechen des Urtheils von Seiten der Organe des Gemeinwesens (Volksgemeinde, Schöffen, Richter). Ich zeigte, daß wegen der „Unthaten" Ur= theil und Strafe des Gemeinen Wesens, wenn auch in ganz sel= tenen Fällen, doch schon bis in die indogermanische Urzeit zurück= zuführen ist; daß aber zunächst die Composition ganz überwog. Wie nun ist die Entwicklung in den Privatangelegenheiten im engern Sinn gewesen? Hier hat in der Zurückbrängung des Wettkampfes, und in der Substituirung eines menschlichen Ur= theils für das Gottesurtheil, sich eine merkwürdige Scheidung der Entwicklung einerseits im germanischen und andererseits im ita= lischen Völkerstrange vollzogen. Allerdings gemeinsam ist ihnen der die Grundregel bildende Gedanke geblieben, daß **der Richter nicht der Urtheilende, sondern nur der Proceßein= leitende ist.** Denn die Richterstellung war schon geschaffen, als das Urtheil noch lediglich unter dem fas des Götterspruches stand. Der Gedanke aber, der nun weiter an die Stelle des Götterspruches eine menschliche Entscheidung setzte, hat im ita= lischen Strange [ganz abgetrennt von den Entscheidungen der mit einer potestas Versehenen; die, wie in den animadversiones wegen „Unthaten" §. 13, so auch in den Urtheilsprüchen über die Privatangelegenheiten ihre eigenen Wege fortgegangen sind] als Regel: die Composition, also das „pacere", die „conven= tio"[6]) über einen zu wählenden iudex geschaffen. Bei den Ger=

---

6) Cicero pr. Cluent. 43: Neminem voluerunt **maiores nostri** non modo de existimatione cuiusquam, sed ne pecuniaria quidem de re mi-

16 mauen dagegen hat sich an die Stelle des Götterspruches das directe Selbstsprechen des Urtheils seitens der Volks=gemeinde (bezw. dann weiter: der Schöffen) gestellt.

In einem gewissen engeren Gebiete aber hat sich der uralte indogermanische Gedanke, daß der „freie Mann" die Ausgleichung der erlittenen „Kränkung" nur in dem durch Kampf zu consta=tirenden Götterspruch finden könne, in den germanischen Völkern noch bis in unsere Gegenwart erhalten und hat sich von da sogar wieder in andere Völker übertragen: im Duell. Keiner der vom Gemeinen Wesen unternommenen Versuche der Composition oder des Selbsturtheilens durch die Staatsorgane hat diese Ur=anschauung bis jetzt auszulöschen vermogt. Aber nur das Ger-manenthum, das zuerst aus dem Urvolk abgeschiedene Volkswesen, hat diese Zähigkeit der Anschauungen gehabt [7]); im italischen und griechischen Völkerstrange [8]) waren sie schon im Alterthum aus=getilgt. —

Im Brautschleier (§. 6 a. E.) und im Duell trägt unsere Gegenwart die ältesten aus dem indogermanischen Urvolk stam=menden Sitten mit sich.

17 §. 17. — II. Die Periode des Rechtsschutzes. Ich bin zur Ermittelung des Wesens der naturalis ratio darauf ein=gegangen, zu einem Gesammtbilde zu vereinigen, was sich von sicheren Notizen über das im germanischen und grācoitalischen Volkskreise Altidentische findet, was also mit Nothwendigkeit

nima esse iudicem, nisi qui inter adversarios convenisset. — Bei den Italikern bezeichnet die Aufnahme der Worte des Magistrats (Priesters): „mittite ambo rem" in die Formel der actio sacramenti und das Ablassen der Parteien von der Gewalt (illi mittebant, Gai. IV. 16) den großen Schritt von der „Vindicta" zur „Composition".

7) Grimm S. 927 ff. — Ueber die anderen Formen des Gottesurtheils: Grimm S. 910 ff.

8) Ueber die Kelten vgl. §. 13 A. 6.

auf die gemeinſame Quelle des indogermaniſchen Urvolks zurück=
geführt werden muß. Nach dem Zwecke dieſer Schrift habe ich
demgemäß vorzugsweiſe bei dem verweilen müſſen, was dieſe drei
Volkskreiſe bindet. Dagegen bei dem was ſie ſcheidet, ſeit=
dem jeder ſeine Specialgeſchichte begonnen hat, hört meine mir
hier geſtellte Aufgabe auf. Nur für den Anfangspunkt der Schei=
dung, alſo für ihre Anſieblung in ihren ſpäteren hiſtoriſchen
Wohnſitzen, muß ich noch eingehender das, was ſich aus Sprache
und anderweiten Daten ermitteln läßt, zuſammenſtellen. Dem
weiteren Verlauf werde ich dann, abgeſehen von Einer genauer
zu behandelnden Frage, nur noch einige kurze Notizen widmen.

A. Der Völkereinzug. Die ihre Urheimath verlaſſen=
den Völker, das germanoſlaviſche einerſeits, das italokeltiſche und
griechiſche andererſeits, treten in ihren neuen Sitzen als über=
wiegend Viehzucht treibende auf. Sie haben auch innerhalb
der neuen Sitze noch in mannigfachen Kriegszügen die Plätze ge=
wechſelt, aber aus der Art, wie uns die erſten hiſtoriſchen
Nachrichten über ihre Art der Landvertheilung entgegentreten,
werden wir Rückſchlüſſe machen dürfen auf die anfänglichen beim
Einzuge beobachteten Landvertheilungsgrundſätze. Ich ſtelle nun
zuſammen, was wir über dieſe Landvertheilungsart wiſſen, um
daraus meine Folgerungen über die damals herrſchenden juriſti=
ſchen Begriffe zu ziehen. Voraus noch eine allgemeine Bemer=
kung. Ich hob ſchon nach Peſchel hervor (§. 9 A. 5), daß ſolche
Völkerzüge in dieſer Urzeit ohne Begleitung von Heerden
gar nicht denkbar ſind. Die in das neue Land einziehenden Völ=
ker wurden alſo von vorn herein genöthigt, das Land für ihre
Viehweiden zu vertheilen, und danach mußte ſich denn auch die
Gründung ihrer Einzelwohnſitze richten. Zur Gründung ſolcher
Einzelwohnſitze mußten ſie ſchon vor der Vertheilung des Grund
und Bodens irgendwelchen Begriff vom Grundeigenthum (wenn
auch nur den des Geſammteigenthums der Einzelgemeinden an

II.
17 dem District der Markgenossenschaft) gehabt haben. Ich habe dies bereits früher gegen Stahl [der das Grundeigenthum wohl fast bei allen Völkern als ursprünglich ausgetheilt[1]) an= nimmt] polemisirend ausgeführt (diese Studien III. S. 288 ff.). Einführung des Grundeigenthums ist nicht zunächst Product der Gesetzgebung, sondern der veränderten Lebensweise des Volks; es muß durch die Lebensweise erst „erfunden" sein. Indem wir die mit ihren Heerden einziehenden Völker das Land gleich für Vieh= zucht vertheilen sehen, müssen wir eine dem entsprechende Lebens= weise (als eine nicht mehr nomadische) schon bei ihnen als bekannt voraussetzen. Andererseits aber mußten durch die Gewinnung des neuen Landes auch die Grundverhältnisse so absolut neue werden, daß es sich erklärt, daß aus den früheren Zeiten vor dem Völkereinzuge über die Beziehung zum Grund und Boden nur Weniges sich bis zu unserer Wahrnehmung fortgetragen hat. Begnügen wir uns einstweilen mit der Thatsache, daß rücksicht= lich der beweglichen Sachen, und offenbar in gewissem Zusammenhang mit der Haussuchung nach beweglichen gestohlenen Sachen (lance et licio — ransak), sich eine gleiche Rechts= construction findet. Die auf Vieh gerichtete germanische Anefangs= klage, und die auf in's Gericht transportabele Sachen gehende italische sacramenti actio rem meam esse, weisen den Rechts= schutz für Fahrniß in die Zeit zurück, wo Germanen und Italiker noch nicht getrennt waren. In Betreff des Grundeigen= thums[2]) wird sich nun weiter fragen, in welchem Zusammen=

1) Aber auch Mommsen R. G. S. 104 (erste Aufl.): „Das Eigen= thum ruht überall direct oder indirect auf der Zutheilung einzelner Sachen an einzelne Bürger durch den Staat, am Bestimmtesten bei dem Grundeigenthum." — Etwas geändert: sechste Aufl. S. 150: „Man be= trachtet alles Eigenthum als dem einzelnen Bürger von der Gemeinde zu ausschließlichem Haben und Nutzen zugetheilt."

2) Daß übrigens das Urvolk schon Häuser (mit Thüren u. s. w.) ge= habt hat, ist zweifellos (über „domus" s. oben §. 11). In Betreff der

hange ober Gegenſaße baſſelbe ſeit dem Völkereinzuge zu der aus der Vorzeit batirenden Rechtsbildung über die fahrende Habe zu denken ſei.

1) Für die Germanen ſei wiederum Grimm mein Gewährs= mann. S. 495: „Das Volk lebt von Viehzucht und Ackerbau

Wohnungsweiſe des Urvolks ſtelle ich hier folgende Wörter des Skt., Gr., Lat. u. Germ. nach den Nummern des Curtius'ſchen Werks zuſam- men: (319) dvâram, dvâr (Thür) durjas (nom. pl. Wohnung); ϑύρα, ϑαιρός; fores, foris, foras; (Goth.) daur, (Ahd.) tor; (329) budhnas; πυϑμήν; fundus; (Ahd.) bodam, (Altn.) botn.; (321) gudhjâmi (verhülle), guhâmi (verberge), guhâ (Höhle, Berſteck); κεύϑω (verberge), κεῦϑος (verborgene Tiefe); custo(d)s; (227) strnâmi (ſtreue), stariman (Lager); στρώννυμι, στρῶμα, στρωμνή, στρατός; sterno, stramen, torus; (Goth.) strauja (aus- breiten), (Ahd.) strao (Stroh), (Lit.) strajė (Streu); (206) vâstu (Haus), vâstavja (οἰκεῖος); ἄστυ, ἀστεῖος, ἄστός; (Ahd.) wist (mansio), (Goth.) visan (manere); (95) vêças (Haus), pl. viças (Menſchen), viçpatis (Haus- herr, Gemeindeherr); οἶκος; vicus, vicinus; (Goth.) veihs (Dorf); (119) aǵras; ἀγρός; ager; (Goth.) akrs; (582) akshas; ἄξων; axis; (Ahd.) ahsa; (169) vahâmi (fahre), vâhas (Zugthier), vâhanam (Wagen), vâhini (Heer); ὄχος, ὀχέομαι, ὄχημα, ὄχλος, ὀχετός; veho, vehiculum, vectura, via; (Goth.) gavagja (bewege), vêgs (Bewegung), vigs (Weg); (Ahd.) wagan (Wagen), wâga (Wage); (349) panthan (Weg); πάτος; pon(t)s, pontifex; (Kſl.) patĭ; (430) nâus (Schiff), nâukâ (Nachen); ναῦς, ναύτης, navis, nauta; (Ahd.) nacho; (492) aritras (treibend, Ruder), aritram (Steuerruder), aritâ (Ru- derer); ἀμφήρης, ἀλιήρης, ὑπερέτης, ἐρεσία, ἐρέσσω, ἐρετμός; ratis, remus, remigium, triremis; (Lit.) irti (rudern), irklas (Ruder); (408 b) Bd.: bar (ſchneiden, bohren); φάρος (Pflug), φαρόω (bepflügen); forare, foramen; (Agſ.) borian, (Ahd.) poran; (144) junaǵmi (verbinde, ſchirre an) juk (coniunctus), jugam (par), jugjam (iumentum); ζεύγνυμι, ζεῦγμα, ζυ-, γόν; iungo, iumentum, iugum, ingerum, coniux; (Goth.) juk, (Ahd.) joh. (155) sthagâmi (decke); στέγω, στεγανός, τέγος; tego, tectum, tegula; (Altn.) thak, (Ahd.) dekju (Decke); (565) vasê (ziehe mir an), vastram (Kleid), vasânas (umhüllend); ἕννυμι, ἱμάτιον, ἔσϑος, ἑανός; vestis, vestio; (Goth.) gavasjan (kleiden), vasti (Kleid); (578) sivjâmi (suo), sjûtas (sutus), sjûtis (sutura); κασσύω, κάσσυμα, καττύς; suo, sutus, sutor, sutura; (Goth.) siuja, (Ahd.) siud (sutura), soum (Saum), suila (subula).

II.

17 .... Beiber des Viehzüchters und Pflügers Verhältniß hat bie=
selbe Naturnothwendigkeit, nur daß geschichtlich jenes vor=
ausging, bieses nachfolgte." ["Die aus vielen Gründen
wahrscheinliche Annahme, daß schon zu Tacitus Zeit unter den
Deutschen festes und geregeltes Grundeigenthum galt. Die agri
ab universis per vices occupati — (vgl. oben §. 9 Anm. 2)
—, bie arva per annos mutata sind kaum anders zu erklären
als burch Gemeinbeland."] „Wir treffen also ungetheiltes Eigen=
thum und getheiltes nebeneinander an, das ungetheilte alterthüm=
licher und veraltender; im Verlauf der Zeiten weicht ber Wald
bem Acker, das Vieh dem Getreide." [Das „Reuten" b. h. bie
Ueberführung der Mark zu urbarem Boden S. 524. 525.] α) Un=
getheiltes Land. S. 496: „Das Land zerfällt in Gaue, der
Gau in Marken." S. 497: „Natürlich älteste Grenze war der
Wald." „Bis auf die letzte Zeit heißen die Ueberbleibsel aller
Gemeinschaft an Grund und Boden vorzugsweise Marken."
S. 501: „Ohne Zweifel gab es auch in frühster Zeit schon ver=
theiltes Waldeigenthum, zumal in den Händen der Edlen und
vieler Freien." S. 505: „Jeder Theilhaber der Mark, scheint
es, mußte zugleich in der Gaumark, worin die Walbung lag,
Privateigenthum besitzen b. h. ein gewerter Mann sein. ... Man
unterschied den vulwarigen von dem halfwarigen, den vulspän=
nigen von dem halffspännigen." „Diesem Privatvermögen war
vermuthlich eine nach Zeit und Ort abweichende Größe vorgezeich=
net." S. 521: „Wonne, ahd. wunna ist das gothische vinja,
νομή, welcher griechische Ausbruck dem lat. nemus nahverwandt
scheint. Nemus, bie Weidetrift im Wald, ... führt daher
wieder auf den Begriff der deutschen Mark [3])." S. 504: „Die

---

3) Grimm hebt, in Anknüpfung an diese in der Landbenutzung her=
vortretende Gleichartigkeit des germanischen, italischen und griechischen Volks,
noch weiter S. 530 die Gleichartigkeit der Strafen in der deutschen Mark=
genossenschaft mit der römischen aquae et ignis interdictio hervor. — Damit

Markeneinrichtung scheint mir uralt, und durchaus nicht
· der öffentlichen nachgebildet, umgekehrt, was die freien Märker
in ihrem engen Besang, das thaten eben darum die freien Männer
des Volks im Lande nach. Auch der König in ältester Zeit
war nicht Eigner des Landes, bloßer Pfleger, Richter,
Anführer. Erst im Verfolg warf er sich, wie der oberste
Märker in den Wäldern, zum strengeren Gebieter auf." β) Son=
bereigen (ager privatus) S. 532 ff. — Im Norden die solskipt: „agri secundum solis et coeli regiones collocati divisio" (S. 539). — S. 540: „Im inneren Deutschland scheinen
alle Grundsätze der alten Landtheilung nach Sonne und Himmels=
gegend verloren. Erwäge ich aber den Zusammenhang der
solskipt mit der altrömischen Limitation, so blicken
dennoch einzelne Spuren durch [Festus: decumanus appellatur limes, qui fit ab ortu solis ad occasum, alter ex
transverso currens appellatur cardo . . . . Die Limitation
und Agrimensur als Gegensatz zur Arcifinalität des Gemeinde=
landes vergleicht sich überraschend unserer Sonntheilung im Ge=
gensatz zu dem Hammerwurf der Marken]" (vgl. oben §. 12 a.
E. — s. auch noch Grimm S. 541 A. *). —

Diese germanische Niederlassungsart mit Scheidung von
Markgenossenschaft und Sondereigen deutet darauf hin, daß (ab=
gesehen von der Jagd) die Lebensweise des Volks überwiegend
anfangs eine Viehzucht treibende war. Markgenossenschaften mit
ihrem Wald und ihrer „Wonne" gewähren vorzugsweise Nutzung
für Rinderweide und Schweinezucht. Je mehr in ältester ger=
manischer Zeit die Mark überwog, je weniger Ackerbau kann ge=
trieben sein; je mehr durch das „Reuten" dem Ackerbau gewonnen
und vielleicht dann zunächst als jene „arva per annos mutata"

---

ist wieder zu verbinden die oben (§. 6) erwähnte, in's indogermanische Urvolk zurückreichende aquæ et igni coniunctio der römischen Priesterehe; (vgl.
§. 9 A. 2 ª).

II.

17 noch als Gemeindeland längere Zeiten conservirt wurde, um so mehr mußte es doch zur Umgestaltung in Sondereigen drängen. Ackerbau dulbet schwer gemeinschaftlichen Besitz, er fordert getrennte Bewirthschaftung.

Jedenfalls mußte mit der Seßhaftmachung der Germanen in dieser ihrer Organisation nach Marken und sonbereigenen Wohnsitzen fortan die Basis ihrer ganzen staatlichen und gesellschaftlichen Entwicklung liegen. Diese Vertheilung des Grund und Bodens war für den Lauf der Geschichte im wahren Sinne des Worts ihr „Grundgesetz". Es ist für das Verstehen der Entwicklung der Rechtsbegriffe in der indogermanischen Völkerfamilie ein vorzugsweise zu beachtender Punkt, daß in dem Urvolk man noch nicht zur Gewinnung des Gesetzesbegriffs gelangt war. Hätte es den Begriff schon gehabt, so hätte natürlich die Sprache in einem bestimmten Wort ihn uns auch zugetragen. Aber die Sprache des Urvolks hat nur das Wort: évas, Gewohnheit, Sitte (§. 7 bei A. 3); die germanische, italische, griechische Nation haben sich den Gesetzbegriff erst in ihrer Specialgeschichte formirt und jede dafür ein besonderes Wort geschaffen. Bei den Germanen ist dies folgendermaßen geschehen.

Der wichtige Wortstamm νεμ (Curtius 431) zieht sich durch das Griechische, Lateinische, Gothische, Althochdeutsche, Lithauische und Lettische. Er lebt in unserem heutigen „Nehmen". Er mußte auch das Wort zur Bezeichnung der Inbesitznahme des Landes sein: Goth. nima (capio, λαμβάνω); Ahd. nâma (rapina, praeda)[4]; Lit. námas Haus (?), nŭmas Gewinn, Lett. nomr Zins. Aber die germanische Sprache hat mit diesem Stammwort nicht die Art der Inbesitznahme, der Vertheilung bezeichnet. Dafür hat sie ein anderes hierauf deutendes Wort[5]:

[4] Daran schließt sich Altir.: nama = hostis (Curtius S. 315).

[5] Grimm's Deutsch. Wörterb. II. S. 26.

„Bill (aequitas, ius, lex) ist ein uraltes Wort, das ahb. nicht mehr einfach, nur in den zusammengesetzten Frauennamen Pilibrut, Pilihilt, Piligart, sowie in den männlichen Pilifrid, Pilihelm" [Wilfried, Wilhelm] „erscheint. Erwägt man, daß in der Edda ein weibliches Wesen Bil neben Sol, und in Ver= bindung mit dem Mond genannt wird, so könnte auch eine ahb. Pil mythisch zu fassen sein. Das altn. bil bedeutet momentum, interstitium, .. Abstand, Zwischenraum. Wie nun der ähn= liche Ausdruck altn. skil sowohl discrimen als ius, aequitas bezeichnet, ... ebenso muß pil, bil auf pilan (findere, hauen und spalten) geleitet werden. Recht und Billichkeit ist das Ge= spaltene, Auseinandergehaune, Entschiedene, discretum." Das weist sehr deutlich auf die Grundtheilung beim Einzug in's Land hin. Jeder hat damit seinen Abstand, seinen Zwischenraum, sein Entschiedenes, discretum, das nunmehr über Allen geltende gleiche Recht.

§. 18. — 2) Rücksichtlich der italischen Grundtheilung 18 ist für uns Alles viel dunkler als bei den Germanen.

Die Römer reduciren ihr Recht an ihrem Lande auf die Ge= sammtoccupation (maxime sua esse credebant quae ex hostibus cepissent, §. 15 a. E.). Bei diesem occupirten Lande unterscheiden unsere Quellen, gleichartig wie die Germanen, Sondereigenthum, was die Einzelnen zu vollem Privatrecht er= hielten, und ungetheiltes Land [1]). Als der ursprüngliche Land=

---

1) Siculus Flaccus de cond. agr. [Röm. Feldm. (1848) I. p. 136 ss.: Ut vero Romani omnium gentium potiti sunt, agros ex hoste cap-tos in victorem populum partiti sunt, alios vero agros vendiderunt; ut Sabinorum ager qui dicitur quaestorius, eum limitibus actis diviserunt et denis quibusque actibus laterculis quin-quagena iugera incluserunt, atque ita per quaestores populi Romani ven-diderunt: postquam ergo maiores regiones ex hoste captae vacare coe-perunt, alios agros diviserunt adsignaverunt, alii ita re-

II.

18 vertheiler an die Einzelnen wird von manchen Quellen der alte mythische Gesetzgeber Numa angeführt. Nonius: Viritim dictum est separatim et per singulos viros. M. Tullius de rep. (2. 14): ,(Numa) primus agros, quos bello Romulus ceperat, divisit viritim civibus'. Varro de v. p. R. lib. I.: et extra urbem in regiones XXVI agros viritim liberis adtribuit [Bruns font. p. 288]. Der ager Romanus wird im großen Ganzen als in die drei Theile der Ramner, Titier und Lucerer gespalten angegeben; Varro L. L. V. 55. 56. Der Vermessungsmodus wird als der numerus duodenarius bezeichnet; Varro 34. 35: Ager dictus in quam terram quid agebant et unde quid agebant fructus causa; alii quod id Graeci dicunt ἀγρόν. Ut ager, quo agi poterat, sic qua agi actus. Eius finis minimus constitutus in latitudinem pedes IV — in longitudinem pedes CXX, in quadratum actum et latum et longum esse CXX. Multa antiqui duodenario numero finierunt, ut duodecim curiis actum. Iugerum dictum iunctis duobus actibus quadratis, — Cato R. R. I. 10, 1:

manserunt ut tamen populi Romani essent.... nam sunt populi Romani quorum vectigal ad aerarium pertinet.... singuli deinde terram, nec tantum occupaverunt, quod colere potuissent, sed quantum in spem colendi reservavere. hi ergo agri occupatorii dicuntur. Itaque hi agri a quibusdam soluti appellantur: soluti autem non sunt quorum fines deprehendi possunt et finiuntur. hi autem arcifinales dicuntur .. condiciones autem agrorum variae sunt ac diversae, quae aut casibus bellorum aut utilitatibus populi Romani aut ab iniustitia, ut dicunt, inaequales sunt. Occupatorii autem dicuntur agri, quos quidam arcifinales vocant. quibus agris victor populus occupando nomen dedit. bellis enim gestis victores populi terras omnes ex quibus victos eiecerunt publicavere, atque universaliter territorium dixerunt intra quos fines ius dicendi (?) esset. deinde ut quisque virtute colendi quid occupavit, arcendo vicinum arcifinalem dixit.

Modos quibus metirentur rura alius alios constituit . .
metiuntur . . apud nos in agro Romano ac Latino iugeris.
Iugerum vocant quod quadratos duos actus habeat: actus
quadratus qui et latus est pedes CXX et longus totidem.
2. Bina iugera, quod a Romulo primum divisa
viritim, quae heredem sequerentur, heredium
appellarunt.

Diese Mittheilungen der römischen Quellen sind augenschein=
lich aus der Tradition der späteren vorhistorischen Zeiten ent=
nommen. Für die früheren, dem Völkereinzug folgenden, Zeiten ²)
beweisen sie direct nichts. Das Wahrscheinlichste über diese frü=
heren Zeiten ist das von Mommsen R. G. S. 183. 184 Aufge=
stellte. „Die römische Rechtsüberlieferung weiß noch zu berichten,
daß das Vermögen anfänglich in Vieh und Bodenbenutzung be=
stand und erst später das Land unter die Bürger zu Sonder=
eigenthum aufgetheilt ward." „Das älteste Maaß des Eigen=
landes (heredium von herus, Herr) von 2 Jugeren oder preußi=
schen Morgen kann nur Gartenland, nicht Hufe, gewesen sein."
„Das Ackerland wurde in ältester Zeit gemeinschaftlich, wahr=
scheinlich nach Geschlechtsgenossenschaften bestellt."

Die Italiker treten von vorn herein viel höher social organi=
sirt auf, als die Germanoslaven bei ihrem Einzuge. Die Ger=

---

2) Die griechischen Colonien in Unteritalien: Sybaris u. Tarent
sind im ersten Jahrh. röm. Stabtr. gegründet; die Gründung von Kyme
ist bedeutend älter (Mommsen S. 130. 131). „Das griechische Alphabet ist
in zwei Gestalten nach Italien gelangt (nach Etrurien und nach Latium),
und hat hier noch wieder einer Reform unterlegen." So muß man „wie
für Etrurien so für Latium den Anfang der Schreibkunst in eine Epoche
hinaufrücken, die dem ersten Eintritt der ägyptischen Siriusε
periode in historischer Zeit, dem Jahre 1321 vor Chr. Geb. näher liegt
als dem Jahre 776, mit dem in Griechenland die Olympiadenchronologie
beginnt" (Mommsen S. 217). — Den Völkereinzug wird man wieder weit
vor das Gelangen der Schreibkunst nach Italien legen müssen.

II.

18 manen sind Jagdvölker mit dementsprechend niedrigem Stand=
punkte der Viehzucht [auch noch zu Cäsars Zeiten ist der Stand
ihrer Viehzucht gegen den der Kelten sehr zurücktretend, B. G.
IV. 2]. Die Italiker sind schon von vorn herein dem Ackerbau
zugewendet; sie sind in Familie und Geschlecht viel gefesteter als
die Germanen; sie treten in der Art ihrer Niederlassung wenn
auch nicht gleich städtegründend, doch wenigstens, indem sie sich
um eine arx ein capitolium anbauen, die Stadtgründung gleich=
sam vorbereitend auf [3]). In zwei Zügen, dem latinischen und
dem umbrisch=samnitischen, haben sie sich allmälig auf der Halb=
insel nach Süden ausgebreitet; der latinische die westliche frucht=
bare zum Ackerbau einladende Niederung haltend, der umbrisch=
samnitische mehr auf dem Apennin und im Osten sich fortbewegend
(Mommf. S. 13 ff. 112 ff.); als eine Enclave zwischen ihnen die
bis jetzt unbestimmbaren Etrusker. Ackerbau werden sie mehr
in der Niederung, Viehzucht auf dem Apennin getrieben haben,
aber schon eine Viehzucht höherer, mit dem Ackerbau combinirter,
Art. Vieh ist „ihr Hauptreichthum" [4]) [Vieh gilt als das ur=
sprünglich currente Vermögen [5])]; in Vieh werden die Multen,
in Vieh die Summen der Eidsponsion angesetzt, die bei der actio
sacramenti durch Composition des uralten und schon der Tra=
dition entschwundenen wirklichen „Wettkampfs" das Succum=
benzgeld geworden waren. Die Neigung zum Ackerbau treibt
gleich zur Gründung festerer Wohnsitze; die Neigung zu stadt=
artigem Zusammenschluß zu strengerer Knechtung der Sklaven
(§. 9 A. 5). So kommt es, daß den Italikern die Gründung
des häuslichen Heerdes als die Hauptsache der Nieder=

---

3) Mommsen R. G. S. 36. Marquardt Röm. Staatsverwaltung I.
S. 4.

4) Curtius 211: Stt. vatsas (Kalb); Gr. ἰταλός; Lat. vitulus, vi-
tula; Osk. Viteliü (Italia). Ksl. tele, Böhm. tele, Lit. telyczà (Ferse).

5) „Pecunia." Mommsen R. G. S. 194 A. *.

laſſung erſcheint. So erklärt ſich, daß der heilige Heerd der Veſta [6]) oder 'Εστία nicht bloß als das Centrum der Hausgründung, ſondern auch, im Veſtaheerde des Königshauſes, als das Centrum der Staatsgründung erſcheint (Mommſen S. 62).

Dieſe Art der Wohnungsgründung, und damit verbunden die Zutheilung des Gartlandes von 2 Jugeren zu jeder Wohnung iſt ſicherlich die ſeit dem Einzuge beſtehende. Vergeſſen wir aber nicht, daß von uns die Sprache fordert, bisher lediglich ein Eigenthum an beweglichen Sachen [7]) anzunehmen: dominus iſt der Zähmende (nach der begründenden causa), herus iſt der Manutenirende (nach der äußeren Erſcheinung des Verhältniſſes) — vgl. §. 11. Alſo bisher iſt, nach der Anſchauung des Urvolks und der Italiker, Grund und Boden und Haus, — da das nur durch die vereinte Volkskraft gewonnen wird [unter Verwendung des ſchon beſtehenden Privateigenthumsbegriffes auf die Geſammtheit: „universaliter territorium dixerunt", A. 1], — lediglich Eigenthum der Geſammtheit, von der es der Einzelne

---

6) Curtius 610: Skt. W. ush. ôshâmi (f. ausâmi) (uro), ushnas (calidus); Zd. ush (brennen, leuchten); Gr. εὕω, αὕω, Εὗρος; Lat. W. us, uro (ussi, ustus) ustor. — „Neben der W. ush finden ſich im Skt. Reſte einer volleren W. vas, aus der ush durch Kürzung hervorgegangen iſt, namentlich vâsaras Tag. Dieſe W. vas == us liegt dem gr. ἑστία, dem lat. Vesta zum Grunde." Vgl. noch die verwandte Wurzel Curtius 206: Skt. vâstu (Stätte, Haus), vâstavja (οἰκεῖος) W. vas, Zd. vanh (weilen, wohnen); Gr. ἄστυ Stadt; vgl. §. 17 A. 2 u. 3; §. 9 A. 2ª.

7) Alſo insbeſondere: (neben den ſelbſtfabricirten und damit juriſtiſch zurücktretenden Waffen und Kleidern) bei den Germanen: Hausvieh, bei den Italikern (bei denen ſich die Sklaverei ſtrenger organiſirt hat): Hausvieh und Sklaven („familia pecunia"). — Auch Mommſen R. G. 6. Aufl. S. 150 iſt bereits auf den Gedanken des urſprünglichen Beſchränktſeins des Eigenthums auf bewegliche Sachen gekommen; aber er hält noch an der älteren Auffaſſung von der Zurückführung auf die „Zutheilung" feſt; vgl. §. 17 A. 1.

II.

18 durch seine Privatoccupation zum Draufsitzen (possessio) erhält [ut quisque virtute colendi quid occupavit]. Rücksichtlich des Grund„besitzes", Haus und Acker, kann der Einzelne (und sein Erbe) wohl in seiner Privatoccupation durch die „potestas" des rex geschützt werden; aber er kann nicht die actio sacramenti: aio rem meam esse, die nach der „Composition" nie vom rex, sondern nur von Stammgenossen als iudices entscheidbar ist, anstellen. Hiermit aber gewinnt die uralte Nachricht, daß die zwei Jugeren Gartland [mit Haus zu denken][8]) für heredium erklärt seien, eine ganz eigenthümliche juristische Wichtigkeit. Es wird der „vir", dem dies „viritim" vom Gemeinwesen gegeben wird, damit ebenso zum herus über diesen Grund und Boden erklärt, wie er es über Hausvieh und Sklaven (A. 7) ist. Also: das „Zähmungsverhältniß" wird ein auf den Grund und Boden herübergezogener Begriff; dies heredium wird mit unter die actio sacramenti, die vindicta aufgenommen; das herus-sein, das sich beim Tode des Herrn schon vom Urvolke her als sacrale Pflicht und sacrales Recht auf Sohn, Agnaten und Gentilen [Sradd´ha-Erbfolge der Sapindafamilie] fortgezogen hatte, indem der herus bei diesem Neueintritt der heres genannt wird[9]) — dieses herus-sein umfaßt fortan auch das „heredium", und ebendeßhalb ist letzteres mit diesem Namen belegt worden.

In dem Satze, daß viritim an die Einzelnen zwei

8) Plinius h. n. XIX. 19, 1 [Bruns font. p. 23]. In XII tabulis legum nostrarum nusquam nominatur villa, semper in significatione ea hortus: in horti vero, heredium. Curtius 189: „Daß χόρτος in der mit hortus zu vergleichenden Bedeutung Hofplatz desselben Ursprungs (v. W. χερ) ist, ist wahrscheinlich" . . . „aus einer mit dh erweiterten Wurzel: Goth. gards (οἶκος, αὐλή), Lit. gárdas (Hürde), zárdis (Roßgarten)".

9) Curtius 186: „hēr-ĕ(d)-s ist aus einem Verbalstamm hērē hervorgegangen. Ganz in demselben Sinne steht die W. har selbst im Skt. aça-hara-s Erbantheil empfangend" (Goth. arbinumja).

Jugeren Gartland als heredium zugetheilt wurden (was übrigens bei den mehrfachen Völkerzügen auch noch wieder gewechselt sein kann), liegt zugleich der Beweis, daß der übrige Grund und Boden zunächst nicht als heredium vertheilt worden ist. Wir werden also anzunehmen haben, daß dieser als Gemeindeland entweder ganz in gemeinsamer Benutzung blieb, oder den Einzelnen (etwa gegen einen vectigal) lediglich zur Privatoccupation der „possessio" für seine separate Bewirthschaftung eröffnet wurde. So mögen die Italiker, mit Privateigenthum an beweglicher Habe und an den zwei Jugeren heredium, und im Uebrigen auch noch vielfacher Einzel-possessio am Gemeindeland, in Markgenossenschaften Jahrhunderte lang gewohnt haben. Daß aber dann noch eine bedeutende Umgestaltung eingetreten sei, läßt sich nicht bezweifeln. Mommsen hebt hervor (S. 204. 205), daß der „numerus", der Vertheilungsmaaßstab, als das älteste und sämmtlichen Indogermanen ursprüngliche,: das Decimalsystem gewesen ist (vgl. auch Grimm S. 532). Danach werden auch die ursprünglichen zwei Jugeren gemessen worden sein. Später hat sich dann ein wahrscheinlich national-italischer „numerus duodenarius" entwickelt, und es ist sicher, daß die weiteren Landvertheilungen zu Privateigenthum, wie sie dem mythischen Landvertheiler Numa zugeschrieben werden, aber gewiß schon weit in die altlatinische Zeit zurückreichen, nach diesem Duodecimalsystem (das Jugerum zu 120 Fuß in's Quadrat) statt gefunden haben. Man wird also anzunehmen haben, daß mit den Fortschritten der Bodencultur sich das Bedürfniß herausgestellt hat, große Partien Land, die bisher als occupirtes Gemeindeland wohl vielfach nur als Weideland benutzt worden waren, oder, wenn auch schon Ackerland und einzelbewirthschaftet, doch nur in occupirter Privatpossession gestanden hatten, zu Privateigenthum, wie es bestgestaltete Ackerwirthschaft fordert, auszutheilen. Da der italische numerus

II.

18 duodenarius sich erst lange Zeiten nach dem Völkereinzuge festge=
stellt haben kann, so zeigt das, daß diese Privateigenthumsverthei=
lung nach dem Duodecimalsystem erst als eine spätere, den Be=
ginn der zweiten Hauptperiode der altitalischen oder alt=
lateinischen (vorrömischen) Zeit in sich fassende, zu denken ist. —
Und wie ist es, das fragen wir zuletzt, mit der italischen
Entwickelung des Gesetzesbegriffes, den, wie oben ange=
geben worden, wir dem Urvolke noch nicht zuschreiben können?
Jener wichtige schon oben erwähnte Wortstamm: νεμ liefert uns
(Curtius 431) in der lateinischen Sprache Folgendes: die Namen
der zwei mythischen Stammväter und Aeckervertheiler Numitor
[νεμέτωρ] (Großvater des Romulus und Remus nach der Sage)
und Numa [νομεύς] und: numerus, also das Wort für das
Ackervertheilungssystem; und endlich: nemus die Waldweide,
jenes Wort, auf das wir oben schon Grimm hinweisen sahen [10]).
Aber daß die „Vertheilung" als das „Grundgesetz" angesehen
worden wäre, und so überhaupt an die Vertheilung sich der Ge=
setzesbegriff angeknüpft hätte, das fehlt in Italien. Dafür tritt
uns das Wort lex entgegen. Man hat es von λέγειν abgeleitet
und mit „Spruch" verdeutscht, aber Curtius 538 bemerkt dage=
gen: da diese W. λεγ nur im Griechischen, und hier verhältniß=
mäßig spät, auf italischem Sprachgebiet niemals reden bedeutet,
so kann lex unmöglich „Spruch" bedeuten". Wir müssen es
also als einstweilen noch unerklärt bezeichnen, wie die Italiker zu
dem Gesetzesbegriff gekommen sind [11]).

---

10) Curtius S. 315: „νέμος ist recht eigentlich ein gräcoitalisches Wort
nach Laut und (?) Begriff. Wie sehr auch in nemus noch die Vorstellung
des von Bäumen beschatteten grasreichen Bodens vorwaltet, zeigen Stellen
wie Horat. Carm. 17. 9: cras foliis multis tempestas sternet." (Vgl. aber
oben §. 17 A. 3.)

11) Gewiß sehr alte Anwendungen des Wortes lex enthalten: die oben
schon (§. 13 A. 4) erwähnte lex horrendi carminis, Liv. I. 26; die legum

§. 19. — 3) Auch über die Grundtheilung beim ursprünglichen Einziehen der Griechen sind wir im Dunkel.

Ueber die Landvertheilung der historischen Zeit sind wir am
Besten in Betreff Sparta's und Athen's unterrichtet. In
S p a r t a nach dem Heraklidenzug ist Alles streng dem Staats-
interesse unterworfen (Hermann §. 19. 28). Für die siegenden
Dorer (Spartiaten) gleiche Vertheilung des Grundeigenthums in
eine Anzahl untheilbarer und unveräußerlicher Loose (nach der
Eroberung Messeniens 9000). Die besiegten Landbewohner blie-
ben zum Theil im Besitz persönlicher Freiheit und im Eigenthum
am Grund und Boden (Periöken), unter Tributentrichtung und
Ausschluß von den staatsbürgerlichen Rechten. Für die Spartiaten war außerdem bezweckt möglichste Gleichheit und eine Art
Gemeinschaftlichkeit der fahrenden Habe unter Verbot der edlen
Metalle als Tauschmittel, so daß Handel und Gewerbe aus-
schließlich die Periöken betrieben. Ein anderer Theil der Besiegten verlor seine Feldmark an die Sieger, Heloten; sie durften
nicht getödtet oder außer Landes verkauft werden, sie bestellten
die Ländereien ihrer Herren gegen Abgabe eines Ertragstheils,
und begleiteten die Herren in den Krieg als Diener und Leicht-
bewaffnete. — In Athen ist alles freier. Man unterscheidet
(Hermann §. 113—118): die eigentlich Berechtigten, die aus
gesetzmäßiger Ehe von Athenern geborenen Vollbürger; die Neu-
bürger; in's Bürgerrecht aufgenommene Ausländer, die zu keiner

---

dictio bei Servius in Aeneid. 3, 89 [Bruns font. p 296]: est species
augurii, quae legum dictio appellatur: legum dictio autem est, cum
condictio (condicio?) ipsius augurii certa nuncupatione verborum dicitur,
quali condicione augurium peracturus sit; und die lex über die Besta-
linnen: Festus v. Probrum virginis Vestalis ut capite puniretur, vir,
qui eam incestavisset, verberibus necaretur, lex, fixa in atrio Libertatis, cum multis aliis legibus incendio consumpta est, ut ait M. Cato
in ea oratione, quae de auguribus inscribitur. Vgl. noch Festus v. sa-
cratae leges.

II.

19 Phratrie gehörten, aber wohl einer Phyle und einem Demos zu=
getheilt wurden; die ἰσοτελεῖς, um besonderer Verdienste willen
in allen privatrechtlichen Verhältnissen und pecuniären Leistungen
den wirklichen Bürgern gleichgestellt, ohne Zulassung zu den
eigentlich politischen Rechten. Daneben steht weiter: ganzen
Städten und Ländern, oder auch Einzelnen durch ausdrückliche
Verordnung gewährte Ehegenossenschaft, Eigenthumsrecht an atti=
schem Grund und Boden und andere bestimmte Rechte z. B. Zoll=
freiheit. Ferner bilden ein hervortretendes Glied der Gesammt=
heit die Metöken (Schutzverwandte oder Beisassen), deren im
Jahr 309: 10000 erwachsene Männer waren [die, freilich be=
zweifelte, Schätzung der Sklavenzahl geht bis gegen 400000;
Hermann §. 114 A. 5]. Diese Metöken galten als Ausländer,
konnten also kein Grundeigenthum erwerben, und mußten sich
einen Bürger als προστάτης wählen. Sie waren berechtigt zur
Betreibung aller bürgerlichen Gewerbe, wurden zum regulären
Kriegsdienst, zu den außerordentlichen Steuern und Leistungen
beigezogen, und waren auch zu allerlei erniedrigendem Gebrauche,
wie Hydriaphorie, verpflichtet. Außerhalb und doch noch wieder
an Athen geknüpft sind die πρόξενοι, an ausländischen Orten
ernannte Gastfreunde, zur Wahrung der athenischen Interessen,
mit den Privilegien die ein Ausländer und Nichtbürger in Athen
haben konnte.

Man sieht, der Grundgedanke ist: das Eigenthum am
Grund und Boden, das der Staat schützt, ist überwiegend für
die Vollbürger reservirt. Die ursprüngliche Landvertheilung wird
erst recht lediglich die Stammesgenossen in's Auge gefaßt haben,
die jetzt mit der Niederlassung einen festen staatlichen Boden er=
halten, auf dem der innere Frieden, gesetzliche Ordnung und
Schutz nach Außen gewonnen werden kann. So dunkel uns auch
die Grundsätze der ursprünglichen Landvertheilung sind, so deut=
lich zeigt uns doch die griechische Sprache, daß den Griechen der

Begriff der gesetzlichen Ordnung, der altherkömmlichen Sa=
tzung, aus der Vertheilung des Grund und Bodens erwachsen
ist. Das Gesetz ist ihnen im wahren Sinn des Wortes die „Grund=
ordnung" des Landeigenthums. Jene Wurzel *νεμ*, die im Ger=
manischen nur nach der Seite des Nehmens, *λαμβάνειν* hin,
nicht nach der Seite des Sichzutheilenlassens verwendet worden ist,
die bei den Italikern nur im Vertheilungsmaaßstab (numerus), in
den alten zutheilenden Stammfürsten, aber auch schon im zuge=
theilten nemus (der Waldweide) lebt, — sie hat im Griechischen
eine Verwendung gefunden, die uns das volle Spiegelbild der Ent=
wicklung der Begriffe giebt. Curtius 431 : *νέμω* theile aus, lasse
weiden, walte, *νέμομαι* lasse mir zutheilen, weide, habe inne,
νωμάω theile zu, handhabe, *νομή*, *νέμησις* Vertheilung, *νε-
μέτωρ* [= Numitor], *νομεύς* [= Numa] Vertheiler, *νέμεσις*
Unwille, Zorn über ein Uebermaaß, *νεμεσσάω*, *νεμεσίζομαι*
verdenke, zürne, *νόμος* Gesetz, Brauch, *νομίζω* habe im Ge=
brauch, *νόμισμα* Münze. — *νέμος* [jenes lateinische nemus]
Weidetrift, *Νεμέα*, *νομός* Weide, Wohnsitz.

Die Sprache lehrt uns hier ein gutes Stück Rechtsgeschichte;
νόμος steht auf gleicher Stufe mit numerus. Aber aus dem
„Theilungsmaaßstabe" ist den Griechen der Gesetzesbegriff er=
wachsen, den Italikern nicht.

§. 20. — B. Die Völkerentwicklung. Die Geschicke der 20
Völker gehen mit dem Einzuge in die verschiedenen Länder aus=
einander, ihr Charakter entwickelt sich selbständig, aber mit zä=
hem Conservatismus halten sie, wie ihr indogermanisches Blut
und ihre indogermanische Sprache die immer erkennbare Grund=
lage bleibt, so auch in der Rechtssitte und in ihren juristischen
Grundgedanken viel mehr Gemeinsames fest, als man dies heut=
zutage gewöhnlich ahnt. Aber sie tragen das Alte doch auf ganz
neuer Schaale. Es erwächst jedem der drei Völker, die ich hier
vorzugsweise in's Auge gefaßt habe, der Begriff des Gesetzes:

II.
20 bill, lex, *νόμος*. Erſt von da an, wo dieſer Begriff exiſtirt,
wo alſo die Geſammtheit nicht bloß im *evas*, mos traditionelle
Ueberzeugungen hegt, ſondern ſpontan einen die Einzelnen
bindenden Willen faßt und ſetzt, — erſt von da an beginnt der
Bau des eigentlichen Staatsorganismus. Nur durch Geſetz und
Staat kann ein Volk zu einer wirklich höheren Stufe der Cultur
und Geſittung emporſteigen. Merkwürdig hat ſich dieſes Empor=
ſteigen in umgekehrter Ordnung vollzogen. Die Germanen (und
Slaven), die vom Urvolk zuerſt abgezweigten, liegen Jahrtau=
ſende noch gleichſam im geiſtigen Winterſchlaf. Sie waren
mit zu wenig geiſtigem Capital ausgezogen, ſo haben ſie um ſo
längerer Zeit zum Emporringen bedurft. Sie mußten Griechen
und Römer lange überleben, ehe ſie deren geiſtige Erbſchaft an=
treten konnten. Von den Kelten und Gräco=Italikern iſt das
Keltiſche, gleich einem frühgeſtorbenen Kinde, nie zur Entfaltung
ſeiner Eigenart gekommen; dem italiſchen Weſen aber iſt im Rö=
merthum die Weltherrſchaft des Alterthums zugefallen. Die
Italiker waren der langſamer ſich entwickelnde Bruder; die Grie=
chen, die „am Treuſten das Alte des Urvolks bewahrt haben",
ſind am Erſten zu raſcher und unvergleichlicher Geiſtesblüthe em=
porgeſchoſſen, und des raſch alternden Volkes Erbſchaft hat der
in gemacherem Tempo vorſchreitende italiſche Bruder übernommen.

1) Was nun ſpeciell das Juriſtiſche, und in dieſem wieder
die Grundfrage des Vermögensrechts, das Eigenthum, betrifft,
ſo iſt die Entwicklung im germaniſchen und im italiſchen Strange,
— die ich fortan allein noch in's Auge faſſe, — eine ſehr ver=
ſchiedene geweſen. Ich habe gezeigt, daß die Sprache uns
in dem Urvolk nur erſt ein Eigenthum an beweglichen
Sachen aufweiſt. Germanen und Italiker haben nach dem
Völkereinzuge auf dieſer vorhandenen Baſis für die Geſtaltung des
Eigenthumsrechts an Grund und Boden in ganz entgegengeſetzter
Weiſe fortgebaut.

a) Die Germanen laſſen in der ſich fortziehenden Schei=
bung von fahrender Habe und Grundeigen den über=
kommenen Grundſtock des beweglichen Eigenthums („personal
fortune") im Weſentlichen unberührt. Das Grundeigen („real
fortune") geſtalten ſie ſo, daß man aus allen Punkten erſieht,
daß es erſt durch die geſammte Organiſation des Grundbeſitzes
ſeit dem Einzuge neugeſtaltet iſt. Beide ſind dem Germanen
ganz verſchiedene Dinge, die nur als „Habe" oder „Eigen" („fortune") zuſammengefaßt werden, rechtlich aber ſo auseinander=
liegen, daß der Germane gar kein gemeinſames Wort für „dominus" hat (ſ. oben §. 11 A. 3, §. 14 A. 3). In der juriſtiſchen
Regulirung der fahrenden Habe läßt man den, nur dem alten
Kampf entwachſenden, Rechtsſchutz in ſeiner Iſolirung für das
Urbominium, das „Zähmungsverhältniß" fortbeſtehen. Ganz in
der Weiſe alter Völker erſcheint bloß der Hauptpunkt rechtlich
geordnet, dem dann die Nebenfragen je nach Bedürfniß accom=
modirt werden. Die „Anefangsklage" bleibt in ihrer Formulirung
lebiglich auf das zahme Thier berechnet. Das Grundeigenthum
bagegen tritt im Germaniſchen von vorn herein in näherer Verbin=
bung mit der ſtaatlichen Organiſation, wie ſie ſich erſt
ſeit dem Einzuge gebildet hat, hervor. Liegende Habe ſteht nach
altſtrengem Recht nur den Freien zu, ſie kann nur feier=
lich auf Andere übergehen, kann nur von Männern ererbt
werden (Grimm S. 491). Alſo nur die fahrende Habe, die
auch Unfreien zuſtehen, auch unfeierlich auf Andere übergehen,
auch von Frauen ererbt werden kann, iſt gewiſſermaßen der all=
gemeine Eigenthumsbegriff. Liegende Habe iſt Ganzeigen
[al = totus, integer; od = bonum; alſo al - eigen = mere
proprium; Grimm S. 493. 494], fahrende Habe iſt Aller=
eigen.

Die Ordnung des Gerichts ſtützt ſich fortan ganz auf die neue
Organiſation in Mark, Gau und Landſchaft. Grimm S. 745:

II.

²⁰ „In der Volksversammlung (concilium) kamen alle öffentlichen Angelegenheiten der Mark, des Gaus und der Landschaft zur Sprache ... es bildeten die zusammenkommenden freien Männer den Kern des Gerichts." Sie versammeln sich an der in Mark, Gau, Landschaft herkömmlichen Stätte (Grimm S. 746); „im Freien ... Die Ansicht des Heidenthums verlangte zur Gerichts= haltung heilige Derter, an welchen Opfer gebracht, und Gottes= urtheile vorgenommen werden konnten" (S. 793). „Ohne Zweifel war die feierliche Vollbringung der Rechtsgeschäfte und Schlich= tung der Rechtshändel im Heidenthum mit Religionsgebräuchen verbunden ... Hierauf bezog sich ... die Beschaffenheit der mit Opfern und Eiden zusammenhängenden, unter priesterlichem Vorsitz gehaltenen alten Gerichte ... Dem Gerichte wurde Heiligkeit und ein besonderer Friede beigelegt" (S. 745). „Alle richtende Gewalt wurde von der Genossenschaft freier Männer unter dem Vorsitz eines erwählten oder erblichen Oberen ausge= übt. Nie konnte der Unfreie am Gericht eines Freien theilneh= men" (S. 749). „Bei allen Weisungen des versammelten Volks haben Alter und Herkommen die größte Bedeutung" (S. 772). — Dann später, die Umwandlung der Urtheilenden in ständige Be= amte, scabini (S. 775). „Der tuom, die Weisung des Rechts ging also entweder von der ganzen Gemeinde oder von erlesenen Gemeindegliedern aus" (S. 780), und „ursprünglich lag die Kraft des Urtheils und der Entscheidung in Händen der Genossen und Nachbarn" (S. 785).

²¹ §. 21. — b) Ganz anders der Entwicklungsgang bei den Italikern. Was Sache der animadversio ist, liegt wie bisher in den Händen dessen der eine potestas hat [des paterfamilias und des rex (viçpatis, §. 7 A. 6)]. Was unter den Begriff der poena zu bringen und dem Gebiet der vindicta zu entziehen sei, das ist in seinem Ausbau specifisch italische Schöpfung. Der Umkreis der Privatangelegenheiten im eng. S. liegt

nicht im Machtgebiet königlicher Entscheidung. Es beweist sich dies daraus, daß die Italiker für den durch die actio sacramenti zusammengehaltenen Kreis dieser Angelegenheiten die Bezeichnung der vindicta stets festgehalten haben. Aber an die Stelle von Kampf und Gottesurtheil war schon längst die „Composition" (das pacere oder die conventio) getreten, daß auf Grund des geschworenen Eides der von den Streitenden gewählte iudex die Streitsache zu entscheiden habe. So ist die Entwicklung bei Germanen und Italikern gerade entgegengesetzt. Dort wegen der „Unthaten" Substituirung der „Composition" an Stelle der Vindicta; hier wegen der Privatstreitsachen die componirende conventio der Parteien über den zu wählenden iudex. Während über diesen Privatstreit bei den Germanen die Gemeinde entscheidet, ist es für ihn italischer, aus der ursprünglichen Vindicta zu erklärender, Urrechtssatz: neminem esse iudicem nisi qui inter adversarios convenisset (§. 16 A. 6). So folgt denn auch ein ganz anderer juristischer Aufbau des „iudicium" im Gegensatz zu der unverändert „in iure" vorgenommenen Proceßeinleitung, es folgt ein ganz anderer Begriff der „res iudicata".

Indem aber bei den Italikern das Staatliche erstarkt, entwickelt sich immer deutlicher der Begriff eines eigenthümlich für diesen Volkskreis abgeschlossenen Nationalrechts, welches dem Volksgenossen besonderen Schutz gewährt, aber auch die Gewährung seines Schutzes unter besonders strenge Anforderungen stellt. Es spricht sich dies strictnationale Element, das bestimmt war lange Jahrhunderte hindurch die Rechtsentwicklung vollständig zu beherrschen, für die actio sacramenti darin aus, daß die Behauptung: aio rem meam esse mit der Berufungsclausel auf das nationale Recht versehen wird. In unseren historischen Quellen lautet die Clausel: (aio rem meam esse) ex iure Quiritium (Gai. IV. 16); früher mag sie rein ramnitisch: „ex iure Romano" (fr. 1 §. 2 de rei vind. 6. 1; §. 15 A. 2)

II.
21 gelautet haben; noch früher mag man „ex iure priscorum Latinorum" (Liv. I. 32) gesagt haben.

Die wichtigste Weiterentwicklung für die sacramenti actio lag darin, daß der Begriff des „Zähmungsverhältnisses" (dominium) durch die nach dem numerus duodenarius vorgenommenen Landvertheilungen nicht mehr bloß für die zwei Jugeren heredium, sondern für große Massen von Grundeigenthum zur Verwendung gebracht wurde. In seinem eigenen Haus und Garten schützt der manutenirende herus sich schon selbst mit seinen Waffen; darüber kommen in solchen alten Zeiten wohl am Seltensten Processe vor. Aber für andere vielleicht weitab liegende Eigenthums= grundstücke wird der Rechtsschutz durch Eigenthumsklage gerade so nöthig, wie für die frei umgehenden Hausthiere und Sklaven. So wurde die Ausdehnung der actio sacramenti: aio rem meam esse auf die nicht in's ius transportabelen Eigenthumssachen zur Nothwendigkeit. Diese Ausdehnung (Gai. IV. 17) auf Grundstücke (von Säulen wird in jener Zeit noch nicht geredet worden sein) hatte bereits eine Brücke. Von der Vindication des einzelnen Hausthiers oder Sklaven war man zur Vindicabilität einer Heerde gelangt, indem: ex grege vel una ovis aut capra in ius adducebatur. Nachdem die La= tiner angefangen hatten Schiffe zu bauen, und nachdem also auch für diese das Bedürfniß der Vindicabilität eingetreten war, nahm man vom Schiff ein Stückchen in's ius. So war der Weg gebahnt, daß, — als man erst Privatgrundeigenthum hatte, für das sich das Bedürfniß der Vindicabilität bildete, — man eine pars de fundo, de aedibus, und auch [seitdem sich der Be= griff der Universalsuccession erst völlig mit Hülfe der Sacra ab= geklärt hatte; §. 7 A. 14] de hereditate in's ius nahm, und an diesem Stück die Durchführung der Vindication für gültig an= erkannt wurde. Diese allmälige Ausdehnung der actio sa= cramenti ist von der höchsten historischen Wichtigkeit und Beweis=

fraft. Solches ausdehnende Weiterschreiten geschieht im hohen
Alterthum nicht nach irgend einer über den Dingen stehenden be=
grifflichen Speculation, sondern lediglich nach der zwingenden
Wirklichkeit der bestehenden Verhältnisse. Hätte es schon von
Anfang an ein Eigenthum am Grund und Boden gegeben, so
würde, als sich für dieses ein staatlicher Rechtsschutz entwickelte,
der Rechtsschutz gleich in der für Grundstücke geeigneten Gestalt
construirt sein. Indem die italische Eigenthumsklage als zunächst
auf Vieh und Sklaven berechnete „Apprehensionsklage" auftritt, so
ist das ein Beweis, daß in der Zeit ihrer Entstehung es nur ein für
die Vindication practisch wichtiges Eigenthum an Vieh und Sklaven
(und anderem beweglichen Hausgut) gab. — Wir haben also für
den Satz, daß die indogermanischen Völker ursprünglich nur ein
Eigenthum an beweglichen Sachen gekannt haben, einen doppelten
Beweis von den entgegengesetzten Polen aus: den einen aus den
Urworten dominium und herus; den anderen rückwärts aus der
italischen Eigenthumsklage, die ursprünglich nur auf transpor=
table („anfaßbare", „apprehenbirbare") Sachen gerichtet war.

§. 22. Dieser selbe Beweis ergiebt sich auch noch aus 22
einem anderen wichtigen Punkte. Ich habe oben ausgeführt, daß
der Kauf in den Zeiten des Urvolks als Realkauf zu denken ist,
und zwar nach zwei Seiten hin: schon von den ältesten Zeiten
her als internationaler Kauf mit fremden Händlern [auch in
Italien, wo wir von den ältesten Zeiten her fremden Gold=
schmuck, Glas, Bernstein, Salben, Purpur, Elfenbein, Weih=
rauch erwähnt finden (Mo. S. 196), können diese peregrinen
Händler nie gefehlt haben], und als formloser Realkauf unter den
Stammgenossen. Es ist schon oben bemerkt worden, daß den
Begriff des Kaufpreises bereits das Urvolk kannte (vasnas
— ὧνος — venum, vgl. §. 10), wenn ihm gleich noch nicht das
Erz bekannt war, also wir doch wohl als diesen Kaufpreis zu=
nächst nur das gegengetauschte currente Vieh (Rind, Schaaf) an=

²² zufehen haben. Die Gestaltung, daß der Preis zugewogenes Erz (aes rude) ist, kann erst eingetreten sein, nachdem die Italifer eingezogen waren. Hierbei stellt sich der Realfauf beweglicher Sachen von selbst so: der Käufer soll die Sache zu Eigenthum trabirt erhalten [das Eigenthum, herus-sein, beginnt, indem man die dargereichte Sache mit der Hand, hir, an sich nimmt: mancipatio], und gleichzeitig dem Verkäufer den Erz-Preis, dessen Richtigkeit durch das Abwägen constatirt wird, aushändigen. Also die mancipatio ist ursprünglich keine Form oder Sollennität, sondern der wirkliche Realfauf. Aber seitdem das italische Volf in die Periode der schärferen Ausprägung des strict-nationalen Elements eintrat, konnte es nicht fehlen, daß dies auf den unter den Stammgenossen vorgenommenen Realfauf wichtigerer Sachen bestimmend einwirfte. Es wurde eine gewisse juristische Sollennisirung des Geschäfts nöthig oder wünschenswerth. Der Käufer mußte eine genaue Wortformel sprechen, die von vorn herein documentirte ¹), daß es sich hier um dasselbe nationale Eigenthum handle, welches in der actio sacramenti besonderen nationalrechtlichen Schutz gewonnen hatte. Also er mußte, identisch mit der altherfömmlichen Klagformel, sagen: nach unserem Nationalrecht [„ex iure priscorum Latinorum"?] hunc ego hominem meum esse aio (Gai. I. 119). Das Abwägen des in praesenti gegengeleisteten Erzes mußte in

---

1) Die (natürlich nicht zufällige) Jdentität der Mancipationsformel-worte aio rem meam esse mit denen der actio sacramenti hat offenbar die Bedeutung, daß damit für eine spätere Vindication die Jdentität des damals erworbenen und jetzt vindicirten Rechts constatirt wird. Das aber würde seinen Zweck gar nicht voll erreicht haben, wenn nicht bei der Mancipation Zeugen vorhanden waren, die den früheren Erwerb hinterdrein bei der Vindication documentiren fonnten. Der practische Zusammenhang fordert also, daß man sich das Auffommen des strictnationalen Sollenni-tätsactes der Mancipation von Anfang an als ein mit Zeugen verbundenes zu denfen hat.

der Formel ebenfalls repräsentirt sein (isque mihi emptus est hoc aere aeneaque libra). Und dieser Willensact wurde durch Zeugenzuziehung für die Stammgenossen und für eine spätere etwaige actio sacramenti gemeinkundig gemacht. — Das ist die Mancipation als altlatinisch=nationalrechtlicher Sollennitätsact.

Zunächst freilich scheint dies lediglich als Vermuthung dazu= stehen [2]). Aber es giebt doch weitere Beweismomente, die sich dann ergeben, wenn man jenes Mommsen'sche „seit" mobificirt. Nachdem das altlatinische Volk das Erz hat kennen lernen und durch Wägen als Geld verwendet hat, kann man nicht gleich die Gesammtheit der altlatinischen Bauernschaft als mit genügender Quantität dieses Geldes durchsättigt annehmen. Man vergleiche die Zustände der altdeutschen Bauern (§. 10 A. 1. 2. 8), wo dies Eindringen des Geldes die größten Schwierigkeiten hatte; man denke nur an die Zustände unserer Bauern vor 400 Jahren, wo in deren Hand kaum ein Geldstück kam. Noch viel mehr ist es bei den altlatinischen Bauern begreiflich, daß lange Zeiten hindurch, — wo Vermögende und Vornehme bereits das Erz kennen, besitzen, und, es abwägend, damit kaufen, — in der Masse des Bauernvolkes der reine Tauschzustand bleibt. Die beiden Perioden, wie ich sie in meiner Mancip. u. Trad. (1865) S. 54 Nr. 1 u. 2 als die Periode des Tausches und des aes rude bezeichnete, stehen sich also allerdings als Aelteres und Späteres gegenüber, sind aber vielleicht Jahrhunderte lang als neben ein=

---

2) Mommsen hat es bereits in der ersten Auflage seiner römischen Geschichte ausgesprochen (1854) 1. S. 105: „Seit das Kupfer anstatt der Schafe und Rinder der regelmäßige Werthmesser geworden war, bestand die Form des Kaufs also darin, daß der Käufer dem Verkäufer die festge= setzten Kupferpfunde vor Zeugen auf der Wage zuwiegt und dieser ihm gleichzeitig die gekaufte Sache in die Hand giebt (mancipare)"; vgl. noch das. S. 107. — [6. Aufl. S. 151 A. *.]

II.

22 anber hergehend zu benten, so daß auch die Rechtsbestimmungen über Multa und Sponsionen um der Volksmasse willen lediglich beim „Vermögen" des Bauern, der pecunia: Rind und Schaaf verharren mußten. In diesen früheren Jahrhunderten der alt: lateinischen Zeit muß die mancipatio entstanden sein. Man kannte schon das Erz, aber man besaß es nur in engeren Kreisen. Es gab kein Grundeigenthum außer den zwei Jugeren heredium. Das zu verkaufen konnte wohl bei der Geschlossenheit der Fami: lien nur schwer einem Hausherrn einfallen dürfen; erschien es vom Standpunkt der Familie aus zu billigen, so bestand dafür die in iure cessio vor dem rex oder Priester [3]. — Mithin ein Kaufen unter Gegenwägen von aes rude gegen zu empfangendes Grundeigenthum war noch gar kein Bedürfniß. In solcher Zeit muß sich die Construction der mancipatio als eines strictnatio: nalen Rechtsactes gebildet haben. Die mancipatio setzt in ihrem ursprünglichen Bau **eine bewegliche Sache voraus** [4], welche **manu** capirt werden kann. Also es muß etwas reell Greifbares und etwas mit der Hand Greifbares [serviles personae, animalia, quae mancipi sunt: boves, equi, muli, asini] gewesen sein, dem gegenüber sich diese Rechtsform überhaupt entwickeln konnte. Wären Grundstücke gleich Anfangs mit in Betracht gekommen, so würde sich die Form eben anders entwickelt haben. Also die praedia tam urbana quam rustica (Gai. I. 120) können erst später mit unter die schon bestehende Mancipa: tion aufgenommen worden sein, d. h. wir können diese Ausdeh:

---

3) §. 15 A. 4.

4) Dies weist also darauf zurück, daß (wenn auch hier schon das here-dium existirte) der Gegenstand der mancipatio noch mit dem alten Um-fange des dominium zusammentrifft. (Vgl. auch Mommsen R. G. 6. Aufl. S. 184.) — Danach konnte man denn auch einfach die außer dem heredium besessenen Grundstücke nach der „Nichtmancipation" charakterisiren: agri qui non mancipatione sed usu tenebantur; Festus v. possessiones.

nung erſt von der oben beſprochenen zweiten altlatiniſchen Periode datiren (§. 18), als nach dem Duodecimalſyſtem eine große
Aſſignation von Grund und Boden zu Privateigenthum ſtatt
gefunden hatte. — Das Geſagte findet noch eine beſondere Beſtätigung in ein-
gehenderer Betrachtung der Objecte auf die ſich die Mancipation
bezieht, der vielbeſprochenen res mancipi. Ich ſagte vorher:
Gegenſtand der Mancipation waren die wichtigeren Sachen.
Sicherlich iſt ſtets der Kleinverkehr, ſo gut wie der internationale
Realkauf, formloſes reelles Sachleiſten gegen reelles Abwägen
des aes rude oder auch Handgewichtsſchätzung der currenten Erz-
ſtücke geweſen. Alſo die Mancipation als altlatiniſch-ſtrictnatio-
naler ſollenner Rechtsact [Abwägen des aes rude, unter Aus-
ſpruch der ſollennen Worte aio rem meam esse, cet., vor Zeu-
gen] iſt nur auf die wichtigeren Sachen des damals (abgeſehen
vom heredium) aus „familia pecuniaque“ (§. 18 A. 7) beſtehenden Vermögens gerichtet geweſen. Wenn nun aber damals
in Betreff der familia pecuniaque noch die Anſchauung eine
lebendige war, daß das Eigenthum das Zähmungsverhältniß ſei, ſo iſt es gar nicht anders denkbar, als daß ſich die Feſtſtellung derjenigen Sachen, die res mancipi ſein ſollten, an die
bei ihnen beſtehende Zähmungsweiſe knüpfen mußte.

Hiefür haben wir in der That noch die ſtets im Alterthum
fortgetragenen Beweiſe. Res mancipi ſind zunächſt alle Sklaven
(die familia), die ja ſchon im Wort ſich allgemein als die
„Gebändigten“ darſtellen (§. 9 A. 6). Von den übrigen beweglichen Sachen, insbeſondere den Hausthieren, gehören zu den
res mancipi nur diejenigen, bei denen die Zähmungsweiſe eine,
der Wichtigkeit dieſer Sachen entſprechende, ganz eigenartige iſt.
Hunde, Katzen, Hühner, Gänſe u. ſ. w. gewöhnt der Menſch
an ſich gleichſam perſönlich, er pflegt ſie in ſeiner umfriedeten
Behauſung viel näher an ſich zu ziehen. Dagegen Rind, Pferd,

II.

22 Efel, Maulthier find ihm felbſtänbige Gehülfen ber Arbeit, bie immerfort beſonbere, bem Körper beß Thierß angepaßte, Vor: richtungen für baß Bewahren ber Zähmung nöthig machen. Solche Gegenſätze in ber Stellung beß Menſchen zu ben Hauß: thieren verſchwinben nach unſeren jetzigen Verhältniſſen faſt für unſer Auge; für baß Auge ber Menſchen im frühen Alterthum find ſie von ber außerorbentlichſten Wichtigteit. So ſagt benn ber Altitaliter, inbem er fein Großvieh nach ber Art bezeichnet wie er eß zähmt (Ulp. 19. 1): mancipi res sunt . . . servi et quadrupedes quae collo dorsove domantur, velut boves muli equi asini — ceterae res nec mancipi sunt (Gai. I. 120). Aber baß iſt nicht abſtract:begrifflich gemeint, ſonbern bezeichnet bieſe bem Italiter betannten Großvieharten nach ber babei verwenbeten Zähmungsweiſe [5]). So tam bie altitaliſch: trabitionelle Feſtſtellung ber res mancipi ſchon in Conflict mit ben geänberten Verhältniſſen alß man Elephanten unb Kameele tennen lernte, unb man beantwortete bie neuentſtehenbe Frage bann auch in verſchiebener Weiſe: Ulp. l. c.: elefanti et cameli quamvis collo dorsove domentur nec mancipi sunt quo- niam bestiarum numero sunt (Gai. II. 16); Isidor. l. c.: nam et ea quae in bestiarum numero sunt tunc videntur mancipium esse, quando capi sive domari coeperunt. Aber, lange vor bem Kennenlernen ber Elephanten unb Kameele, muß ben Italiter ſchon eine anbere zweifelhafte Frage beſchäftigt haben. Dominium iſt ja an ſich Domirtſein. Will man nun do- minium burch Mancipation erwerben, ſo iſt baß: ea res est mihi empta [b. h. ich nehme ſie mir; „capio"; vgl. §. 23 A. 4] ganz reell gemeint. Der Erwerber erfaßt ſie unb nimmt

---

5) Res mancipi ober mancipium bebeutet an ſich nur: ein ber Zäh- mung unb alſo Manucapirung Zugängliches. Isid. Or. IX. 4 §. 45: man- cipium quidquid manu capi subdique potest, ut homo equus ovis [Danz R. G. I. S. 208 bemertt richtig: „wohl boves"].

sie mit. Aber um das zu können muß sie c o n c r e t = z a h m, also sie muß domirt sein. Wie nun aber bei einem, wohl von einem domirten Thiere abstammenden, aber selbst noch nicht do= mirten Thiere, das sich gar nicht ruhig nehmen („capi") läßt? Ist es nicht ein Widerspruch, daß Einer sagt: capio hanc rem, wenn der Augenschein lehrt, daß sie noch nicht domita ist? Kann also hier eine Mancipation vorgenommen werden? — Unsere Quellen berichten von einer noch in die classische Zeit fortgetra= genen Controverse, die aber ihrem eigentlichen Sinne nach, d. h. als eine wirklich ernstes Bedenken in sich fassende, einer Zeit angehören muß, wo die Anschauung: dominium = Domirtsein eine noch lebendige war: Gai. II. 15: item . . statim ut nata sunt mancipi esse putant; Nerva vero, Proculus et ceteri diversae scholae auctores n o n a l i t e r ea mancipi esse putant q u a m s i d o m i t a s u n t, et s i propter nimiam feritatem d o m a r i n o n p o s s u n t, tunc videri mancipi ..; Isidor. l. c.: haec enim animalia statim ut nata sunt mancipium esse putantur.

Wir mögen hier vor der ältesten juristischen Controverse stehen. Die Frage: gehört zur Möglichkeit, durch Mancipation das Eigenthum zu erwerben, das concrete Zahmsein des Thiers? — kann lange als theoretischer Streit fortgetragen sein, aber u m z u e n t s t e h e n fordert sie die Luft der ersten Periode der altitali= schen Zeit. Sie ist eine Frage ähnlich der, die uns oben als eine auch uralte aus dem deutschen Recht entgegengetreten ist (vgl. §. 12 A. 5), wonach bei der Anefangsklage es gefordert wurde, daß das Hausvieh sich dem Kläger als concret=zahm erwies.

Zeigt uns das Bisherige deutlich, daß es aus einer Zeit stammt, wo mit Demjenigen Ernst gemacht wurde, was im Wort manu capere liegt, — also aus der Zeit, wo das Eigen= thum, als Begriff des Domirtseins, sich auch in der Handlung als manu [also bewegliche Sache] capirbar [also zahm] darstellen

II.

22 mußte — so verhält es sich mit den anderen Sachen, die zu den res mancipi gehören, gerade umgekehrt. Grundstücke und servitutes praediorum rusticorum können erst in den Kreis der res mancipi aufgenommen sein, seit (abgesehen vom heredium) durch die Aecerassignationen nach dem numerus duodenarius diese Gegenstände in den Kreis des dominium recipirt worden waren, seitdem also der ursprüngliche Sinn des Worts: dominium = Domirtsein allmälig den Italikern entschwinden mußte; Gai. I 120: item praedia tam urbana quam rustica, quae et ipsa mancipi sunt, qualia sunt Italica, eodem modo solent mancipari; II 17: nec mancipi sunt, exceptis servitutibus praediorum rusticorum [in Italico solo, quae mancipi] sunt, quamvis sint in numero rerum incorporalium; Ulp. 19. 1: mancipi res sunt praedia in Italico solo, tam rustica qualis est fundus, quam urbana qualis domus: item iura praediorum rusticorum velut via iter actus aquaeductus. Das „Italische" Gebiet muß erst Zusatz der historischen Zeit sein; früher muß das engere staatliche oder nationale Gebiet, in dem auch die strictnationale actio sacramenti Geltung hatte, die Grenze gebildet haben. Aber in dieser Beschränkung weist gerade die Verbindung der Grundstücke mit den unkörperlichen (also gar nicht mit der Hand capirbaren) Prädialservituten darauf hin, daß man hier eine Bestimmung aus der zweiten Periode der altlatinischen Zeit vor sich hat. Durch die Aecerassignationen war es eine practische Nothwendigkeit geworden, für die vielen nun auch in Veräußerungsverkehr tretenden Eigenthumsgrundstücke, zusammen mit jenen für sie so unentbehrlichen ländlichen Gerechtigkeiten, eine — im Gegensatz zur in iure cessio — bequeme Erwerbsart herzustellen.

So sind die res mancipi: „ein Bild ihrer Geschichte". Die vielen Versuche, sie aus einem zu ermittelnden einheitlichen Gedanken zu erklären, richten sich auf ein Ziel, das nicht existirt.

§. 23. Aus der altlatinischen Zeit ist die Mancipation in die specifisch=römische [die wir ja herkömmlich als die tech= nisch „civilrechtliche" bezeichnen] herübergenommen worden. Ich habe diese Zeit in der oben citirten Schrift zum Gegenstande genauerer Untersuchung gemacht; bin aber genöthigt, nach dem darüber und dagegen neuerdings Gesagten, die Hauptpunkte mei= ner Schrift hier nochmals genau zusammenzustellen.

Ich habe erklärt, daß ich die früheren Zeiten des reinen Tauschverkehrs und des aes rude, die Zeiten vor Servius, von meiner Untersuchung ausschließe (S. 130). Ich beginne die Be= trachtung mit der Servianischen Verfassung [1]), der Periode des aes signatum (55), auf die dann mit den 12 Taf. die Periode des aes grave folgt (56). Ich constatire (131), daß mit der Servianischen Einführung des aes signatum die äußere Gestaltung des vor den fünf Servianischen Volks= zeugen ausgeführten Rechtsactes der Mancipation coincidirt, und daß in der Zeit des aes signatum (von Servius bis zu den 12 Taf.) der wirkliche Kaufpreis neben der Mancipation zuge= wogen wurde, dagegen die reelle Preiszahlung nicht mehr Bestandtheil des Mancipationsactes war.

Also ich bestimme mir genau die Gränze, von der aus ich beginne: es ist der Punkt, wo unter Herrschaft des aes signa= tum es Stück des Mancipationsactes geworden war, daß der: aes (das raudusculum) tenens aere percutit libram idque aes dat ei a quo mancipio accipit (Gai. I 119). Diese im sollennen Uebergeben des Raudusculum ausgeprägte Gestalt der römischen Mancipation bezeichne ich [im Gegensatz zu den altlatinischen Zuständen, die ich bei Seite schiebe] als denje= nigen „mit civilrechtlicher Autorität bekleideten juristisch fixir= ten Rechtsact", der, in dem entscheidenden Punkte des pretii

---

1) Vgl. auch Mommsen R. G. (6. Aufl.) S. 151 A. *.

II.

23 loco Gebens bis Gaius hin unverändert, nach Maaßgabe unſe=
rer Quellen geprüft werden ſoll (130) ²). Die geſammte Rich=
tung meiner Deduction geht gegen die damals herrſchende Auf=
faſſung, daß die Mancipation „lediglich als eine Eigenthums=
übertragung, die den Charakter einer künſtlichen Schöpfung an
ſich trage", aufzufaſſen ſei (187. 188). Ich will demgegenüber
nachweiſen, daß die Mancipation in natürlicher Weiſe aus dem
Kauf herausgewachſen ſei. Ich unterſcheide zwei Perioden:

α) Die Zeit der emptio quae mancipii est d. h. die Ge=
ſtaltung, die „bei den Römern unter mancipatio ſchlechtweg,
als der auf Grundlage eines wirklichen Verkaufs vor=
genommenen Mancipation verſtanden wird"; wonach man alſo
geradezu ſagte „ich habe für 205 (den wirklichen Kaufpreis)
mancipio empfangen" (159) ³), und wonach die Zeugen noch in
ſpäten Zeiten die richtige Zahlung des wirklichen Kaufpreiſes in
der Mancipationsurkunde atteſtiren (147). Das Weſen dieſer
Mancipation bezeichnet Gaius als „imaginaria venditio" (130
A. 2), und dies erkläre ich ſo: „So wie zunächſt die imago des
aes mit dem wirklichen alten Pretium [in der Zeit des aes signa-
tum] zuſammenhängt, indem der Eigenthumsübergang außer
dem Mancipationsacte die wirkliche Leiſtung [gleichviel

---

2) Es ſtehen ſich alſo gegenüber als die zwei ſich aneinander ſchließen=
den Phaſen: die altlatiniſche Mancipation [in gewiſſe ſtrictnationale
Rechtsformen und Sollennitäten gefaßter Realkauf der wichtigſten Sachen
vor (wir wiſſen nicht wieviel) Zeugen: reales Sachnehmen unter realem
Abwägen und Leiſten des wirklichen Preiſes in aes rude] und die ſpeci=
fiſch=römiſche Mancipation [der mit civilrechtlicher Autorität bekleidete,
in der eigenthümlichen juriſtiſchen Fixirung auf das dare des raudusculum
pretii loco ſo eigenartig in den römiſchen Quellen uns entgegentretende
Rechtsact].

3) Ebenſo wie man ſagte „mancipio accepi de Dasio . . . denariis
CCV", konnte natürlich der Dasius auch ſagen: „mancipio dedi denariis CCV"; ſ. unten §. 24 A. 2.

einstweilen ob vorgängige oder nachfolgende] voraussetzt, so ist
der Rechtssatz auch unter den veränderten Verhältnissen geblie=
ben" (142). Ich rüge an der Huschke'schen Auffassung, daß in
dessen „Darstellung die gar nicht erwähnte reelle Geldzahlung zu
sehr zurücktritt, indem doch das imaginäre aes dare, als die
civilrechtliche Form, die eigenthumsübertragende Kraft an
sich und ursprünglich auf Grundlage des reell geleisteten pretium
hat" (143, 144). Im Genaueren führe ich aus, daß nach dem
Grundgedanken der Mancipation die wirkliche Preiszahlung als
vorher reell erfolgt oder durch Preiscreditirung ersetzt betrachtet
werden müsse, mithin in der Empfangnahme des Raubusculum
die Bedeutung einer imaginären Quitirung liege (145 ff.); daß
aber allerdings feinere Fälle herauszubringen seien, wo gültige
Preiszahlung oder =Creditirung nicht vorlag, und wo dann un=
erbittlich wieder der Satz zur Anwendung kam: der Eigenthums=
übergang trete erst ein, wenn nach geschehener Mancipation die
Preiszahlung oder =Creditirung nachgefolgt sei. Welche Bedeu=
tung hat also diese auf Grund eines wirklichen Kaufs vorgenom=
mene Mancipation? Einfach die: „daß (156) der Mancipant,
indem er das aes annimmt und den Geber damit officiell liberirt,
zugleich stillschweigend consentirt daß sein Recht an
der Sache auf den Erwerber herüberfließe. Also das
gerere per aes et libram ist Versinnlichung zweier ideell=juri=
stischer Acte, des Quitirens in Betreff des Preises und der
Transmanation des Eigenthums". Aber wie der ur=
sprüngliche Status der Mancipation (so wie sie als römisch=civil=
rechtlicher, juristisch firirter Rechtsact mit dare des raudusculum vor uns liegt) nach der Seite der Preisquitirung hin all=
mälig durchlöchert worden ist — indem sich auch Fälle entwickelt
haben, in denen noch nach dem Mancipationsacte Preiszahlung
oder =Creditirung nöthig wird (s. vorher), so ist ihr anfänglicher
Status auch noch nach einer anderen Seite hin unterwühlt wor=

II.
23 ben (137—140). Anfänglich iſt die civilrechtliche Mancipation
als mit der Beſitzerlangung der Sache verbunden zu denken. In
Betreff der beweglichen Sache iſt ſie das capere (aber das kann
auch ſchon allmälig abſchwächend bloß als Berühren verwendet
ſein, ſo daß man nach dem Mancipationsacte dem Veräußerer
den Sachbeſitz doch ließ); in Betreff der unbeweglichen Sachen
iſt nicht anzunehmen, daß die Herüberziehung der Mancipation
auf ſie gleich ohne Erforderniß der Anweſenheit eingetreten wäre,
vielmehr iſt [da der Beſtand der Mancipation für unbewegliche
Sachen ſchon in der ganzen zweiten Periode der altlatiniſchen
Zeit angenommen werden muß] vorauszuſetzen, daß in der älteren römiſch-civilrechtlichen Zeit Grundſtücksmancipationen nur in
Anweſenheit auf der Sache vorgenommen wurden, und man erſt
ſpäter ſich gewöhnte ſie auch in Abweſenheit zu mancipiren (praedia vero in absentia solent mancipari).

Dagegen in einem und zwar dem Hauptpunkt iſt die emptio
quae mancipii est in ihrer ganzen römiſch-civilrechtlichen Lebenszeit nie veränbert worden. Das iſt in Betreff jener „Transmanation des Eigenthums‟. Indem der Veräußernde, nach der
Behauptung des Erwerbers: „dies iſt meine Sache und ich
nehme ſie mir[4]) durch dies Erz und Wage‟, das nach Anſchlagen
an die Wage ihm dargereichte aes ſtillſchweigend acceptirt, ſo iſt
damit abſolut ſicher (freilich nicht mehr der Zeitpunkt der
Transmanation — da die Quitirungsbedeutung durchlöchert iſt,
wohl aber) der kaufmäßige animus transferendi et

---

4) Fest. v. emere, quod nunc est mercari, antiqui accipiebant pro
sumere. Das emere hat alſo die Bedeutung des capere (manu d. h.
zum herus-ſein), woher denn eben der Name mancipatio. Vgl. auch
Isid. Or. IX. 4 §. 45 (oben §. 22): quidquid manu capi subdique potest. — Der römiſch herkömmliche Ausdruck: emptio (et) venditio bedeutet urſprünglich: „das Nehmen (est mihi empta) auf Grund des Ver-
kaufens alſo Preisbezahlens‟ (hoc aere aeneaque libra).

accipiendi dominii festgestellt. Also die Mancipation ist civilistische Perfection des zugleich materiell vorgenommenen Kauf= geschäfts behufs der Transmanation des Eigenthums (157). Das aes wird noch in der späteren Zeit der nummus usualis domi= nicus genannt d. h. das Kennzeichen der Eigenthums= übertragung (179), Geben und Nehmen des as, unter der Erklärung des Gebers „dies ist meine Sache", ist die Willens= erklärung kaufmäßiger Eigenthumsübertragung. „Mancipation ist die Perfection des Kaufgeschäfts, wir können Kauf und Mancipation nur als die materielle und formale Seite eines ein= zigen Geschäftes (der emptio quae mancipii est) betrachten; der Grundgedanke der Mancipation ist die natürliche durch den Verkehr so nahe gelegte Idee, daß man für das wichtige Kauf= geschäft einen formell genau constatirten Perfectionsmoment ge= winnen wollte" (191). Man muß eben nur im Auge haben, daß für die altrömische Zeit, in der die Mancipation dieser im dare des raudusculum civilrechtlich firirte Rechtsact geworden ist, noch ganz die, Peregrinen wie Einheimischen gegenüber gel= tende, Anschauung besteht: Kauf ist Realkauf (der Consen= sualcontract auf gegenseitige Leistung in seiner späteren Rechts= geltung existirte ja noch gar nicht). Also civilrechtliche Per= fection des Kaufes heißt: durch dies imaginäre aes dare und accipere bekunden Erwerber und Veräußerer, daß [einerseits es mit der Preiszahlung seine Richtigkeit hat: „Valuta erhalten"[5]) (das ist dann später durchlöchert); und anderseits] das Eigenthum

---

[5] Diesen früheren Standpunkt bezeichne ich mit den Worten S. 194: „juristische Perfection des materiellen Kaufgeschäfts, als einen Act der die juristische Quelle und der Entstehungsmoment der einzelnen Kaufeswirkun= gen (Eigenthumsübertragung, Klage wegen Gewähr) sein wollte, aber diese Wirkung dann auch als bloße Perfection des materiellen Geschäfts nur ha= ben konnte, wenn der Kauf materiell durch die Preis-Zahlung oder -Cre= bitirung seine Erledigung gefunden hatte".

II.

23 an der Sache [anfangs auch der Besitz — das ist dann eben=
falls durchlöchert worden] auf den Erwerber herüberfließt. „Die
Mancipation hat nach der käuferischen Seite hin in Be=
treff der Preiszahlung (oder Creditirung) das Moment, daß sie
juristische Perfection des materiellen Actes ist, stets festgehalten,
es ist immer dabei geblieben, daß das imaginäre aes dare für
den Käufer der eigentliche Entstehungsgrund des
Eigenthums an der gekauften Sache ist (also wirk=
liches Preiszahlen hat diese Kraft nicht), daß aber andererseits
jene juristische Quelle des Eigenthumserwerbes ihre Kraft nur
haben kann auf Grundlage der factischen Wirklichkeit, welche sie
juristisch vollendet (also ohne wirkliches Preis=Zahlen oder Credi=
tiren hat sie diese Kraft nicht") (195).

Sieht man hiernach ab von dem, was an der römischen
Mancipation allmälig durchlöchert worden ist, so bleibt übrig:
sie war die civilrechtliche Eigenthumsübertragung auf Grund der
Kaufes=causa, oder kurz: kaufmäßiger Eigenthumsan=
tritt unter stillschweigender Connivenz des Mancipanten. Und
in dieser Gestalt hat die emptio quae mancipii est im römischen
Rechtsleben, dem das absterbende uralte Institut der in iure
cessio unbequem[6]) war (Gai. II 25), eine außerordentliche Be=
deutung gehabt. In dieser Gestalt ist sie aber etwas völlig An=
deres, als man nach jenen Ansichten, gegen die ich meine Schrift
gerichtet habe, annahm, wonach man in ihr eine ohne Kaufes=
causa verwendbare Eigenthumsübertragung suchte.

---

6) Man muß bedenken, daß die Unbequemlichkeit [Gai. II 25:
fere semper maucipationibus utimur: quod enim ipsi per nos praesenti-
bus amicis agere possumus, hoc non est necesse cum maiore diffi-
cultate apud praetorem aut apud praesidem provinciae quaerere] nicht
bloß in dem Hingehen zum Prätor lag, sondern namentlich auch in ihrer
Vollziehbarkeit lediglich an einem dies fastus, da das fari „addico" da=
bei nöthig war; vgl. §. 16 A. 3 [Festus v. fastis; Varro LL. VI. 29. 30];
§. 33 A. 5.

Ich habe hiemit gezeigt, daß die emptio quae mancipii est ²³
im römischen Rechtsleben selbst schon einer allmäligen Umwand=
lung unterworfen gewesen ist, so daß schließlich nur die Bedeu=
tung: civilrechtliche kaufmäßige Eigenthumsübertragung (von res
mancipi) übrig blieb. Ich gehe nun zum Anfang dieser römisch=
civilrechtlichen emptio quae mancipii est zurück. Ich datire
diesen von Servius d. h. von dem Beginne der Periode des
aes signatum und vom Bestehen der fünf Servianischen Volks=
zeugen bei der Mancipation. Von da an ist das charakteristische
Merkmal der römisch=civilrechtlichen Mancipation, das imaginäre
(pretii loco) aes dare, ihr Bestandtheil. Daß Servius dies
Merkmal ihr eingefügt habe, behaupte ich nicht; ich lasse es dahin
gestellt, da der verwirrende Mythus der vorservianischen römi=
schen Zeiten auch nur wahrscheinliche Behauptungen unmöglich
macht ⁷). Genug die römisch=civilrechtliche Mancipation ist die
ein imaginäres aes dare enthaltende, und unterscheidet sich da=
mit vollständig von der oben besprochenen alttlatinischen Mancipa=
tion, in der wirklich der Realkauf unter gewisse Sollennitäten ge=
bracht war: reelle Sachempfangnahme unter reellem Abwägen

---

⁷) Nur als eine Vermuthung mag hier Folgendes ausgesprochen wer=
den. Die coemptio der Ehefrau war Kauf derselben (§. 6), war aber
gewiß schon seit lange, bereits in alttlatinischen Zeiten, eine bloße Rechts=
form geworden, die man als solche durch das dare von einem oder drei
asses seitens des Mannes oder auch der Frau (vgl. Danz R. G. I S. 154.
155 Nr. 653—657, und Grimm S. 426 A. *] kennzeichnete. Das kann
man dann auf den wirklichen Kauf, die wahre emptio quae mancipii est, das
übertragen haben, indem man es practisch zweckmäßig fand, die Weit=
läuftigkeit des wirklichen Preisabwägens aus der Sollennität selbst auszu=
scheiden und also die eigentliche juristische Perfection des Rechtsactes und
Uebertragungswillens in den scharf hervortretenden Punkt des dare und
accipere des rauduaculum pretii loco zu legen. Und diese Substituirung
des dare des raudusculum loco pretii mag erst auf specifisch römischem
Boden vor sich gegangen sein.

II.
23 und Hingeben des aes rude. Ich weise auf diese altlatinische Mancipation ausdrücklich in den Worten hin (130): „Es ist schon anderweit bemerkt worden, daß der Mancipation in der Gestalt, wie sie in unseren Quellen uns entgegentritt, eine Zeit vorausgegangen sein werde, wo das Verkaufen wichtiger Sachen (vielleicht schon nach der Volkssitte mit gewissen Sollennitäten verbunden, die man später zu juristischen Formen machte) in einem Acte geschah, der das wirkliche Abwägen des reellen Kauf= geldes in sich schloß." Jedenfalls sind die (altlatinische) manci-patio der vorhistorischen Zeit (reelles Sachnehmen gegen reelles Abwägen des aes rude) und die civilrechtliche Mancipation mit imaginärem aes darc (zur Zeit des aes signatum und aes grave) juristisch ganz verschiedene Dinge. Jene ist das ganze (concrete) Kaufgeschäft; diese dagegen ist nicht das ganze Kauf= geschäft, indem das wirkliche Preiszahlen außerhalb liegt, und sie sich in dem besonderen Punkte zuspitzt, daß sie im Geben und Nehmen des aes die specifisch=civilrechtlich formirte Aeußerung des animus transferendi und accipiendi dominii darstellt.

Indem ich meine Schrift gerade gegen die Auffassungen der Mancipation als eines „Kunstproductes" richtete, und ausführte, daß die römisch=civilrechtliche Mancipation sich in „natürlicher" Weise aus dem Realkauf entwickelt habe, glaubte ich allerdings, ich mögte sagen, zwischen allen Zeilen ausgesprochen zu haben, daß ein solches Institut, wie ich es als römisch=civilrechtliches nachwies, absolut undenkbar sei ohne die Annahme, es müsse ihr eine lange Periode jener altlatinischen Gestalt vorausgegangen sein. Ich unterließ es aber damals absichtlich diesen Schlußsatz zu formuliren, weil ich der weitgreifenden Darstellung der vor=historischen Zeiten, die ich mir für dieses vierte Heft reservirte, nichts vorweg nehmen wollte [8]).

8) Man gestatte mir hier eine persönliche Bemerkung. Ich hatte im

§. 24. — β) Die emptio quac mancipii est bildet eine Uebergangsperiode. Es lag in ihr, im Gegensatz zum altlatini= schen sollennisirten Realkauf, nach Durchlöcherung der auf letzte= ren noch direct hinweisenden Momente, der civilrechtliche kaufmäßige Eigenthumstransmanationsact. Da eine derartige Uebergangsbildung als in dieser Weise neu entstan= ben gar nicht benkbar ist, so gewährt sie den Beweis des Vorher= gehens jenes früheren Zustandes. Die „Reconstruction" des letz= teren hat in anerkennenswerther Weise neuerbings Bechmann (vgl. Kauf I S. 156) burchgeführt. Auf bas genauere Detail seiner Ausführung, die ich nicht in aller Weise billige, kann ich nach bem Zweck bieser Schrift nicht weiter eingehen.

Der Uebergangscharakter ber emptio quae mancipii est

3ten Heft bieser Studien (S. 268 A. 4) bereits ben, meiner Ansicht nach entscheidenben, Hauptpunkt ausgesprochen, baß bie römische Vindication aio rem meam esse in Betreff transportabeler Sachen und bie deut= sche Anefangsklage für bewegliche Sachen durchaus gleichartig construirte Rechtsgestaltungen seien. Darin lag, baß sie nothwenbig in dem indoger= manischen Urvolk als ber gemeinsamen Quelle zusammentreffen müssen. Ehe ich aber bie für bieses vierte Heft intenbirte Gesammtbarstellung ber ursprünglichen juristischen Anschauungen bieses Urvolks und ihres Fort= lebens in unseren neueren Völkern unternahm, mußte ich durchaus erst bie Verwendung ber Formel: aio rem meam esse in ber Mancipation genauer barlegen und bie, mir völlig wiberstrebenben, damals herrschenden Ansichten über bie Mancipation hinwegräumen. Ich bachte damals (1865), baß ich bieses vierte Heft sehr balb folgen lassen werbe. Hätte ich geahnt, baß basselbe statt 1867 erst 1877 erscheinen werbe, so würde ich allerbings einige Sätze in meiner Schrift über bie Mancipation anbers gefaßt haben, um Mißverständnisse zu vermeiden. Uebrigens bin ich bei ber eigenthüm= lichen Sachlage, — baß ich einen großen Complex von ben herrschenden zuwiberlaufenben, genau in einanber greifenben Ansichten in ihrer quellen= mäßigen Funbirung boch erst in langer Reihe ber Jahre zu Tage förbern kann — auf Mißverständnisse als auf ein unvermeibliches Uebel von vorn herein gefaßt gewesen.

II.
24 zeigt sich nach der anderen Seite hin darin, daß hier sich eine
weitgehende Verwendung der Mancipation angeknüpft hat, bei
der die Basis eines wirklichen Kaufs ganz verlassen worden ist.
Es kam mir in meiner Schrift über die Mancipation ganz beson=
ders darauf an, gegenüber der gegnerischen Auffassung der M.
als einer ohne Rücksicht auf die Kaufes=causa construirten künst=
lichen Eigenthumsübertragungsform nachzuweisen, daß auch für
diese zweite Gestaltung der römisch = civilrechtlichen Mancipation
der Bau ganz derselbe geblieben sei, wie bei der ersten. Nur
daß, was dort wirklich ist, hier als simulirt auftritt. Es
wurden bei der emptio quae mancipii est zwei Preise ge=
leistet: der wirkliche Kaufpreis und das imaginäre (pretii loco
gegebene) aes, — ebenso in der fortgebildeten römischen
Mancipation auf Grund eines simulirten Kaufs: der simulirte
Preis (der nummus unus, der Sesterz, ein Silberstückchen),
und dann im Mancipationsacte selbst in alter unveränderter
Weise der Erzas.

Die Verwendung dieser civilrechtlichen Uebertragungsform
ist eine außerordentlich weitgreifende geworden, sie hat bei der
Unbequemlichkeit der in iure cessio eine tiefe Lücke im römischen
Rechte ausgefüllt [1]).

Die negative Bedeutung dieser Rechtsgestaltung war die:
man wollte „einen abstracten von wirklicher materieller causa ab=
gelösten Uebertragungsmodus haben" (166). „Wurde in Gegen=
wart der Zeugen der sestertius nummus unus gegeben, so war
es sicher, daß die Parteien keinen wirklichen Kauf inten=
dirten; es war damit ausgesprochen, daß nun auf Preis=Zah=
lung und =Creditirung nicht Rücksicht zu nehmen war, und daß
alle weiteren Fragen über utilitas des Mancipanten ein für den

---

1) Weitergehend haben sich daran dann noch wieder venditiones nummo
uno ohne Mancipation geknüpft (163—167).

Eigenthumsübergang gleichgültiges Ding sein sollten" (174). Damit steht „die mancipatio mit venditio nummo uno völlig auf der civilis ratio einer allgemeinen juristischen Uebertragungsform gleichartig der in iure cessio" (175). „Weil das simulirte Kaufgeschäft als Kauf substanzlos, und dies simulirte Geschäft [rücksichtlich der Rechtsübertragung] durch die mancipatio perfect geworden war, so kann aus der mancipatio nicht entstehen, was die materielle Kaufsubstanz voraussetzt; z. B. die Evictionsklage ist ipsa iuris ratione dem Sacherwerber gar nicht erwachsen" (196).

Die andere positive Frage ist die, welcher „anderweite Wille hinter dem simulirten Geschäft versteckt liegt" (164)? Man ließ sich in der Zulassung solcher simulirter venditiones (wie denn auch weiter bei denen ohne Mancipation) „wie so oft vom Bedürfniß treiben" (164). Ich habe gezeigt, daß die Ansicht nicht richtig sei, „es habe ein mancipio accipere nummo uno nur bei Schenkungen und ähnlichen Liberalitätsgründen, nicht aber bei Mancipationen dotis, permutationis, transactionis etc. causa stattgefunden, — daß vielmehr eine venditio nummo uno in allen Fällen, wo nicht ein wirklicher Kauf vorlag, der Mancipation zum Grunde gelegt werden mußte" (170). Hiernach kann es keinen Zweifel leiden, daß wenn allerdings zunächst ein wirklicher Kauf vorlag, aber ein vollbegründetes rechtliches Interesse bestand die vorzunehmende Mancipation davon zu trennen und für den Veräußerer die Verpflichtungen nicht entstehen zu lassen, welche „die materielle Kaufsubstanz voraussetzte" — also in einem Fall, wo, bei vorliegendem Kauf, es nach berechtigtem Parteiwillen für die Mancipation so angesehen werden soll, als wenn kein Kauf vorläge, — dies durch die Mancipation mit venditio nummo uno vollständig herstellbar war. Ich habe es daher als die schönste

II.

24 Bestätigung meiner aufgestellten Ansicht begrüßt, als zwei Jahre nach dem Erscheinen meiner Schrift in einer mancipatio fiduciae causa gerade ein derartiger Fall [der freilich zunächst mehrfach wunderlich mißverstanden wurde] uns bekannt geworden ist ²). —

Schließlich noch eine Frage, die sich lediglich auf die Formelfassung der mancipatio bezieht. Sachliche Bedeutung hat sie für mich gar nicht, denn ich behaupte ja gerade für die emptio quae mancipii est, daß diese ganz auf dem Boden eines wirklichen Kaufgeschäftes ruht, also die der mancipatio vorausgängige (ausnahmsweise auch die nachfolgende) Preiszahlung oder -Creditirung voraussetzt, um den Eigenthumsübergang zu bewirken. Daß man also sagte: mancipio accepi oder dedi denariis CCV (der wirkliche Kaufpreis), ist danach selbstverständlich (§. 23 A. 3). Aber sprach der mancipio Kaufende in der Formel diesen wirklichen Kaufpreis mit aus? Sagte er also z. B.: hunc ego hominem ex iure Quiritium meum esse aio isque mihi emptus est denariis CCV hoc aere aeneaque libra? Ich glaube dies, trotz Allem was gegen mich gesagt worden ist, an sich noch jetzt nicht, wenn ich auch eine gewisse Concession machen zu dürfen für möglich halte. Möglich, daß in der späteren Zeit, wo das Verständniß der alten Formel geschwunden war und man: mihi emptus est im Sinn von mercari verstand (§. 23 A. 4), — man den wirklichen Preis mit sagte; sachlich liegt ja gar kein Gegengrund vor. Möglich (aber mir darum noch nicht glaublich), daß die Stelle des Paulus Vat. fr. §. 50 aus dieser späteren Abschwächung des Formel-Verständ-

---

2) Bruns font. p. 180: si ea pecunia . . soluta non esset, tum uti eum fundum eaque mancipia . . pecunia praesenti venderet, mancipio pluris HS n(ummo) I invitus ne daret, neve satis secundum mancipium daret, cet.

nisses zu erklären sei. Aber nach dem früheren Sinn der
Formel hat die Aufnahme des wirklichen Preises in dieselbe gar
keinen Nutzen; sie paßt nicht in die Situation und sie macht die
Formel unklar: „ich sage hiemit (vor Euch Zeugen und dem Verkäufer) daß ich Eigenthümer dieser Sache bin und zwar ist sie
mir manucapirt (s. §. 23 A. 4 — also wohlerworben) mit diesem Erz und Erzwage". Das Hingeben und stillschweigende
Empfangen des aes, pretii loco, ist nach diesen Worten e in
beiderseitiger Willensact; es ist der Ausdruck des animus
transferendi et accipiendi dominii. Wie kann denn der Erwerber sagen: ich manucapire sie mir hiemit für die (in diesem
Momente nicht überreichten) 205 Denare? Es kommt auf den
animus transferendi et accipiendi dominii je tzt in diesem Augenblick des unter Eigenthumsbehauptung Gebens und
unter Stillschweigen Empfangens des pretii loco stehenden aes
an. Was hat hiemit der wirkliche Kaufpreis zu thun?

§. 25. — 2) Ich stehe nunmehr am Schluß dieser langen 25
Entwicklung. Mein Zweck war: alle römischen Aussprüche über
die naturalis ratio in Betreff der Ehe, Fortpflanzung und Verwandtschaft, der Sklaverei, der ursprünglichsten Vermögensbe-
gründung zum Verständniß zu bringen. Um dies zu können, habe
ich den Versuch gemacht, selbständig in die Urzustände, aus benen unsere indogermanische Völkerfamilie hervorgegangen ist, ein-
zubringen, und die Entwicklung der Hauptbegriffe des Rechts
von den Urzuständen bis in die historischen Zeiten hinein zu verfolgen. Man wird den Versuch kühn, vielleicht überkühn finden.
Mannigfach werde ich auch, wie das bei einem ersten Versuch
nicht anders möglich ist, gestrauchelt sein. Deß aber bin ich
sicher: die Summe von Einzelnheiten, die Jacob Grimm, dieser
tiefe Seher in Dingen des Alterthums, in seinen Deutschen
Rechtsalterthümern (1828) in Betreff der Urrechtszusammen-

25 hänge zwischen den indogermanischen Völkern gesammelt hat, —
sie werden in Zukunft in unserer Wissenschaft nicht mehr so un=
benutzt bleiben, wie bisher. Es war meiner Ansicht nach nöthig,
sie und andere weitere von Grimm nicht gesehene Einzelnheiten
mit unseren allgemeinen wissenschaftlichen Anschauungen in dog=
matischen Zusammenhang zu bringen, und dazu habe ich hier den
Versuch gemacht. Aber es ist nur ein erster Anfang, bei dem
sich an allen Punkten das Bedürfniß nach weiterer tieferer For=
schung regt. Bei meiner Ueberzeugung von der außerordent=
lichen Fülle hier noch vor uns liegender Arbeit wäre es mir er=
wünschter gewesen, gleich in einem umfänglicheren Buche an
die Sache heranzutreten. Ich hielt es aber doch für ersprieß=
licher, in den gegebenen kurzen Zügen gleichsam erst einen Abriß
des Ganzen vorzulegen, und zunächst abzuwarten, wo sich Zu=
stimmung, wo Widerspruch erhebt. Je nach der Art des Wider=
spruches, der ja nicht fehlen wird, kann dann noch weitere Be=
sprechung stattfinden. —

Danach läßt der Zweck dieser Schrift mich hier abbrechen.
Ich gehe nicht auf weitere Fragen ein, wie andere wichtige In=
stitute, die im Verlauf der germanisch=italischen Entwicklung des
Alterthums hervortreten, Zusammenhänge noch aus früherer Zeit
in sich tragen mögen. Ueber den Punkt, ob die römische Sti=
pulation und das indische Halmbrechen zusammenhängen (Grimm
S. 604), ist ja schon mehrfach gesprochen worden. Auf ein an=
deres Institut will ich nur dadurch hindeuten, daß ich aus Cur=
tius 301 die sprachlichen Zusammenhänge (die aus dem Skt. feh=
len) angebe: Gr. ἄεθλον, ἀέθλιον Kampfpreis, ἄεθλος Wett=
kampf, Kampf, ἀεθλεύω wettkämpfe, ἀθλητήρ Wettkämpfer;
Lat. va(d)s, vadimonium, vadari, prae(d)s; Goth. vadi
Pfand, gavadjôn geloben; Ahd. wetti (pignus, vadimo=
nium); Mhd. wette Pfand, Kampfpreis, Kampfspiel; Alt=

frief. wîtma; Abd. widamo Frauenkaufpreis; Altfrief. wed
Vertrag, Bürgſchaft; Altn. vedhja (pignore certare); Lit.
vadóju löſe etwas Verpfändetes ein [1]).

---

[1] Mit Recht ſagt Curtius: „Wer die drei Grundbedeutungen der
hier zuſammengeſtellten europäiſchen Wörter Wette Pfand Bürgſchaft vergleicht, wird den uralten, für die Geſchichte der Rechtsanſchauungen
merkwürdigen Zuſammenhang zwiſchen ihnen nicht verkennen.“

Die fünf Stoffe.

§. 26. Ich habe im Bisherigen, um ein genaues Ver=
ständniß des römischen Begriffs von der naturalis ratio zu
gewinnen, mich in die urältesten Zeiten, von denen uns über=
haupt irgendwelche Kunde zugekommen ist, zurückversetzt. Ich
will jetzt, um ein genaues Verständniß des römischen Begriffs
von der Aequität zu erlangen, mich ganz entgegengesetzt auf
den Boden unserer modernen Gegenwart stellen.

Haben wir dort gesehen, wie unsere Vorvölker erst allmälig
und mühsam zur Firirung einiger weniger Rechtsbegriffe und
Rechtsgestaltungen gelangen, die dann schrittweise wachsend und
gedeihend der volklichen Gesellschaft steigende Ordnung, Sitti=
gung und Festigkeit zutragen, die das Rechtsgefühl schärfen und
läutern, — so wollen wir uns nun vor die ganze unendliche
Fülle der heutzutage geltenden Rechtsbestimmungen stellen. Ich
will fragen, unter welche Begriffe und Klassen die ganze
Rechtswelt, sei sie noch so umfangreich, und gehöre sie dem
einen oder dem anderen Volke an, mit Sicherheit zusammen=
zufassen ist. Es ist aber mein Zweck nur, diese Begriffe und
Klassen in kurzen Zügen zu skizziren, und lediglich Einem Be=
griff, dem der Aequität, mich eingehender zuzuwenden. Wie ich
im Anfange dieser Schrift angab, wird nach der heutzutage herr=

schenden Auffassung naturalis ratio und Aequität identificirt. 26
Die bisherige Erörterung wird gezeigt haben, daß die naturalis
ratio mit der Aequität nichts zu thun hat. Es bleibt mir noch
die andere Seite übrig: aus der Eigenartigkeit des Wesens der
Aequität zu erweisen, daß die Aequität begrifflich nichts mit der
naturalis ratio zu thun hat.

Will man das Wesen der Aequität sich richtig vergegenwär=
tigen, so muß man zugleich ihre Stellung gegenüber den sonsti=
gen bei juristisch=wissenschaftlicher Thätigkeit zur Verwendung
kommenden Momenten scharf abgrenzen. Ich muß danach hier
in kurzem Ueberblick a l l e Elemente zusammenstellen, um in Mit=
ten derselben der Aequität ihren Platz anzuweisen. Die Aufgabe
der dogmatischen Analyse ist, jedes Element, das der juristischen
Betrachtung sich überhaupt darbietet, nach seinem Schwergewicht
zu prüfen und demgemäß ihm seine entsprechende Geltung zuzu=
weisen. Dieser Aufgabe müssen wir rücksichtlich der Aequität
nicht bloß nach der positiven Seite (was ihr zugehört), sondern
auch nach der negativen Seite (was ihr nicht zugehört), gerecht
werden.

I. D a s l e g a l e E l e m e n t. Vor Allem und über Allem
steht, daß die R e c h t s s a t z u n g in ihrem vollsten Gehalte zur
Anwendung zu bringen ist. Aber die Zeiten sind längst vorüber,
daß man Rechtswissenschaft mit Studium der Gesetze identifi=
cirte. Die Producirung eines in lebendiger Action thätigen ge=
setzgeberischen Willens ist für eine Nation die erste Vorbedingung
zur Ersteigung höherer Culturstufen und zur Erhebung ihres
Staates in die Sphäre einer einheitlich=geistigen Persönlichkeit.
Es ist oben gezeigt worden, daß die Germanen, Italiker und
Griechen auf verschiedenen Wegen zu ihrem Gesetzgebungsbegriff:
bill, lex, νόμος, gelangt sind. So unendlich wichtig dieses
Gesetzgebungselement ist, so wenig aber füllt es andererseits die
ganze Aufgabe unseres juristischen Begreifens aus. Es ist das

III.

26 Verdienst der historischen Schule, neben dem Gesetz dem Herkommen oder Gewohnheitsrecht wieder den richtigen, und zwar
primären, Platz in der Frage von der Bildung und Entwicklung
des Rechtes in einem Volke vindicirt zu haben. Das ist jetzt
wissenschaftliches Gemeingut geworden, ich habe nicht nöthig, dabei hier länger zu verweilen. Den Begriff des Herkommens
(évas) hat, wie ich oben entwickelt habe, schon das indogermanische Urvolk gehabt.

Gewohnheitsrecht und Gesetz in ihrer Zusammenfassung nenne
ich das „legale" Element im w. S. — Die Rechtswissenschaft
hat die Aufgabe, dies in einem Volke bestehende legale Element
nach allen Seiten hin zu durchleuchten und zu klären, und sein
lebendiges ungehemmtes Zurgeltungkommen im Rechtsleben zu
vermitteln. Sie hat zu dem Ende die Legitimation jedes Rechts-
satzes, ob er ein wirklich bindender sei, zu prüfen, sie hat seinen
Inhalt zur vollsten Erkenntniß zu bringen.

Aber wiederum seit lange ist man zu dem Bewußtsein gekommen, daß die Rechtswissenschaft, wenn sie bloß hierauf ihr
Augenmerk richten wollte, ihr Ziel nie erreichen könnte. Es liegt
noch etwas hinter dem legalen Element, das für unsere wissenschaftliche Erkenntniß unentbehrlich ist. Ehe man nicht zu diesem
Dahinterliegenden durchgedrungen ist, fehlt alle Sicherheit des
Standpunktes. Was ist dieses?

II. Das logische Element. Nach einer heutzutage mehrfach
gebilligten Auffassungsweise sind die Rechtsinstitute einheitlich in
sich abgeschlossene Wesen, die man auf ihren Grundbegriff zurückführen und von diesem aus bis in ihre Einzelheiten (wofern nicht
absonderliche Willkürlichkeiten der Rechtssatzung hemmend da-
zwischen treten) logisch aufbauen kann. Man gründet dann meist
die ganze Operation auf die „Natur der Sache", und vindicirt
dem gewonnenen Resultat auch noch vielfach dadurch selbständige

Rechtsgültigkeit, daß man die „Natur der Sache" für eine eigene Rechtsquelle erklärt.

1) Sieht man nun aber genauer zu, welche einzelnen Elemente bei diesem logischen Aufbau des Rechtsinstituts verwendet werden, so erkennt man die verschiedensten: naturalis und civilis ratio, Utilität, voluntares Element und Aequität. Man sieht auch alsbald, daß diese einzelnen Momente gar nicht lediglich dem betreffenden speciellen Rechtsinstitute angehören (also durchaus nicht aus dem eigenen Wesen gerade dieses Institutes entspringen), sondern in mannigfaltigster Verzweigung durch die verschiedensten Institute sich hindurchziehen. Ueberhaupt aber ergiebt sich bei genauerer Betrachtung, daß die einzelnen Institute unter einander gar nicht mit scharfen Grenzen abgeschlossen sind. Es ziehen sich aus ihnen die Fäden in vielgestaltigster Verschlingung in andere Institute herüber, und dies Herüber= und Hinübergehen der Fäden ist nicht so zu denken, als wenn es immer Eigenfäden je des einen und anderen Instituts wären, die nur weiter über ihre ursprünglichen Grenzen hinausreichen; sondern es sind zum größten Theil Sätze der naturalis ratio, der Utilität, der Aequität u. s. w., die, durch eine Menge von Instituten verzweigt, in sich selbst gar kein selbständiges Institut ausmachen. Wie kann man denn also aus dem eigenartigen Begriff des Instituts dasselbe lediglich durch die logische Operation der Consequenzziehung aufbauen? Es liegt hier eine ähnliche Verwechselung vor, wie sie in der Naturforschung in Betreff der Racenabgrenzung eine so große Rolle gespielt hat. Man hat gewähnt, die Racen genau von einander scheiden zu können, und doch ist es nie gelungen, die Grenzen wirklich zu ziehen.

Damit soll aber durchaus nicht gesagt sein, daß man in der Aufstellung und Ordnung der Rechtsinstitute [gerade wie mit der Unterscheidung der Racen] etwas wissenschaftlich Unrichtiges thäte. Unter der Voraussetzung, daß man nicht jedem eigenartiges Blut

III.

zuschreibt, ist die Klassification in Institute der Rechtswissenschaft von unerläßlichem Werth. Auch das ist nöthig, daß man bei dem einzelnen Institute, so wie es gegenwärtig unter uns lebt und wirkt, den eigenthümlich treibenden, prävalirenden Grundgedanken aufsuche, aus dem, wo nicht besondere Punkte eine abgesonderte Behandlung rechtfertigen, alle einzelnen Momente des Instituts in Bewegung und Verwendung zu bringen sind. Nennen wir diesen Grundgedanken die: „Summe" des Instituts. In solcher „Summe" haben wir den Kern der practischen Bedeutung, die dem Institut in einer bestimmten Gegenwart des Rechts zusteht. Die Jetztzeit hat vollen Anspruch darauf, daß die „Summen", zu denen sich die Rechtsinstitute als practische Wesen oft erst in langem Ringen emporgearbeitet haben, zur Entfaltung ihres ganzen Inhalts gebracht werden.

2) Aber die Rechtsinstitute sind nicht bloß practische, sie sind auch historische Wesen. Nehmen wir zwei im Bisherigen schon besprochene Punkte als Beispiele. — Die Eigenthumsübertragung gehört als Real-Tausch oder -Kauf (internationaler wie binnengenossenschaftlicher) schon dem indogermanischen Urvolk an. Das Geschäft hält sich durch die eigene reale Schwerkraft des Geleistetseins Zug um Zug und durch den Selbstschutz der Besitzer; iusta causa und Leistung sind noch ungetrennt. Im italischen Völkerstrange gehen, — während im germanischen iusta causa und Eigenthumsleistung ganz andere Wege einschlagen, — die Begriffe so weiter, daß die in iure cessio sich in Abtrennung von aller causa formirt; daß für die wichtigen Sachen die Mancipation zunächst den solennen Realkauf darstellt, dann durch die Umgestaltung zum imaginären aes dare eine kaufmäßige Eigenthumsübertragungsform wird und endlich sich durch Simulirung der Kaufes-causa zur allgemeinen causalosen Eigenthumsübertragungsform ähnlich der in iure cessio gestaltet; daß für die übrigen Uebertragungen, in deren Gebiet

ja auch von jeher der Realkauf vorkam, der Mancipation parallel 26
sich die Eigenthumstradition auf Grund der „essentiellen" Kaufes=
causa, von den sonstigen Eigenthumsübertragungen auf Grund
„declarativer" causae schied. Aber durch diese Scheidung ist
mit Nothwendigkeit der Weg gewiesen, auf dem das Rechtsleben
weitertreiben muß. Sind die anderen causae nur noch declara=
tiv, so ist gar kein Grund, — je mehr sich das Volk daran ge=
wöhnt, die Eigenthumsübertragung, unter dem Schutze unseres
nach allen Seiten consolidirten Rechtsorganismus, mit der form=
losen Constatirung des animus transferendi et accipiendi do=
minii als erledigt zu betrachten, — daß nun noch der „essentielle"
Zusammenhang der kaufmäßigen Eigenthumsübertragung mit der
causa festgehalten werde. Es geht hier also im Rechtsleben die
Entwicklung vor sich, daß sich für die Eigenthumsübertragung die
„S u m m e" herausarbeitet: es sei lediglich Sachleistung unter ani=
mus transferendi et accipiendi dominii nöthig. Was dem ent=
gegensteht, erscheint dann als störende oder nur aus speciellen Grün=
den zu rechtfertigende Besonderheit. — Damit haben wir für die
Gegenwart unseres Rechtes eine neue „Summe"; vollberechtigt für
die Jetztzeit, aber doch nicht mit logischer Nothwendigkeit aus der
„Natur der Sache" der Eigenthumstradition deducirbar. Wir
haben in dieser „Summe" ein von dem „P r i n c i p", aus dem die
Entwicklung in continuirlicher Reihenfolge hervorgegangen ist, näm=
lich von dem Realkauf, gleich Nacht und Tag geschiedenes Resultat.

Aufgabe der dogmatischen Analyse ist hier, „Princip" und
„Summe" genau zu trennen, Beides aber nicht dadurch verwirren
zu lassen, daß man eine in der „Natur der Sache" liegende Noth=
wendigkeit sich einbildet, die durch den Blick auf den Entwick=
lungsgang, den diese selben Fragen im germanischen Rechte ge=
nommen haben, alsbald widerlegt werden würde.

§. 27. — 3) Nehmen wir als zweites Beispiel das ganze 27
E i g e n t h u m s i n s t i t u t. Ich habe oben gezeigt, daß die Sprache

III.

27 uns, als das im indogermanischen Urvolk schon zur Gestaltung
Gelangte, lediglich das Privateigenthum an beweglichen Sachen
nachweist. Den Grund und Boden, den die Völker erst mit der
„Erfindung" seßhafter Lebensweise als Gegenstand des Eigenthums zu betrachten anfangen, hat man sich anfangs, als von der
Symmachie des Gemeinen Wesens erworben und geschützt, lediglich im Volksgesammteigenthum stehend gedacht. Diese Anschauung tritt denn auch seit dem Völkereinzuge als der älteste Rechts-
standpunkt hervor. Im Germanischen ist daraus die Markgenossenschaft, im Italischen die um eine arx vereinigte Gaugenossen-
schaft hervorgegangen. Aber damit scheiden sich denn auch die
Wege beider Völker. Im Germanischen ist gar keine volle juristische Vereinigung der fahrenden Habe und des Grundeigen
unter einen einheitlichen Eigenthumsbegriff eingetreten. Bei den
Italikern hat sich die merkwürdige Herüberziehung des „Zähmungsverhältnisses" auf das herodium vollzogen; es ist der
Schutz des herodium mit in den Kreis der allmälig unter strictnationale Rechtsordnung gestellten Vindictenklage: aio rem
meam esse aufgenommen worden, und damit die eigenthümlich italische Verschmelzung des Eigenthumsbegriffs
für bewegliche wie unbewegliche Sachen durchgeführt.
Ebenso hat dann der italische juristische Generalisirungssinn auch
auf dem entgegengesetzten Gebiet verfahren. Der (noch völlig
mit dem Sinn der rechtlichen Herrschaft identificirte) Begriff der
factischen Herrschaft („Handmacht" = manus, munt) hat sich
ganz zu Rechtsbegriffen firirt; aber im italischen Volk hat sich,
vom Verhältniß zum Grund und Boden hergenommen, ein vom
„dominium" am heredium getrennter Rechtsbegriff entwickelt.
Der im Eigenthum der Gesammtheit stehende Acker wurde den
Genossen zur Einzelbesitzoccupation eröffnet, der Schutz dieser
„possessio" stand unter dem (Interdicten-) Schutz des mit der
„potestas" über das Gemeinwesen bekleideten rex. So gewöhn-

ten sich die Italiker an die juristische Scheidung von Eigenthum
und Besitz am Grund und Boden (separata possessio a proprietate), und, als in der zweiten altlatinischen Periode ein
großer Theil der Aecker nach dem „numerus duodenarius" zu
„dominium" assignirt wurde, fand man auch, — für diese
nun unter die Vindictenklage aio rem meam esse tretenden
Grundstücke, und ebenso für's alte heredium, — das Ne=
beneinanderstehen von Vindictenrechtsschutz auf Grund des ius,
und von Interdictenschutz auf Grund der Aufrechthaltung der
possessio durch magistratische potestas, brauchbar und den Le=
bensverhältnissen entsprechend. Italischer oder specifisch=römischer
juristischer Generalisirungssinn hat dann endlich dahin geführt,
den Begriff und Rechtsschutz der a proprietate separirten possessio auch auf bewegliche Sachen zu übertragen. Das Ge=
zwungene dieser Uebertragung hat die mit bewunderungswürdiger
Feinheit von den römischen Juristen durchgeführte allgemeine
Theorie von Erwerb, Verlust und Tragweite dieser für beweg=
liche wie unbewegliche Sachen vom Eigenthum geschiedenen Be=
sitzlehre wohl zuzudecken, aber doch nicht auszulöschen vermogt.

So haben wir denn im römischen Recht und damit, seit
dessen Reception im Mittelalter, auch in unserem Recht die Ni=
vellirung des Eigenthumsinstituts und des Besitz=
instituts für das ganze Gebiet der körperlichen Sa=
chen vor uns. Aber es ist doch nichts als ein „Sermociniren e
vinculis des römischen Rechts", ein Ueberrest jener mittelalter=
lichen Anschauung, daß das im römischen Recht Stehende die
ratio scripta sei, — wenn man meint, diese Nivellirung sei eine
durch eine gewisse blinde „Natur der Sache" geforderte Noth=
wendigkeit. Ein Blick in das, freilich nicht fein ausgearbeitete,
aber in seinen Lebenselementen gerade so gesunde germanische
Recht beweist uns das Gegentheil. Und ferner ist es Mangel an
freier Anschauung rücksichtlich der Entwicklung des Rechts in den

III.
27 Völkern und insbesondere in der indogermanischen Völkerfamilie,
wenn man den Begriff des Eigenthums sich lediglich nach dem
Status construirt, auf dem es sich gegenwärtig bei uns befindet,
und wenn man dann diesen gegenwärtigen Status, als einen
selbstverständlich aus der „Natur der Sache" sich ergebenden, auch
in die Anfangszustände unserer Völker zurückträgt. Es ist das
wiederum eine Verwechselung von „Summe" und „Princip".
Die „Summe" des Eigenthums wird nach tausend Jahren gewiß
nicht mehr dieselbe sein, wie sie heutzutage ist, und jene römische
Nivellirung wird in unseren civilisirten Völkern wohl schwerlich
immer festgehalten werden. Und blicken wir rückwärts in die
schon hinter uns liegenden Jahrtausende, so finden wir eine von
unserer heutigen wieder ganz verschiedene „Summe". Es hat
eine Zeit gegeben, wo das, was die Römer die (erst aus der
Periode der strictnationalen Rechtsgestaltung datirenden) „civilrechtlichen" Eigenthumserwerbsgründe nennen, noch gar nicht
existirte. Es hat ferner eine Zeit gegeben, wo das, was wir
jetzt als den selbstverständlichen staatlichen Rechtsschutz des Eigenthums durch genau specialisirte in rem actio ansehen, noch gar
nicht bestand; wo die Verletzung des Eigenthums in dem allgemeinen Begriff der Privatkränkung aufging, in Folge deren man
früher sich selbst sein Recht durch Kampf von den Göttern holte,
später durch „Composition" es von einem gewählten menschlichen
Richter entscheiden ließ. Und doch gab es schon in allen diesen
früheren Stadien der Entwicklung Privateigenthum. Was ist
denn dies, alle diese Stadien in historischer Continuität durchziehende, „Wesen" des Eigenthums? Die Römer haben es in
tiefestblickender Weise durchaus richtig erkannt. Es liegt in der
„naturalis ratio", und innerhalb dieser in den Thatsachen:
Occupation (Fabrication) und Gütertausch. Es sind dies die
Thatsachen, in denen der Mensch nach der realen Naturordnung (welche, wie die Ehe, so auch das Eigenthum hervor-

ruft) unter realem Nehmen der Sache den Grund des „**W o h l :
e r w o r b e n f e i n s**" (die iusta causa) findet, in Folge dessen er
sich die „**Substanz**" der Sache zurechnet und danach denn auch
gegen Jedermann schützt. Dieses Wesen des Eigenthums, dieses
Substanziiren der Sache, bleibt unverändert dasselbe, so gewal=
tige Fortschritte das Eigenthum im allmälig erstarkenden Staat
zu höherer juristischer Organisirung macht. Dieser Grundbegriff
(das „Princip") des Wohlerworbenseins existirt, indem er sich
auf die naturalis ratio stützt, **v o r** dem Recht. Es wird nicht
erst der Rechtssatz gemacht, und demgemäß dann von den Ein=
zelnen die Sache zu Eigenthum erworben. Umgekehrt: nach der
realen Naturordnung organisirt sich unter den Menschen diese Art
des Sacherwerbes; sie wird durch langes Einleben in der Sitte
geheiligt; es entwickelt sich auf Grund volklicher Sitte schließlich
ein so kräftiges Gesammtrechtsbewußtsein, daß die Gesammtheit
anfängt den Schutz dieses Verhältnisses, der zunächst im realisirten
Innehaben und in der Eigenkraft der Individuen besteht, unter
die Gesammtkraft des gemeinen Wesens zu nehmen. — Danach
trägt das Eigenthum in der Gesammtheit seiner n a t u r a l e s
u n d c i v i l e s a c q u i s i t i o n e s, die schließlich für die prac=
tische Verwendung vom modernen Gesetz ganz gleichmäßig wie uni=
formirte Soldaten in Reihe und Glied gestellt werden, — das
„**B i l d f e i n e r g e s c h i c h t l i c h e n E n t w i c k l u n g**" in sich.
Und ebendeßhalb ist für das Verständniß des Eigenthums, das
ja aus seiner gegenwärtigen „Summe" gar nicht geschöpft werden
kann, gerade diese Classification der acquisitiones dominii in
die naturales und civiles [1]), allen übrigen für den practischen
Handgebrauch zurechtgelegten Classificationen gegenüber, die wif=
senschaftlich unvergleichlich wichtigste [2]).

---

1) Diese Studien III. S. 60 ff.
2) Arndts P. §. 130 A. 4 hat meinen Satz, daß das „Princip"
des Eigenthums das durch occupirende, specificirende und gütertauschende

III.
28

§. 28. 4) Die Auffassung, daß man durch Aufstellung des Begriffs mittelst logischer Schlußfolgerungen ein Rechtsinstitut, als aus seiner eigenen „Natur der Sache", zu u n m i t t e l b a r p r a c - t i s c h e r Geltung aufzubauen vermöge, würde sich gar nicht haben bilden können, wenn wir nicht das durchgebildete römische Recht als practisch bindendes vor uns hätten. Die römischen Juristen haben mit unvergleichlicher Sorgfalt, Feinheit und Schärfe ihre Institute bis in das speciellste Detail hinein ausgearbeitet. Ihre theoretischen Arbeiten haben schon in der classischen Zeit eine ge= wisse formell bindende Bedeutung gehabt, sind dann von Justi= nian im Corpus Juris zu fixirtem Bestande gebracht, und haben in Folge der Reception auch bei uns formelle Rechtsgeltung bekommen. So kann man, wenn man einem Institute das un= terlegt, was den römischen Juristen gerade abgeht, die theoretisch begriffsmäßige Formulirung, wenn man dann das in dieser be= griffsmäßigen Formulirung zusammengeordnete Material in sei= nem Detail mit den Aussprüchen der Pandektenjuristen belegt, den bis zur Selbsttäuschung gesteigerten Schein hervorrufen, man habe das Institut aus seiner eigenen „Natur der Sache" heraus gemacht, das (wegen der Geltung des Corpus Juris, und nebenbei auch wegen der von Manchen der „Natur der Sache" beigelegten

---

Arbeit hergestellte Wohlerworbensein und also „Substanziiren" der Sache sei, eine „Redefigur" genannt. Aber mit Redefiguren kann man den Sinn, und zwar auch gerade den r i c h t i g e n Sinn aussprechen. — Arndts sagt: „Durch solche Redefiguren wird das Wesen des Eigenthums wohl kaum zu besserem Verständniß gebracht; man muß doch zurückgehen auf den ursprüng= lichen (?) und Grundbegriff des Eigenthums als einer eigentlich schranken= losen r e c h t l i c h e n Herrschaft über die Sache, die jedoch bestimmte Ein= schränkungen erleiden kann." Also Arndts hält mir die gegenwärtige „Summe" des Eigenthums, die ich ja in der bestimmtesten Weise selbst anerkenne, entgegen; während ich meinerseits vom „Princip" des Eigen= thums, auf das Arndts sich gar nicht einläßt, rede. Die Arndts'sche Be= merkung trifft mich demnach gar nicht.

Rechtsquellenqualität) auf unmittelbar praktische Geltung Anspruch habe.

Und doch ist das Alles nur Schein und Täuschung. Logische
Kategorien haben als solche niemals einen materiellen Gehalt,
dieser muß immer erst von Außen in sie hinein gegossen werden.
Damit wird ihnen nichts von ihrem Werth genommen. Im Gegentheil je mehr man ganz scharf sich auseinander legt, was der
zu verarbeitende materielle Stoff an sich war, und was durch
dessen Sichtung und Zusammenordnung, durch Scheidung des
Ungleichartigen und Combination des Gleichartigen, durch Classi-
ficirung und Systematisirung des Ganzen dem Rechte gewonnen
wird, — um so mehr wächst das Staunen über die ungeheuere
Macht, welche die formale Gedankenkraft über die reine Materie
als solche ausübt. Und der Beweis von den Fortschritten,
die auf diesem Wege das Recht der Menschheit macht, liegt
äußerlich zu Tage in den immer neuen Stufen, die die Völker
in codificirender Thätigkeit ersteigen. Was in einer Codification
vorzugsweise als neuer Niederschlag zu dem alten Material hin-
zutritt und damit auch die formelle Kraft bindenden Rechtes gewinnt, es ist überwiegend das Ergebniß der logisch-sichtenden,
scheidenden und combinirenden, Lücken aufsuchenden und genauer
definirenden Gedankenthätigkeit einer längereren oder kürzeren
Periode, die freilich nie aus dem Nichts der „Natur der Sache"
ein Institut zu unmittelbar practischer Geltung aufbauen kann,
aber im Durcharbeiten des schon bestehenden Rechtsmaterials
immer neue Massen neuen Stoffes dem Gesetzgeber zur Gewährung seiner Sanction unterbreitet. Und wo der Gesetzgeber seiner
Aufgabe nicht nachkommt, da hilft das Gewohnheitsrecht mit
seiner wenn auch langsamer operirenden Autorisirung anfangs
schwankender Uebungen.

Also: die logisch-begriffsmäßige Construction schafft nie den
Stoff, oder ist nie selbst Stoff; sie ist formale Thätigkeit mit

III.

III.

28 gegebenem materiellem Stoff. Und doch kann dieser materielle Stoff nicht bloß die in jenem legalen Element gegebene Satzung sein.

Es wiederholt sich also die Frage: was ist die hinter dem legalen Element liegende Materie oder der Stoff des Rechtes?

29 §. 29. — III. **Die fünf Stoffe oder das hypostatische Element.** Im Anfange dieser Schrift gab ich an, daß Savigny das Verdienst zukommt, den Begriff von „Stoff" oder „Materie" des Rechts aufgestellt zu haben. Aber Savigny nimmt nur zwei Stoffe an: den einen, den er als mehr zurücktretenden bezeichnet, die Utilität; und den anderen, die von ihm als identisch behandelte naturalis ratio, Aequität oder Natur der Sache.

Nachdem ich jetzt der Einzelverwendung der naturalis ratio in allen ihren Verzweigungen [bis auf eine; vgl. §. 33 A. 7] nachgegangen bin, und gezeigt habe, daß dieser Begriff mit der Aequität gar nichts zu thun hat, nachdem ferner nachgewiesen worden, daß der „Natur der Sache", abgesehen von dem wohlberechtigten römischen Begriff der natura rerum oder rei, keine selbständige Bedeutung innewohnt, — sind wir in den Stand gesetzt, die wirklichen Rechtsstoffe zu constatiren. Es sind ihrer nicht zwei, sondern fünf. Der naturalis ratio steht zunächst das noch größere Gebiet der civilis ratio gegenüber. Beiden zusammen stellt sich ein Gebiet entgegen, das Savigny zu eng bloß als Utilität charakterisirt; es gehören dahin noch die verwandten Begriffe von Opportunität, Symmetrie und Singularität. Diese drei zusammen, naturalis, civilis und utilitatis (u. s. w.) ratio, sind objectiv über dem Individuum stehende Stoffe; der erste das nach der realen Naturordnung Bestehende; der zweite das im Bürgerthum und der nationalen Gemeinschaft Gegebene; der dritte das auch immer vom Ganzen zu berücksichtigende Zweckmäßigkeitselement in Betreff der vorliegenden concreten Zustände. Diesen dreien steht als vierter Stoff die Ge-

ftaltungskraft des Individuums, des Menschen, als eine immer
neu sprudelnde Quelle eigenartigen Schaffens und Beliebens ge=
genüber, und namentlich in den Privatverhältnissen gewährt dies
„voluntare Element" eine unerschöpfliche Fülle von „Materie"
für das Recht. Haben wir in jenen drei Stoffen etwas über
dem Menschen Stehendes, so haben wir im vierten das unmittel=
bare Product der im Menschen liegenden Spontaneität. Diesem
vierten stellt sich endlich der fünfte Stoff gegenüber, die Aequität:
dasjenige worin nicht das Spontane oder Concrete der Individuen
hervortritt, sondern dasjenige, worin alle Individuen gleich, aequi,
sind, was also durch Alle sich als allgemeinmenschliches Element
hindurchzieht.

Wir haben also fünf Stoffe: die über den Individuen ste=
hende reale Naturordnung (mit Einschluß der verwandten „rerum
natura"), die über den Individuen stehende national = bürgerliche
Ordnung, das in individuellen Verhältnissen practischen Lebens
nie zu verleugnende Zweckmäßigkeitsbedürfniß, die in dem Indi=
viduum liegende concrete Spontaneität, und das die Individuen
durchziehende Allgemeingleiche.

Die Rechtssatzung, das legale Element, ist auf das prac=
tische Leben der Menschen gerichtet. Daher muß es die in diesem
practischen Leben gegebenen fünf Stoffe voraussetzen, und so kann
auch die Rechtswissenschaft der Erklärung der Rechtssatzung aus die=
sen fünf Stoffen nie entbehren. Dieß ist denn auch in den einzelnen
Fällen während der Jahrtausende, seitdem es überhaupt Rechts=
anwendung giebt, stets geübt worden. Aber diese Stoffe in ihrer
unendlich mannigfachen Verschlingung stets genau auseinander
zu kennen und sie unter den leitenden Gedanken scharf zusammen=
zufassen, gehört zu den schwierigsten Aufgaben der Rechtswissen=
schaft. Die sichere Scheidung der Stoffe ist die höchste
Leistung der Alles nach seinem richtigen Werth wägenden dogma=
tischen Analyse. Der einzelne Jurist steht hier beschämt über das

III.

29 geringe Maaß seiner Kräfte der unermeßlichen Fülle des Rechts-
gebiets gegenüber. Er wird inne, daß nur die Gesammtarbeit
der Wissenschaft der Aufgabe gerecht werden kann, und daß diese
Aufgabe der Verarbeitung der Materie des Rechts mit der in
Gewohnheitsrecht und Gesetz hervortretenden Rechtssatzung bei
den immerfort entgegendrängenden Neugestaltungen des Rechts-
lebens eine absolut unerschöpfliche ist. —

Noch ein Wort über die von Savigny gewählten Ausdrücke
„Materie" oder „Stoff" des Rechts. Sie sind nicht nach allen
Richtungen hin zutreffend; und überdieß sind diese beiden Wörter
noch in so mannigfacher anderweiter Verwendung völlig unentbehrlich, daß ich mir erlaube, fortan für das hier zu Bezeich-
nende ein anderes bisher noch nicht zu technischer Verwendung
gelangtes Wort zu gebrauchen. Ὑπόστασις bedeutet: Unterlage,
Grundlage, Stoff, Substanz, Wesen; ich bezeichne also als Hy-
postase der Rechtsverhältnisse die fünf im Folgenden noch einzeln
zu betrachtenden Punkte: die reale Naturordnung, die national-
bürgerliche Ordnung, das Zweckmäßigkeitsbedürfniß, das volun-
täre Element, und die Aequität. Nachdem der erste Punkt uns im
Bisherigen beschäftigt hat, sollen der zweite, dritte und vierte hier
nur einer kurzen Charakterisirung unterworfen werden. Der fünfte
bedarf, weil man ihn heutzutage gewöhnlich mit dem ersten identificirt, einer genaueren Darlegung seiner eigenartigen Bedeutung.

30 §. 30. — A. Die naturalis ratio. Meine „eigenthümliche Theorie von der naturalis ratio" [vgl. Bechmann, Kauf I.
S. 67 A. 1] ist doch wohl ganz genau die der römischen Quellen.
Die bisherige Darstellung wird gezeigt haben, daß das Wesen
der naturalis ratio ein völlig unerkanntes bleibt, wenn man
unter derselben, wie heutzutage die herrschende Auffassung ist,
„das der menschlichen Natur eingepflanzte gemeinsame Rechtsbewußtsein", oder „einfach die natürliche Logik" versteht.

Es bleibt mir, — nachdem ich jetzt entwickelt habe, daß

unter naturalis ratio die „reale Naturordnung" zu verstehen sei,
— noch übrig, diesen Begriff der naturalis ratio mit dem des
ius gentium zusammenzuhalten. Während der Begriff der
naturalis ratio ein dogmatisch außerordentlich wichtiger ist, hat
der des ius gentium nur geringe dogmatische Bedeutung. Da=
gegen wohnt dem des ius gentium eine sehr große historische
Wichtigkeit inne. Ich stelle hier kurz zusammen, was in dieser
Hinsicht im Bisherigen zerstreut vorgekommen ist.

Die Römer haben von dem für das Begreifen unseres
Rechtes so wichtigen Verständniß des Zusammenhangs der indo=
germanischen Völkerrechte, dem ich im Obigen nachgegangen bin,
natürlich keine Ahnung. Sie haben auch überhaupt bei ihrem
Ausdruck: ius gentium das bestimmte Recht bestimmter einzelner
Völker gar nicht im Auge. In absichtlich unbestimmter Weise ver=
stehen sie unter ius gentium nur den Gegensatz der umgebenden
und mit ihnen in Berührung kommenden fremden Völker zu ihrem
römisch=nationalen ius (civile). Ursprünglich enthält dieser Ge=
gensatz im Alterthum eine reine Negation des Rechts; was draußen,
außerhalb des eigenen Staats, ist, liegt außerhalb des ius. Aber
wir haben gesehen, daß, was jenseit der Rechtsgrenzen lag, darum
noch nicht außerhalb des Verkehrs stand, und daß sich über das
Innen und das Außen nach den Anschauungen des Alterthums
doch immer das gemeinsame fas erstreckte. So wie es deßhalb
schon von jeher Anfänge völkerrechtlicher Beziehungen gegeben
hat, so haben auch von Urzeiten her, unter dem Schutze des fas
und des Götterglaubens stehend, internationales commercium,
Gastrecht, herkömmliche Züge der mercatores, Einrichtungen
von mercatus [die in der alten Schreibung merkatus ihr hohes
Alter bezeugen; §. 10 A. 7] bestanden. Daran knüpften sich
allmälig die Anfänge eines gewissen menschlichen Rechtsschutzes
für die Geschäftsstreitigkeiten auf diesen mercatus, daran wieder
in Handelsverträgen die juristische Feststellung der Verfolgbarkeit

III.

30 gewiſſer Geſchäfte ¹), und ſchließlich die gewiſſen fremden Kauf-
leuten zugeſicherte volle Rechtsgleichheit.

So hat ſich außerhalb der Grenzen das ius (civile) aus der
zunächſt nur angenommenen lex divina (fas) auch eine lex humana, ein ius gentium mit (wenn auch zunächſt nur beſchränk-
tem) menſchlichen Rechtsſchutz entwickelt. Im römiſchen praetor
peregrinus hat das endlich volle Einbürgerung im römiſchen
Rechtskreiſe gefunden, und mit der Ausbreitung der römiſchen
Weltmacht, der Einrichtung von Provinzen und von (der Stellung des römiſchen praetor peregrinus nachgebildeten) Provin-
zialſtatthalterſchaften iſt unter der Hand der römiſchen Magiſtrate
in ihren Edicten dies für die Rechtsbeziehungen zwiſchen cives
und Richt-cives zurechtgemachte allgemeingeltende Recht zu einem
außerordentlichen Umfange angewachſen. Die Römer haben ſich
dabei von der Entwicklung ihrer Machtſphäre und von dadurch
hervorgerufenen Bedürfniſſen, — hier von der nationalen Schärfe
ihres Civilrechts Manches abſtreifend, dort fremdes ihnen paſſend
erſcheinendes Recht adoptirend, — leiten laſſen.

Damit haben die Römer ein ihrer Weltmacht parallel ge-
hendes allgemein brauchbares Weltrecht geſchaffen, und dieſe
Qualität ihres Rechts, verbunden mit ſeiner unvergleichlich
alles andere überragenden wiſſenſchaftlichen Ausbildung ²), hat
demſelben im Mittelalter einen neuen geiſtigen Eroberungszug
durch die modernen Völker eröffnet. Das römiſche Recht iſt
hier in beſonders wirkſamer Weiſe der Träger eines allgemeinen in der Entwicklung des Rechtes in der Menſchheit hervortretenden Zuges geworden, eines Zuges der gleichartig auch in

1) Einen wichtigen derartigen Punkt erwähnt im römiſchen Han-
delsdarlehn (mutuum) Mommſen R. G. S. 155. 200.

2) Verbunden aber auch mit dem damaligen Uebergewicht der deutſchen
Volkskraft und des deutſchen Kaiſerthums, in dem man die Fortſetzung des
Römerthums erblickte.

den Sprachen hervortritt. Alle Rechtsbildung gestaltet sich ur=
sprünglich p a r t i c u l a r i s t i s ch. Durch ihren Ehrgeiz gewinnen
einzelne Stämme und Völker Uebergewicht und Herrschaft über
andere; dann tragen sie ihr Recht ihnen zu, aber adoptiren
auch in der Vermischung vom Rechte der Beherrschten. So
haben wir in unseren modernen Zeiten durch den französischen
Einfluß den Code Napoléon in fremde Länder einführen sehen,
so sehen wir den colonisirenden Engländer sein Recht in alle Theile
der Erde tragen. Das schwächere Recht der alten Einwohner
verkümmert allmälig und erstirbt endlich. Das particulare Rechts=
element wird mit der Zeit auf immer kleinere Kreise zurückge=
drängt, in dieser Hinsicht ist das Rechtswesen einem stets weiter=
schreitenden Verfall ausgesetzt. Dagegen das, mit Verallgemei=
nerung der Cultur immer mächtiger werdende, n i v e l l i r e n d e
E l e m e n t gewinnt unausgesetzt sich erweiternde Kreise. Das
Ziel ist: „die Entwicklung eines positiven gemeinen Rechts in der
civilisirten Menschheit"[3]).

Ganz gleichartig zeigt sich der Entwicklungsgang in den
Sprachen. „Mit dem Menschen entwickelte sich die Sprache[4]),
d. h. der lautliche Ausdruck des Denkens. Auch die einfachste
Sprache ist das Ergebniß eines allmäligen Werdens. Alle höheren
Sprachen sind aus einfacheren hervorgegangen; die zusammen=
fügende Sprachform aus der isolirenden, die flectirende aus der
zusammenfügenden." Dem folgt dann in der historischen Periode
„der Verfall der Sprache in Laut und Form, wobei zugleich in
Function und Satzbau bedeutende Veränderungen statt finden".
„Fort und fort gehen Sprachen unter, wirklich neue aber ent=
stehen nicht, so muß es ursprünglich viel mehr Sprachen gegeben
haben, als gegenwärtig." Auch in der indogermanischen Völker=

---

3) Vgl. meine Schrift: „Ueber die Entwicklung eines positiven gemeinen
Rechts in der civilisirten Menschheit." (Basel 1846.)

4) Schleicher Comp. der indogerm. Sprachen S. 4. 2. 6.

III.

30 familie „ist es möglich, daß bei mehren oder bei allen Theilungen mehr Sprachen entstunden, als deren jetzt nachweisbar sind, denn im Verlauf der Zeit ist wohl manche indogermanische Sprache wieder erloschen".

Mit der naturalis ratio steht dieser abschleifende, nivelli=rende Entwicklungsgang des Rechts in der Menschheit nur in einem losen Zusammenhang. Es ist nicht zu glauben, daß die nivellirten allgemein brauchbaren Rechtssätze mehr auf der „realen Naturordnung" ruhten, als die abgestorbenen particularistischen; so wenig wie etwa die vom colonisirenden Engländer in alle Theile der Erde übergeführte englische Sprache mehr „der menschlichen Natur eingepflanzte" Elemente an sich trägt, als die von der eng=lischen Sprache allmälig verdrängten Sprachen der Eingeborenen. Der große Nivellirungsgang des Rechts in der Menschheit entspringt zum überwiegenden Theile nicht aus der inneren Qualität der zur allgemeinen Herrschaft gelangenden Rechtsinstitute, sondern ganz außerhalb derselben. Sein eigentlich erklärender Grund liegt in der Volkskraft derjenigen Nationen, die den Gang der Weltgeschichte im großen Ganzen bedingen. Sie absorbiren all=mälig das Schwächere, und sie tragen ihre Sprache und ihr Recht in immer weitere Kreise. Aber wie die Sprachen der Be=herrschten dann doch wesentlich die Sprache der Herrscher beein=flussen, so pflegt auch aus dem R e c h t der Sieger und Besiegten ein Drittes Neues, als h i s t o r i s c h e s Product der mannigfachsten gegeneinanderwirkenden Umstände, sich zu gestalten.

31 §. 31. — B. Die civilis ratio. Die naturalis ratio ist von außerordentlich tiefer dogmatischer Bedeutung, um sich den Kern des Rechts zu erklären. Aber der Umfang dieser Bedeu=tung ist ein verhältnißmäßig geringer. Ganz anders steht es in dieser Hinsicht mit der civilis ratio. Sie ist in jedem entwickelten Recht das an Umfang weitaus Ueberwiegende, und muß es sein. Sie ist das eigentlich staatlich=bürgerliche Element, in welchem,

wenn Staats = und Volkgrenzen in gesunder Weise einander cor=
respondiren, der nationale Charakter der Staatsgenossenschaft
vorzugsweise zum Ausdruck kommt.

Aufgabe der Rechtswissenschaft ist es, diese civilis ratio
nach allen Seiten hin zur vollen Erkenntniß zu bringen. Sie
liegt oft tief verborgen hinter der uns entgegentretenden Rechts=
satzung, unbewußt und ohne Ueberlegung als etwas Selbstver=
ständliches befolgt, und doch das Product dieses Einen nach eigen=
artiger Richtung hin entwickelten Volksgeistes. Es bedarf der
genauen Festsellung: 1) wie dies Volk in Folge seiner Stammes=
eigenthümlichkeit, seines Wohnorts und Klimas, seiner Lebens=
weise, seiner geschichtlichen Schicksale, seiner Wanderungen, seiner
Kriegs = und Friedenserrungenschaften, dazu gekommen ist, sich
diese bürgerliche Rechtsordnung zu geben; in wie weit es darin
original gewesen ist, was es in seiner Berührung mit anderen
Völkern und in seiner Beerbung früherer Völker und Staaten
von diesen entlehnt hat. Civilis ratio umfaßt rein begrifflich
die ganze Summe der diesem Volk und Staat eigenartigen Grund=
gedanken für den allmäligen Auf = und Ausbau ihres Rechts=
systems [1]). 2) Es ist genau auseinanderzulegen, in welche ein =
zelnen civiles rationes sich das gesammte Rechtsgebäude zer=
legt, in Betreff a) des Rechtsschutzes und der Rechtsverfolgung;
b) der Gewährung des Spielraumes für das Individualbelieben;
c) der Stellung des weltlich bürgerlichen Elements zum kirchlichen;
d) der Aufgabe, die gegebenen physischen und geistigen Kräfte
dieser Nation in ihrer Eigenartigkeit durch möglichst gesunde Ent=
wicklung zu der für sie innerhalb der großen Völkerfamilie indi=
cirten höchstdenkbaren Entfaltung zu bringen. 3) Es ist zu con=
statiren, in welchem geistigen Zusammenhange diese einzelnen
civiles rationes unter einander stehen; wo sich nach logischer

---

1) Also in besonderer Anwendung auf das römische Recht können auch
lediglich prätorische Institute rücksichtlich ihrer ratio ganz hieher gehören.

31 Sonderung der verschiedenen denkbaren Punkte noch Lücken finden; welche Aufgaben zur Herstellung größeren juristischen Reichthums durch Schaffung neuer, den fortschreitenden Lebensverhältnissen dieses Volks entsprechenden, iuris rationes zu stellen sind. 4) Es ist die dogmatische Gegeneinanderstellung der civiles rationes verschiedener Völker, die auf dem Successionswege allmälig in diesem einen Volk zusammengelaufen sind, durchzuführen, und der Spielraum zu firiren, den die auf verschiedenem Boden eigen= artig erwachsenen civiles rationes in ihrem Contacte auf gleichem Gebiete neben einander in Anspruch nehmen können.

Auf dieses civile Rechtsgebiet, das stets als die Hauptsache entgegentreten mußte, ist denn auch die Thätigkeit der Rechts= wissenschaft von jeher vorzugsweise gerichtet gewesen. Hier ist schon Großes errungen. Insbesondere seit durch die historische Schule der Sinn für nationalen Rechtsgeist ungemein geschärft worden, ist für das lebendige Verständniß unseres römischen und unseres germanischen Rechtes Vorzügliches geleistet worden. Und doch sieht man noch gar kein Ende der Arbeit; und namentlich wird in Betreff jenes vierten Punktes, der dogmatischen Gegen= einanderstellung der civiles rationes des deutschen und des bei uns eingelebten römischen Rechtes [2]), man vielleicht sagen kön= nen, daß wir eigentlich erst am Anfange der eingehenderen Ar= beit stehen.

32 §. 32. — C. Der final=limitirte Rechtsstoff (Utilität, Opportunität, Singularität). Man muß sich hüten, dies Ge= biet lediglich als das Product einer besonderen subjectiven Wil= lensbeliebung seitens der Rechtssatzung aufzufassen. Freilich sind von jeher vom Gesetzgeber vielfache Privilegien, die auch fehlen könnten, ja geradezu nachtheilig wirken können, aus

---

2) Vgl. z. B. meine neuerdings gegebene Darstellung der civilis ratio des römischen und des deutschen Collationsrechtes. Glück-Leist Commentar III S. 340 ff.

reiner Beliebung gegeben worden. Aber das ganze Gebiet, um 32
das es sich hier handelt, ist ein viel weiter greifendes; es hat im
Rechtsorganismus seine den übrigen Stoffen gegenüber durchaus
selbständige unentbehrliche Bedeutung. Es handelt sich um die
ganze Fülle der Rechtsbestimmungen für Sonder= und Einzelge=
staltungen, für die lediglich die Erreichung eines gewissen Zwecks
das den Inhalt ergebende Motiv der Rechtssatzung ist. Für be=
sondere Lebensabschnitte der Menschen; für bestimmte Zustände
der Schwäche und Unfähigkeit [1]); für vorübergehende Nothzu=
stände; für besondere Anschauungen und Bedürfnisse engerer Be=
rufskreise; für gewisse einzig vorkommende Localitäten (z. B. den
Rest eines Urwalds); für gewisse in einem Volke herrschend= und
ihm lieb=geworbene, sprichwörtlich recipirte, heimisch=besonders ge=
färbte Anschauungsweisen [2]); für eine gewisse juristisch=ästhetische
Symmetrie, wonach man gern eine Anzahl von Einzelpunkten,
die beliebig so oder anders geordnet werden könnten, jedenfalls
uniform geordnet wünscht; für gewisse öffentliche, kirchliche, ge=
meinnützige Interessen u. s. w., entwickelt sich ein durch das so=
ciale Leben selbst gegebener objectiver Stoff, der den Inhalt
für die zu gebende Rechtsnorm nach dem zu erreichenden Zweck
direct ergiebt. Es ist ganz unrichtig, dies Gebiet lediglich als
ein Gebiet der Ausnahmsbestimmungen, des utilitatis causa ge=
gebenen ius singulare [3]) aufzufassen. Allerdings: der Rechts=
satz über derartige Punkte kann als Ausnahme gegenüber einer

---

1) Vgl. über die Frage, wie, gegenüber der civilis ratio über die
Erbantretung, die Utilität zu Gunsten gewisser Personen den objecti=
ven Stoff darbietet, der bringend die Beiseitestellung der ratio iuris
fordert: Glück-Leist Commentar III S. 74 ff.

2) Vgl. meine „Wechselbeziehung" S. 18 ff.: „die Opportunität der
Correspondenz der Formen".

3) Fr. 16 de legib. 1. 3: Ius singulare est, quod contra tenorem
rationis propter aliquam utilitatem auctoritate constituentium
introductum est. Vgl. Beil. Nr. A. XII. 5.

III.

32 ratio naturalis ober civilis (einem Rechtsgrundſaß) auftreten. Aber in ſehr weitgreifender Weiſe geſtaltet ſich auch neben jenen rationes geltenbes Utilitätsrecht, Wohlfahrtsrecht, bem aller Ausnahmscharakter fremb iſt, unb bei bem man gerabezu wieber von Utilitätsprincipien reben kann⁴). Der Unter= ſchieb iſt, baß rationes naturales unb civiles an ſich unb ohne Bemeſſung auf einen beſtimmten Zweck gelten, während bas Uti= litätsprincip (ratio utilitatis) von vorn herein final limitirt iſt⁵) [fr. 25 de legib. 1. 3; ſ. unten §. 35 A. 2].

An einer bogmatiſchen Zuſammenarbeitung bieſes großen, eine Menge feinerer Beziehungen in ſich faſſenben Gebietes fehlt es in unſerer heutigen Wiſſenſchaft noch ganz. Darauf einzu= gehen iſt nicht bie Aufgabe bieſer Schrift. Aber es fehlt auch überhaupt noch an ber richtigen Geſammtanſchauung bieſes Ge= biets, was am beutlichſten barin hervortritt, baß ein ſo tiefblickenber Rechtsgelehrter wie Puchta bazu gelangen konnte, bies Gebiet mit bem ber Billigkeit (Aequität) zu ibentificiren. Puchta ſagt — abgeſehen vom Ausnahmsrecht, bas er auch ganz als Billig= keit auffaßt, ſo baß babei „bie Billigkeit nicht bas Recht burch= bringt, ſonbern ihm in ber Form eines Ausnahmsrechts gegen=

---

4) L. 1 C. de adq. et rel. poss. 7. 32 (Sever. et Ant. 196): tam ratione utilitatis quam iuris pridem receptum est. — Das Pri= vatrecht iſt ſo ſehr burchwebt von Beſtimmungen, bie lebiglich in ber Uti= lität ihre Begründung haben unb haben wollen, baß, bem baburch herge= ſtellten Effecte nach, ber Juriſt bas Privatrecht als bas Ius quod ad sin= gulorum utilitatem spectat bezeichnen konnte; fr. 1 §. 2 de iust. et iure 1. 1. Nicht aber (Rousseau contr. soc. II 3) ſtützt ſich bas geſammte Recht bloß auf Utilität.

5) Puchta P. §. 21: „Die Herrſchaft ber gleichmäßig burchgreifenben Regel über bie inbivibuellen Bebürfniſſe iſt ber Grunbcharakter bes Rechts, bie ratio iuris; barum kann es nicht fehlen, baß es in ben einzelnen Fällen mit ben Anſprüchen bes von ber Geltenbmachung ber inbi= vibuellen Unterſchiebe abhängigen Wohles in Colliſion kommt."

übersteht" —, die Aufgabe das Recht so auszubilden, daß die
abstracte Gleichheit nicht in eine wirkliche Ungleichheit umschlage,
werde auf folgendem Wege gelöst. „Das reine Recht selbst wird
so gestaltet, daß es, ohne seine Consequenz aufzugeben, den be=
gründeten Anforderungen auch des individuellen
Wohles entspricht[6]), es wird ein billiges Recht, aequum
ius, denn Billigkeit ist eben die Berücksichtigung
der individuellen Unterschiede und ihrer Ansprüche."
„Die Billigkeit ist ein seiner Gründe sich bewußtes, dem Geist
des fraglichen Rechtsinstitutes entsprechendes Ermessen der indi=
viduellen Umstände."

Ich halte dies für ganz unrichtig. Das Wohlfahrtsrecht
kann mit der Aequität zusammentreffen, es kann die utilitas der
Grund werden, daß die Aequität zu irgend einer Gestaltung an=
geregt wird[7]). Aber in sich selbst sind beide, die Utilität und
die Aequität, völlig geschiedene Gebiete. Um dies deutlich zu
machen, gebe ich im Folgenden in kurzen abgerissenen Sätzen
einen Ueberblick über die Hauptpunkte, in denen uns das Utili=
tätsrecht in unseren Quellen entgegentritt. Man wird daraus
auch ohne hinzugefügten Nachweis ersehen, daß dabei von Aequi=
tät gar nicht die Rede ist.

Zunächst giebt es eine Reihe wichtiger Punkte, in denen

---

6) Puchta P. §. 21 citirt (Note d) demgemäß Quellenstellen, in denen
von dem Wohlfahrtsrechte (der utilitas, publica utilitas, utilitas
communis) ausdrücklich die Rede ist. Diese Stellen werden im Folgenden
an ihrem Orte angeführt werden.

7) Z. B. fr. 33 §. 2 de procurat. 3 3: Publice utile est absentes a quibuscunque defendi ...., daher bei einer drohenden Verurt-
theilung: quamvis verba pro eo facientem et innocentiam excusantem
audiri aequum est. Oeffentliche Utilität ist das Vertretensein der
Abwesenden. Diese ratio utilitatis hat der Richter im Gebiet der „rechtanwendenden" Aequität bei drohender Verurtheilung zur Ausführung zu
bringen. Vgl. Beil. Nr. C. IX. 5.

III.
32 rein unb voll eine **publica** utilitas vorliegt [8]). 1) Die un=
mittelbaren Staats= ober Gemeinbeangelegenheiten, fr. 3 §. 13
de pecul. 15. 1; fr. 3 §. 4, fr. 4 de op. nov. nunc. 39.
1: si
in publico aliquid fiat, omnes cives opus novum nunciare
possunt; nam rei publicae interest quam plurimos ad de-
fendendam suam causam admittere; fr. 33 de usur. 22. 1.
— 2) Religiöses Interesse, insbesondere bie publica utilitas,
daß bie Leichen richtig beerbigt werben: fr. 12 §. 3 de religios.
11. 7: sic enim fieri ne insepulta corpora iacerent; fr. 43
eod.: propter publicam utilitatem ne insepulta cadavera
iacerent, strictam rationem insuper habemus [bie publica
utilitas ist hier eine stricta ratio, bie mit ber aequitas (Puchta
Note d) nichts zu thun hat], quae nonnunquam in ambiguis
religionum quaestionibus omitti solet: nam summam esse
rationem, quae pro religione facit; fr. 20 pr. eod.: publi-
cum ius; fr. 38 eod.: ne corpora aut ossa mortuorum de-
tinerentur aut vexarentur (fr. 39 eod.: ne inquietetur),
neve prohiberentur quo minus via publica transferrentur
aut quominus sepelirentur. — 3) Oeffentliches Interesse am
Bestraftwerben ber Vergehungen, fr. 9 §. 5 de publican. 39. 4:
vigor publicae disciplinae postulat; baher Begünstigung ber
Anzeige gemeinschäblicher Handlungen, fr. 5 §. 11 de iniur.
47. 10: quid enim si publica utilitas ex hoc emergit? —
4) Geltenbmachung ber Injurie, fr. 42 §. 1 de procur. 3. 3:
pro publica utilitate exercetur. — 5) Die Freiheit ist eine
Sache bes öffentlichen Interesses, fr. 53 de fideic. lib. 40. 5:
libertas non privata sed publica res est, ut ultro is qui
eam debet offerre debeat; fr. 10 §. 4 de test. tut. 26. 2:

---

8) Wo fie besteht, kann fie ben Grund abgeben zur Rescission behörd-
licher Anorbnungen, fr. 5 de decret. ab ord. fac. 50. 9; zur Nichtbeob-
achtung von wibrigen condiciones adpositae bei Schenkungen an res publicae, fr. 13 §. 1 de pollicit. 50. 12.

cum pupilli favore et publicae utilitatis adsumpta libertas
sit in persona eius, qui tutor scriptus est. — 6) Ehefchlie=
ßung, gefunde und legitime Fortpflanzung der Generationen,
fr. 12 §. 3 de captiv. 49. 15: publica nuptiarum utilitas;
fr. 2 de iure dot. 23. 3: rei publicae interest mulieres dotes salvas habere, propter quas nubere possunt; fr. 1 sol.
matr. 24. 3: publice interest dotes mulieribus conservari,
cum dotatas esse feminas ad subolem procreandam replen-
damque liberis civitatem maxime sit necessarium; fr. 1
§. 13 de insp. ventre 25. 4: publice interest partus non
subici, ut ordinum dignitas familiarumque salva sit; fr. 6
de pact. dot. 23. 4: propter utilitatem habentium; Paul.
sent. II. 19. 2: contracta non solvuntur: contemplatio enim
publicae utilitatis privatorum commodis praefertur. —
7) Volksernährung, Getreidezufuhr, fr. 13 de accusat. 48. 2:
propter publicam utilitatem ad annonam pertinentem;
fr. 37 de poenis 48. 19: propter falsum mensurarum modum ob utilitatem popularis annonae; fr. 2 §. 33 de orig.
iur. 1. 2: praefectus annonae et vigilum non sunt magi-
stratus, sed extra ordinem utilitatis causa constituti sunt.
— 8) Die Handelsbeziehungen, und zwar: Beförderung der
Schiffahrtsangelegenheiten, fr. 1 §. 5 de exerc. act. 14. 1: et
facilius hoc in magistro quam institore admittendum propter utilitatem ... dicendum tamen erit eo usque produ-
cendam utilitatem navigantium; fr. 1 §. 20 eod.: ad summam rempublicam navium exercitio pertinet; aber auch beim
Institutor besteht eine gewisse utilitas promiscui usus, fr. 17
§. 2 de instit. act. 14. 3; die Stellung der Bankgeschäfte, fr. 8
depos. 16. 3: idque propter necessarium usum argentario-
rum ex utilitate publica receptum est. — 9) Der offene
Straßenverkehr, fr. 1 §. 1 de his qui effud. 9. 3: summa
cum utilitate id praetorem edixisse nemo est qui neget:

III.

32 publice enim utile est sine metu et periculo per itinera commeari; §. 2 eod.: iter facientibus prospicitur, non publicis viis studetur; die Bewahrung der Stadt vor Ruinen, fr. 2 §. 17 ne quid in loco publ. 43. 8: ne ruinis urbs deformetur; Wegebeschützung, fr. 2 §. 35 eod.: in via publica itinereve publico factum immissum habes, quo ea via idve iter deterius sit fiat, §. 44: pertinet enim ad publicam utilitatem. — 10) Schutz von Person und Eigenthum bei allgemeinen Calamitäten, fr. 1 §. 4 depos. 16. 3: cum vero extante necessitate deponat, crescit perfidiae crimen et publica utilitas coercendae et vindicandae; fr. 1 §. 1 de incendio 47. 9: huius edicti utilitas evidens et iustissima severitas est, si quidem publice interest nihil rapi ex huiusmodi casibus. — 11) Vertretenwerden der absentes, fr. 33 §. 2 de procurator. 3. 3: publice utile est absentes a quibuscunque defendi (vgl. Anm. 7).

In anderen Angelegenheiten tritt zwar keine publica utilitas hervor, aber doch eine specifisch=juristische utilitas. Es macht sich das Bedürfniß nach einer practisch=zweck=mäßigen Ordnung des fraglichen Verhältnisses geltend, welches es nicht scheut, hie und da sogar in den Charakter des ius singulare überzugehen. — 12) Gegensatz dieser utilitas gegen das eigentlich strict Anzunehmende, fr. 20 §. 2 de S. P. U. 8. 2: utilitas exigit ut idem intellegatur: nam alioquin, si quis strictius interpretetur, aliud est quod sequenti loco ponitur; fr. 51 in fin. ad leg. Aq. 9. 2: multa iure civili contra rationem disputandi pro utilitate communi recepta esse innumerabilibus rebus probari potest ... quamvis subtili ratione dici possit neminem eorum teneri, quia neminem verum sit eam sustulisse [nicht mit Puchta Note d aus der Aequität zu erklären]. — 13) Meist bedarf es zur practischen Geltung einer solchen Utilität des „receptum est" im concreten

Fall, fr. 2 §. 16 pro empt. 41. 4: si a furioso, quem putem sanae mentis, emero, constitit usucapere utilitatis causa me posse quamvis nulla esset emptio; fr. 25 in fin. de adq. poss.: et videtur utilius esse [meine Wechselb. S. 48]; fr. 32 §. 2 cod.: utilitatis causa hoc receptum est, nam alioquin nullus sensus est infantis accipiendi possessionem; fr. 40 §. 1 cod.: propter utilitatem receptum est, ut per colonum possessio et retineretur et contineretur; fr. 44 §. 1 eod.: quaesitum est cur ex peculii causa per servum ignorantibus possessio quaereretur. dixi utilitatis causa iure singulari receptum, ne cogerentur domini per momenta species et causas peculiorum inquirere; fr. 6 §. 7 mand. 17. 1: quae sententia utilitati rerum consentanea est; fr. 26 pr. eod.: si tamen per ignorantiam impletum est, competere actionem utilitatis causa dicitur [meine Wechselb. S. 38 A. 43]; §. 10. I. de mandato 3. 26. — 14) Weiterbildung eines Satzes durch actio (utilis) in factum, fr. 11 de praescr. verb. 19. 5: idque utilitas eius legis exigit.

Endlich kann es sich lediglich um eine p r i v a t a utilitas handeln, die noch wieder in mannigfacher Beziehung der dogmatischen Gegenüberstellung gegen die publica bedarf. — 15) Gegensatz zur publica utilitas, fr. 42 §. 1 de procurator. 3. 3: ad actionem iniuriarum ex lege Cornelia procurator dari potest: nam etsi pro publica utilitate exercetur, privata tamen est; fr. 45 §. 1 eod.: qui ita de publico agunt, ut et privatum commodum defendant, causa cognita permittuntur procuratorem dare; fr. 9 §. 5 de publican. 39. 4: alterum enim utilitas privatorum, alterum vigor publicae disciplinae postulat; fr. 33 pr. ad leg. Aq. 9. 2: pretia rerum non ex affectione nec utilitate singulorum sed communiter fungi. — 16) Wohlbegründete Privat=utilitas, fr. 3 §. 2 de pec. const. 13. 5: habet enim utilitatem, ut ex die

³² obligatus constituendo se eadem die soluturum teneatur
[nicht mit Puchta Not. d aus der Aequität zu erklären]; fr. 1
§. 6. 7 ne quid in flum. publ. 43. 13: plerumque enim utilitas suadet exceptionem istam dari ... oportet enim in
huiusmodi rebus utilitatem et tutelam facientis spectari,
sine iniuria utique accolarum. — 17) Utilitas der Litigan=
ten, fr. 7 de feriis 2. 12: oratione quidem divi Marci amplius quam semel non esse dandam instrumentorum dilationem expressum est; sed utilitatis litigantium gratia
causa cognita et iterum dilatio ... impertiri solet. —
18) Scheidung der utilitas des Vertreters von der des dominus,
fr. 14 si quis cautionib. 2. 11: ut hanc conceptionem verborum non ad ipsius, sed ad domini utilitatem relatam in-
terpretemur; fr. 4 pr. de in lit. iur. 12. 3: non enim ad
suam utilitatem iurisiurandi referenda aestimatio est, sed
ad domini, cuius nomini tutelae ratio postulatur.

³³ §. 33. — D. Das voluntare Element ¹). — 1) Es ist
oben (§. 10) erörtert worden, daß der reale Gütertausch (und
zwar insbesondere auch das internationale Ertauschen ausländi=
scher Waare gegen Einheimisches) in Zeiten der Menschheit zu=
rückzuführen ist, die weit vor dem Auftreten des indogermani=
schen Urvolks liegen. Daß der naturali ratione sich entwickelnde
Realkauf in diesem unserem Urvolk bestanden haben müsse, be=
weist das Wort (und also der Begriff) Kaufpreis: vasnas,
ὦνος, venum (§. 10). — Im Realkauf haben wir den Urtypus
friedlichen Vertrages: die durch beiderseitiges Leisten gleich real
vollzogene Willensübereinstimmung über Sache und Preis. Die=
ser Rechtsbegriff friedlichen Vertrages ist dann auch in der gan=
zen indogermanischen Welt auf die Eheschließung angewendet

---

1) Die früher herrschende ganz übertriebene Verwendung des volun=
taren Elements habe ich in diesen Studien III Beil. 4 S. 303 ff. in der
Zusammenstellung der Ansichten des Hugo Grotius exemplificirt.

worden (§. 6). Aber auch das Wort (und also der Begriff) 33
sonſtigen vertragsmäßigen Bindens (pâçajâmi, pacere, pactum, pax — §. 8 A. 6) zieht ſich bis in das Urvolk. Von jeher ſind Kriege unter Völkerſtämmen durch Friedensſchlüſſe beigelegt worden. Aber indogermaniſche Art iſt es, wie wir geſehen haben, auch den Krieg unter Stämmen, und den Kampf unter Einzelnen wegen erlittener „Kränkung", in eine vertragsartige Geſtalt zu bringen. Es wird die Kampfesanſage (dictio, condictio, δίκη, §. 14 A. 5. 6) in wohlgeordneter ſollenner Form dem Gegner gegenüber vorgenommen; es wird das Anhören und Zuſchauen der Götter angerufen, damit der bevorſtehende Kampf ſich zum göttlichen Urtheil geſtalten könne. Alſo der Kampf wird damit zum Wettkampf (ἀγών, actio — §. 12 A. 10), die Proceßeinleitung zur Wette, und in der Einleitung dieſes Rechtsſtreites liegt von jeher ein vertragsartiges ſollennes Sichbinden, daß man es auf dieſe Entſcheidung ankommen laſſen wolle [„iudicio contrahitur"²]. Aus dieſem Grundgebanken heraus lag denn von jeher die Auffaſſung nahe, die wir in der italiſchen in iure cessio, aber in ähnlichen Geſtaltungen auch im germaniſchen Rechtsleben haben hervortreten ſehen, daß bewaffnetes, alſo urſprünglich im Ernſt kampfgerüſtetes, Zuſammentreten vor den Magiſtrat (Prieſter) mit Behauptung des Rechts an der berührten Sache und, gegenüber der Kampfverweigerung oder dem Schweigen des Gegners, magiſtratiſcher Abdiction (Gai. II 24), — als vertragsmäßiger ſollenner Uebertragungsact verwendet wird (§. 15 A. 4). Damit haben wir im italiſchen Völkerſtrange die ſollenne cauſaloſe [lediglich auf animus transferendi und accipiendi dominii oder hereditatis

---

²) Ja ſogar in unſerer „Forderung" und „Annahme" des Duells liegt noch heutzutage das „Contrahiren" auf das Gottesurtheil des Kampfes. Vgl. auch das „manum conserere", §. 16 Nr. 3. b.

III.

33 u. f. w. fich rebucirenbe [3])] Uebertragungsform. Aber auch der Gedanke, daß man über den Gegenstand wirklichen Streites durch Vertrag die Eventualität des Kampfes bei Seite schieben könne, muß schon dem Urvolke angehören, denn wir finden ihn im germanischen Völkerstrange im Compositionensyftem zu weit= greifender Entwicklung ausgebildet, wir finden ganz denselben Satz in den 12 Tafeln als die Bestimmung, daß das pacere die Verfolgung der Talion wegen erlittener Kränkung (Hohn, iniuria) ausschließe. Weiter tritt uns ein follennes pacere aus dem Urvolke entgegen in dem Looswerfen mehrer als Erbnehmer (heres — açaharas — arbinumja — §. 7 A. 14; §. 18 A. 9) Auftretenden über die Erbschaft (κληρονομέω — arbja vairpa; Grimm S. 467), welches Erbnehmen oder Erbtheilen im itali= schen Volksstrange das [von hir: Hand, mit durch c erweitertem Stamme, Curtius 189] herciscere [4]) der familia genannt wird. Lediglich bei den Italikern hat sich aus dem Realkauf in der Zeit strictnationaler Rechtsgestaltungstenbenz in der ersten altlatini= schen Periode (vor den Aeckervertheilungen nach dem numerus duodenarius) für die wichtigeren beweglichen Sachen die Man= cipation [als Erhebung des Realkaufs zum strictnationalen follen= nen Rechtsact, also ursprünglich coincidirend: Real= und For= malcontract] entwickelt [5]). Derselben Zeit wird auch die Er=

---

3) Meine Mancipation und Tradition S. 36 ff.

4) Bei ben Italikern, wo wohl schon früh das heroisaere unter die adiudicatio eines arbiter gestellt worden ist, hat sich das Looswerfen (das ja auch eine Art Gottesurtheil ist) nur als letzte Aushülfe erhalten; fr. 5 fam. erc. 10. 2: si omnes iisdem ex partibus heredes sint, nec inter eos conveniat, apud quem potius esse debeant, sortiri eos oportet. — Ueber ital. Sponsionen vgl. §. 6 A. 5; §. 25 a. E.

5) Der Realkauf ist von Anfang an ein Friedensact (§. 10 hinter Anm. 8), danach ist nicht daran zu denken, daß jemals bei dem zum For= malact erhobenen Realkauf, d. h. bei der Mancipation, der die Formel aio rem meam esse ausfprechende Erwerber mit der hasta (festuca) be=

hebung bes nach ber naturalis ratio ein reales Gelbhingeben in **33**
fich faffenben (§. 2 Nr. 3. f. β) Darlehns=pacere (bas wir auch
als internationales mutuum hervortreten fahen — f. §. 30 A. 1)
ju bem ftrictnationalen Rechtsacte bes nexum zuzufchreiben fein.
Enblich gehört ber altitalifchen Zeit bie Entwicklung ber Rechts=
form letztwillig teftamentarifcher Inbibibual=Beftimmung an. Im
Urvolfe hat es, als bie Germanen abzogen, biefe Rechtsibee noch
nicht gegeben (§. 7 A. 13); bei ben Griechen ift fie nur fo weit
gebiehen, baß ber Hausvater zur Aufrechthaltung bes Haufes
einen Sohn aboptiren unb zugleich zu Erben einfetzen fann (f.
§. 7 bei A. 14); bei ben Italifern tritt fie uns biel weiter ent=
wickelt als libera testamentifactio (calatis comitiis) entgegen.
Aber bie Annahme ift vielleicht nicht zu fühn, baß bei ben Itali=

---

waffnet hätte fein müffen. Hierin tritt, — wenn man auch nach ber
fpäteren practifchen Berwenbung ber in iure cessio in fie einfach ben animus transferendi et accipiendi dominii hineininterpretiren barf,
Anm. 3 — beutlich bie Urverfchiebenheit zwifchen in iure cessio unb mancipatio zu Tage. a) Erftere ift aus bem Privatfehbeftanbpunft erwachfen.
Der Erwerber „binbicirt" Gai. II. 24; b. h. qui vindicabat, festucam
tenebat, Gai. IV. 16. Wer in iure binbicirt, alfo bie vindicta impo-
nirt, ftellt fich auf ben Fehbeftanbpunft bes ἀγών (Agis); mithin ift bie
in iure cessio eine (legis) actio (§. 12 A. 10), nur baß es nicht zur
contentio fommt. Inbem ber Gegner bie Contravinbication verfchmäht,
fo ift bas an fich fein animus transferendi dominii fonbern nur
Rampfablehnung, alfo zur Eigenthumsübertragung bebarf es noch bes
fari („addico") bes Magiftrats (§. 16 A. 3). b) Dagegen bei ber Mancipation liegt im Sachhingeben gegen Empfang bes abgewogenen aes rude
bie wahre voluntas transferendi dominii. Der Erwerber nimmt mit
ben Worten aio rem meam esse bie Eigenthumsantretungshanblung
vor (parallel ber cretio hereditatis). Auch in bem fpäteren fpecififch-
römifchen dare bes Raubusculum pretii loco liegt, ba ber Beräußerer gegenüber ber Antretungserflärung bas pretii loco bargereichte aes ohne
Proteft annimmt, ber animus transferendi dominii, alfo wirflicher
Eigenthumstransmanationswille.

III.

33 fern in früheren Zeiten ähnliche Zwischenzuständbe durchgemacht werden mußten, als diejenigen bei benen die Griechen stehen geblieben sind. —

Dies ist das Material, welches sich aus der ältesten Zeit über das Gebiet und die Gestalten vertragsmäßiger und letztwilliger Individualwillensbestimmungen ermitteln läßt. Die Rechtsacte sind entweder Realacte oder Formalacte. Die Verhältnisse müssen sich Schutz suchen durch den Zustand des factischen Besitzens (die „Handmacht", manus); man erhebt die Einleitung des Selbstschutzes durch Kampf zum Formalact; man knüpft daran den reinen Formalact des Scheinkampfs; man gestaltet, in die Periode der strictnationalen Rechtsgestaltungstendenz übergehend, auf der Basis der natürlich gegebenen Realkaufs= und Realdarlehns=Acte die stricten mit besonderem Rechtsschutz versehenen Formalgeschäfte der nexi datio, obligatio (und liberatio) [6]; man schafft endlich gewisse sollenne Rechtsacte wie Arrogation und Testamentserrichtung vor versammelter Volksgemeinde. Daß aber der formlose Individualwille, allgemein oder wenigstens in einzelnen genau bestimmten Fällen, die Kraft habe, den Rechtsschutz des Gemeinwesens in Bewegung zu setzen, dazu mußten erst weite Stadien der Erstarkung der Staatskraft durchmessen werden. Wir sehen dies in den historischen Zeiten sich vollziehen.

Aus welchen Elementen ist nun die allgemeine Lehre von dem Wesen und der bindenden Kraft der Individual=Willensbestimmungen, insbesondere der Verträge, aufzubauen? Aus dem Zusammenhalt des factischen Gehaltes des Willens mit einem

---

6) In soweit, als einzelne, auf naturalis ratio ruhende, zu internationaler Verwendung gelangte Geschäfte schon lange bestanden haben, ehe überhaupt die Periode der strict-nationalen Formalgeschäfte begann, kann man denn auch sagen (vgl. §. 1 Anm. 3), daß das ius naturale und ius gentium gegenüber dem ius civile das „vetustius" sei.

complicirten Berein von Sätzen der naturalis ratio und von
sehr verschiedenen civiles rationes, verbunden noch mit utilitatis und aequitatis rationes als Nebenmomenten. Es hat neu=
stens Schloßmann [„der Vertrag"] den interessanten Versuch ge=
macht, die im Gebiete dieser Frage heutzutage herrschenden mor=
schen Theorieen umzustoßen, aber mit einem, wie mir scheint,
für den positiven Neuaufbau nicht zureichenden Rüstzeuge.
Denn in dem „Rechtsgefühl oder Rechtsbewußtsein" in Betreff
der „Aufhebung der Interessencollisionen" (S. 193 ff.) bietet er
uns nur ein secundäres im Laufe der Geschichte sich sehr mobi=
ficirendes Product des gesammten hypostatischen Elementes.
Nicht aber aus dem Secundären, sondern nur unmittelbar aus
dem hypostatischen Elemente selbst läßt sich das Material zur Lö=
sung dieser tiefgreifenden Frage, auf die weiter einzugehen hier
nicht meine Absicht sein kann, entnehmen.

2) Ich sprach bisher von den actuellen Individualwil=
lensgestaltungen, wie sie den Stoff zum Verständniß eines un=
gemein wichtigen Gebietes von Rechtsverhältnissen darbieten.
Aber damit ist der Umkreis des voluntaren Elementes nicht erle=
digt. Es giebt gegenüber dem actuellen Willen auch noch einen
probabelen Willen, dem wir als weitgreifendem Stoffschöpfer
in den Rechtsverhältnissen nachforschen müssen. Dieser Wille ist
entweder ein concret probabeler d. h. ein bei der betreffen=
den Person in concreto vorhandener oder supponirbarer, ohne
daß er geäußert worden ist —, oder, noch einen Schritt weiter,
ein lediglich abstract probabler, d. h. ein auch ohne die
Supposition des concreten Vorhandenseins angenommener Wille.
Namentlich diese letztere Gattung ist von einer für die dogmati=
sche Analyse der Rechtsverhältnisse außerordentlich eingreifenden
Bedeutung. Was ich in dieser Hinsicht gesammelt habe, ist zu
umfänglich, um mit in diese Schrift aufgenommen werden zu
können. Ich scheide es ganz aus für eine künftige Gelegenheit.

³³ Nur einen verhältnißmäßig kleinen Punkt daraus habe ich neuer=
dings in meiner schon (§. 2) citirten Recension der Amann'schen
Schrift eingehender behandelt.

Danach muß ich denn auch die einzige noch übrige von der
naturalis ratio redende Hauptstelle, welche im Bisherigen ihre
Erklärung nicht gefunden hat⁷), — Ernst Zimmermann hat sie
kürzlich zum Motto seiner Schrift von der stellvertretenden negotiorum gestio erwählt — hier unerörtert lassen.

³⁴ §. 34. — E. Die Aequität. 1) Was ist Aequität? Sa=
vigny antwortet: sie ist die naturalis ratio. Wir haben gese=
hen, daß das nicht richtig ist. Puchta antwortet: sie ist das
Wohlfahrtsrecht. Wir haben gesehen, daß auch dies nicht rich=
tig ist.

Fassen wir noch einen Hauptvertreter einer selbständigen
Ansicht ins Auge. Windscheid (P. 4. Aufl. §. 28) sagt: „Bil=
lig ist das den thatsächlichen Verhältnissen angemessene Recht
d. h. dasjenige Recht, in welchem jedes Moment der thatsäch=
lichen Verhältnisse, das auf Berücksichtigung Anspruch machen
kann, Berücksichtigung wirklich findet, keines Berücksichtigung
findet, welches Berücksichtigung nicht verdient, und jedes gerade
diejenige Berücksichtigung findet, welche seine. Natur fordert.
Dasjenige Recht, welches in einer oder der anderen dieser Bezie=
hungen den thatsächlichen Verhältnissen nicht angemessen ist, nennt
man strenges Recht." Danach sei der Billigkeitsbegriff, meint
Windscheid, ein unbestimmter je nach dem Rechtsbewußtsein oder
Rechtsgefühl der Betrachtenden. In dem Sinn des Rechtsge=
fühls oder Rechtsbewußtseins einer Volksgesammtheit bezeichne
Billigkeit das Ideal, nach dessen Verwirklichung das Recht jedes

---

7) Fr. 38 (39) de negot. gest. 3. 5 (Gai.): naturalis enim simul
et civilis ratio suasit alienam condicionem meliorem quidem etiam ignorantis et inviti nos facere posse, deteriorem non posse. Vgl. diese Studien II S. 157 A. 1.

Volks zu streben habe; vor dessen Verwirklichung, bevor eine
Rechtsquelle die Billigkeitsaussprüche anerkannt habe, sei die
Billigkeit nicht Recht, und der Richter würde sich schwer verfeh=
len, der das positive Recht gegen solche Billigkeit hintansetzen
wollte.

Wenn in dieser Weise das ius aequum „nicht das allen
Personen gleiche Recht, sondern das den Verhältnissen gleiche sie
deckende Recht" wäre, so erschiene damit das den thatsächlichen
Verhältnissen der natura rerum, der naturalis ratio, der uti=
litas und des voluntaren Elementes entsprechende insgesammt als
billiges Recht. Damit wäre der selbständige Begriff der Aequi=
tät aufgelöst d. h. werthlos; er ginge auf in dem des „factisch=
adäquaten" Rechtes. Aber die aequitas ist etwas von der Ver=
wendung der natura rerum, der naturalis ratio, der utilitas,
des voluntaren Elements völlig Verschiedenes; sie steht jenen an=
deren Bestandtheilen des hypostatischen Elementes als ein eigener
Bestandtheil desselben selbständig gegenüber.

Was ist denn nun aber diese selbständige Aequität? Man
wird, schon nach der großen Divergenz der angegebenen Ansichten
über das Wesen derselben, sagen müssen, daß ein klares Ver=
ständniß derselben bisher nicht erreicht worden ist. Freilich läßt
sich in vielen Lehren constatiren, daß der Aequitätsbegriff in Be=
folgung der römischen Quellen richtig verwendet wird. Aber da=
bei bleibt die Nothwendigkeit des Gesammtverständnisses für Fra=
gen, wo uns der Buchstabe der Quellen verläßt [1]). Es ist eine
Sicherheit der dogmatischen Analyse erst erreichbar, wenn man,
wie über alle anderen Bestandtheile des hypostatischen Elements,
so auch über dieses so tiefgreifende und unendlich wichtige ins
Klare gelangt ist.

Der Weg zu sicherem Verständniß der Aequität kann —

1) Gegen unrichtige Verwendungen der Aequität: Glück=Leist Com=
mentar III S. 289.

34 ebenſo wie bei ber natura rerum, ber naturalis ratio, ber utilitas, — nur ber ſein, baß man ſich nicht an bie eine ober anbere allgemein rebenbe Stelle hält, ſonbern ber concreten Verwenbung berſelben in allen Stellen ber röm. Juriſten nachgeht,
unb ſo aus ber geſammten Einzelverwenbung ben alle burchzie-
henben leitenben Gebanken entnimmt [2]). Die Römer gebrauchen
vielfach ganz promiscue bie Wörter „aequum" unb „humanum". Dies führt barauf (unb bie Verwenbung in allen einzelnen Punkten beſtätigt es), was ber Begriff ber Aequität ſei.
Aequität iſt: bie Humanität im Gebiete ber ſocialen
Ordnung. Um beutlich zu machen, wie bieſer Begriff ſich
burch alle Einzelverwenbungen hinburchzieht, habe ich es für bas
Rathſamſte gehalten, bas große Quellenmaterial chreſtomathie-
artig, untermiſcht mit nur kurzen Bemerkungen meinerſeits, in
ber Beilage zuſammen zu ſtellen. Ich habe ſelbſt bas Bebürfniß
empfunben, unb benke baß bas auch bei Anberen vorliegen werbe,
— bei ben verſchiebenſten bogmatiſchen Unterſuchungen gleich in
einem Ueberblick verfolgen zu können, in welchen Verbinbungen
unb Gegenſätzen bie von ben römiſchen Juriſten bei Einem Punkte
erhobene Aequitätsfrage zu anberen näher ober entfernter liegen-
ben Aequitätsſätzen ſtehe. Die baraus für meinen eigenen Gebrauch erwachſene Chreſtomathie theile ich in ber Beilage mit.

---

2) M. Voigt bas ius naturale, aequum et bonum unb ius gentium ber Römer. 4 Bbe. (1856 ff.) hat in umfaſſenber Weiſe bie Begriffe
ber naturalis ratio, bes ius gentium, unb ber aequitas, wie ſie hiſto-
riſch bei ben Römern verwenbet worben ſinb, verfolgt. Das mit emſi-
gem Fleiß unb großer Gelehrſamkeit zuſammengetragene umfängliche Material iſt für hiſtoriſches Studium werthvoll. Dogmatiſch iſt bas Werk
weſentlich reſultatlos, ba eine kritiſche Zuſammenorbnung ber Geſammt-
verwenbung ber naturalis ratio unb ber aequitas, unb eine Unterſuchung
ihrer bogmatiſchen Function im Rechtsorganismus gar nicht unternommen
worben iſt. Auch mit Angabe ber „fünf Hauptrichtungen ber aequitas" I
S. 350 iſt bas Weſen ber brei großen Aequitätsgruppen gar nicht getroffen.

Abſolute Vollſtändigkeit garantire ich nicht; aber ganz weſentliche Punkte werden ſchwerlich fehlen [3]). Erſt wenn man ſich ganz einarbeitet in die Art, wie die claſſiſchen römiſchen Juriſten bei der gewaltigen Zahl von Einzelfragen die Aequität verwenden, kann man ein feſtes Verſtändniß davon gewinnen, daß allen dieſen höchſt mannigfaltigen Einzelverwendungen ein einziger und ganz präciſer Begriff innewohnt. Es zeigt ſich auch hier die wunderbare Eigenheit der römiſchen Claſſiker: die ſchärfſte Verwendung eines Begriffs durch die verſchiedenſten concreten Geſtaltungen hindurch, ohne auch nur das Bedürfniß, den Begriff theoretiſch zuſammenzufaſſen.

Wer ſich eingelebt hat in dieſe römiſche Geſammtverwendung der Aequität, dem, denke ich, wird ſich das Reſultat ergeben, daß der einheitlich leitende Aequitätsbegriff der eben von mir formulirte iſt: „die Humanität im Gebiete der ſocialen Ordnung". Aber eine eigentliche Beweisführung in Betreff dieſer meiner Formulirung werde ich im Terte dieſer Schrift gar nicht unternehmen. Ich müßte ſonſt, was ich hier nicht beabſichtige, ein dickes Buch über die Aequität ſchreiben. Die von mir in der Beilage zuſammengeordneten Quellenausſprüche mögen rückſichtlich des Aequitätsbegriffs ſich ſelbſt rechtfertigen. Findet ein Anderer, daß der Begriff noch anders, als von mir geſchehen, zu formuliren ſei: wohl. Was ich im Folgenden zuſammenfaſſend ſage, ſoll nur eine Art orientirender Einleitung zu der Beilage ſein.

§. 35. — 2) Die Humanität iſt ein Begriff, der beſteht, so lange es Menſchen giebt. Der Menſch erkennt von jeher den Menſchen als ſeines Gleichen. Daß die Menſchen gleich-

---

3) Wer bei der Lectüre der Quellen auf wichtige, von der Aequität redende, Stellen ſtößt, die ich nicht berückſichtigt habe, wird mir durch Mittheilung derſelben einen dankbar anerkannten Dienſt erweiſen.

³⁵ artig, unb baß der Menſch dem Thiere ungleichartig organiſirt iſt, beruht auf der realen Naturordnung, der naturalis ratio.

Den Gedanfen aber, daß: — troß aller Ungleichheit, die Krieg unb Gewaltthat, Verſchiedenheit der Begabung unb des Ehrgei= zes, Verſchiedenheit der Geſchlechter, der Glücksumſtände, des Fleißes, Verſchiedenheit des Erfolges ebenfalls nach der realen Na= turordnung mit ſich führen, unb bie bann eben auch in der Ver= ſchiedenheit unb Ungleichheit der Rechtsſtellung ſich verför= pert, — man im Mitmenſchen doch immer den Bruber anzuer= fennen habe, dieſen Gedanfen trägt der roheſte wie der gebilbetſte Menſch in ſich. Er beruht darauf, daß der Menſch (im Gegen= ſaß zum Thier) ein ſittliches Weſen iſt, daß er bie göttliche Mitgabe des Gewiſſens in ſich trägt. Die Stimme eines Jeden ſagt ſich: „Du biſt ein Menſch, ſo ſollſt bu auch gegen Deines Gleichen Dich menſchlich benehmen“: ἄνϑρωπον ὄντα δεῖ φρονεῖν ἀνϑρώπινα. Damit haben wir die „Menſchlichfeit“, bie „Humanität“, welche nothwendig „Gleichheitsgefühl“ (Aequität) iſt.

a) Die Humanität iſt feine bloße „Theorie“, ſonbern eine Macht von ungeheuerer, gar nicht zu unterbrückender Naturfraft. So wie das Gewiſſen des Einzelnen eine Macht iſt, ſo iſt das Gleichheits= ober Humanitätsgefühl, wie es in einem Volfe herrſcht, bie Macht des Volfsgewiſſens. Es identificirt ſich nicht mit dem Rechtsbewußtſein des Volfs. Im Gegentheil es läßt nicht ab, das beſtehenbe Recht richtend[1]), ſtrafenb, beſſernb, mil=

---

1) Das Gerechtigfeitsgefühl iſt vorzugsweiſe das, in verſchie= benen Perioben der Menſchheit freilich ſehr verſchieben lautenbe, Reſultat der ſtets ſich erneuernben Critif der aequitas über das ius. Cic. de off. I. 19: servare aequitatem quae est iustitiae maxime propria; II. 12: ius enim semper quaesitum est aequabile: neque enim aliter esset ius.

dernd ju critifiren. Aequität ift nid)t: „das der menfd)lid)en
Natur eingepflanzte gemeinfame Rechtsbewußtfein" (Savigny),
fondern die Aequität vindicirt fid) ihren Beftand gerade abgefehen
vom Recht. Sie ftellt fid) mahnend über das Recht; fie behält
ihr Eigenwefen, aud) wo das Recht fie adoptirt hat. Iuris ratio
(oder ratio i. e. S.) und aequitas (oder acquitatis ratio) bleiben
immer innerlid) verfchiedene Dinge ²).

b) Die Aequitäts= oder Humanitätsidee hat von jeher be=
ftanden und Wirkungen geäußert. Jenes heilige Gaftrecht und
die Scheu der Schußflehenden (§. 10 A. 4. 5) find fchon Pro=
ducte der Anfchauung, daß man außerhalb alles ius feines Glei=

2) Fr. 25 de legib. 1. 3: nolla iuris ratio aut aequitatis benignitas patitur, ut quae salubriter pro utilitate hominum introducuntur, ea nos duriore interpretatione contra ipsorum commodum
producamus ad severitatem; fr. 7 §. 1 de i. i. r. 4. 1: ut et ratio et
aequitas postulabit; fr. 32 §. 4 ad leg. Falc. 35. 2: quae sententia
et aequitatem et rationem magis habet; fr. 52 §. 3 de pact. 2. 14:
rescriptum est, neque iure ullo neque aequitate tale desiderium admitti; fr. 32 pr. de pecul. 15. 1: licet hoc iure contingat, tamen aequitas dictat indicium in eos dari; fr. 2 §. 5 de aqua et aq. pl. 39. 3:
haec aequitas suggerit, etsi iure deficiamur; fr. 20 de instit. act. 14.
3: nec iure his verbis obligatum nec aequitatem conveniendi eum
superesse; fr. 13 pr. de lib. et post. 28. 2: licet enim suptili iuris
regulae conveniebat ruptum fieri testamentum, ... ad hniusmodi sententiam humanitate suggerente decursum est; fr. 6 si tab. test.
null. 38. 6: et rei aequitas et causa edicti quo de b. p. liberis
danda cavetur; fr. 11 in fin. de usuris 22: 1: aequum est, quamvis
ipso iure usurae reipublicae debeantur; fr. 16 §. 5 de pignorib. 20. 1:
quod ego quantum quidem ad suptilitatem legis et auctoritatem sententiae uon probo ... sed humanius est; fr. 8 de cap.
min. 4. 5: civilis ratio naturalia iura corrumpere non potest
(vgl. Beil. Nr. C. VI. 3), fr. 85 §. 2 de reg. iur. 50. 17: quotiens aequitatem desiderii naturalis ratio aut dnbitatio iuris moratur
(vgl. Beil. Nr. C. I. 6. a.).

13*

35 chen menſchlich behandeln muß. Aber wie das Gewiſſen des
Einzelnen abgeſtumpft und umgekehrt zu feinerer Empfindung
geſchärft werden kann, ſo iſt es auch mit dem Humanitätsgefühl
der Völker. Es iſt etwas mit der Zeit und den Erfahrungen der
Völker Wachſendes, etwas Cultivirbares, Erziehbares. Mit ſei=
nem Wachſen wird es ein immerfort thätiges Correctiv des Rechts;
und ſo bildet es ein nothwendig exiſtirendes hypoſtatiſches
Element für die Rechtsbetrachtung, deſſen ſelbſtändiger Beſtand
auch dadurch nicht geändert wird, daß von Zeit zu Zeit die Völ=
ker um der practiſchen Zweckmäßigkeit willen darauf kommen, ihr
ganzes Recht zu codificiren, alſo jedem in die einzelnen Para=
graphen auch aus der Aequität aufgenommenen Satze die ſpeciell
formelle Geſetzeskraft zu verleihen. Je feiner die Rechtsausbil=
dung ſich geſtaltet, deſto feiner wird auch die Ausſöhnung und
Verbindung mit dem Gleichheitsgedanken. Das Ziel des letzteren
iſt ja gar nicht: Gleichmachung der Menſchen und ihres Rechts;
ſondern, bei aller immer bleibenden Ungleichheit der Verhältniſſe
und der Rechtsſtellungen, gleichmenſchliche Behandlung
Aller unter dem Recht. Man behandelt gleichmenſchlich: einen
Reichen und einen Armen nicht dadurch, daß man die Güter
unter ihnen theilt, ſondern daß man dieſelbe Anforderung (z. B.
des Steuerzahlens) gegen Beide je nach dem Verhältniß ihres Ver=
mögens durchführt; einen Mann und eine Frau nicht dadurch,
daß man Beide als Geſchlechtsloſe betrachtet, ſondern daß man
denſelben Rechtsſatz der gegebenen Verſchiedenheit ihres Geſchlechts
anpaßt; einen verſtockten Verbrecher und einen um's Vaterland
verdienten Feldherrn nicht dadurch, daß man gegen Beider Thaten
indifferent iſt, ſondern daß man den für Alle geltenden Satz,
daß das Böſe zu ſtrafen das Gute zu belohnen ſei, beim Einen
ohne Ueberhaß, beim Anderen ohne Uebergunſt zur Anwendung
bringt (vgl. Anm. 5 a. E.); ein Kind unter ſeinem Vater und

eine vaterlose Waise nicht dadurch, daß man den Unterschied igno- 35
rirt, sondern daß man dem nach der realen Naturordnung Ge-
schützten den Vaterlosen (vgl. oben S. 57) künstlich möglichst
gleichstellt u. s. w. u. s. w. Aequität ist nicht: Nivellirung, Gleichmachung der menschlichen Verhältnisse und Leistungen, sondern: Prüfung aller Verhältnisse unter dem unparteiischen Gesichtspunkte der Gleichheit und Gleichwerthigkeit der menschlichen
Natur.

§. 36. — c) Die Art, wie die römischen Juristen diesen 36
Aequitätsgedanken in einer überaus großen Fülle des Details
durch ihr ganzes Recht durchgearbeitet haben, ist eine ihrer größten
Leistungen. Sie verfahren dabei in ihrer einfachen phrasenlosen
Weise mit sittlicher Strenge und andererseits wieder warmer Her-
zensmildigkeit [1]). Man darf nicht glauben, daß Aequität sich
immer als Benignität äußere. Als wenn sie nur eine schwäch-
liche Scheu wäre, den Leuten wehe zu thun! Allerdings gestaltet
sie sich überwiegend nach der freundlichen Seite hin, und gerade
dann gebraucht man vorzugsweise gern den Ausdruck „Humanität".
Aber in sich ist die Aequität gleichwägende Unparteilichkeit (suum
cuique tribuere; vgl. Anm. 5); und die kann und muß gegen
das Böse, Schlechte, Unredliche und Unsaubere ahndend, miß-

---

1) Vgl. z. B. ihre Auffassung des „iustus exactionis modus",
der sowohl durch übertrieben harte Selbstbelastung mittelst Vertrages (sti-
pulationis iniquitas, fr. 17 pr. de usur. 22. 1), als auch durch über-
strenge amtliche Geltendmachung öffentlicher Interessen [vgl. §. 32 Nr. 1]
verletzt werden kann. Letzteres drückt Ulpian in fr. 33 pr. de usuris mit
folgenden Worten aus: prospicere reipublicae securitati debet praeses
provinciae, dummodo non acerbum se exactorem nec contu-
meliosum [nec rursus contemptibilem] praebeat, sed moderatum
et cum efficacia benignum et cum instantia humanum:
nam inter insolentiam incuriosam [iniuriosam: Hal.] et di-
ligentiam non ambitiosam multum interest.

III.

³⁶ billigend und unfentimental verfahren. Es giebt also auch eine „ftrenge" Aequität (f. Beil. C. II. 1.; A. XIII. und oben §. 9, §. 13 A. 9).

Die Römer haben durch ihren feineren Ausbau der Aequität ein eigenes großes Gebäude „civiliſtiſcher Sittlichkeit" aufgeführt. Weniges darin enthält wirkliche Neuſchöpfungen, die ſich in ihrem Beſtande auf die eigenthümlich freie Stellung der römiſchen Juriſten, nach dem ius respondendi ganz neues Recht machen zu können, reduciren. Im Uebrigen operiren ſie im Anhalt an das beſtehende poſitive Recht. Sie bauen die Aequität nach drei Richtungen aus: nach der Richtung der Schätzung der Individualität und des Werths der Perſönlich= keiten; nach der der objectiven Ausgleichung des in den Verhält= niſſen dem Aequitätsgedanken Widerſprechenden; und nach der der Rechtsdurchführung im Sinn der Aequität. Ich nenne dieſe drei großen Richtungen der Aequität: die ſubjectivſchätzende, die objectivausgleichende und die rechtanwendende. Ich habe danach die Ausſprüche der römiſchen Juriſten über das Einzelne in der Beilage geordnet. — Lediglich dem dritten Ge= biete, der rechtanwendenden Aequität, gehört unſer ſchöner deut= ſcher (aber in der heutigen Anwendung oft ganz entſtellter) Be= griff der „Billichkeit" an. (Grimm D. W. B. II. S. 27: „Billich, aequus, probabilis [adv. iure, merito] findet ſich erſt ſeit dem 11. Jahrh. ... verzeichnet²), mit dem vorhin an=

---

2) Vgl. im Gegenſatz: Grimm D. W. B. a. a. O.: „Billig, aequus, im 17. Jahrh. tauchte dieſe falſche Schreibung auf und ſetzte ſich im 18. Jahrh. feſt, das Wort iſt aber, wie wir ſahen, mit lich zuſammengeſetzt, nicht durch — ig abgeleitet. ... Die Betonung billig ſteht der alten von billich entgegen. Die urſprüngliche Bedeutung zeigt ſich, wenn wir es mit recht verbinden, von welchem es ſich gleichwohl unterſcheidet, wie aequitas von ius: das iſt recht und billig; ich halte die Sache für recht und billig;

geführten bil (fas, ius) und dem adj. lich, das sich in lich
kürzte, zusammengesetzt, daher es sich noch weiter in bilch ver=
engen konnte." Es ist dem bil gemäß, daß es auch zur An=
wendung gebracht werde: „was dem Einen Recht ist, ist dem
Andern billich" heißt ursprünglich: erkennen wir etwas bei dem
Einen für Recht, so ist es auch dem bil gemäß, es beim Anderen
zur Anwendung zu bringen: „Accio idem quod Titio ius esto"
[Zell, Ferienschriften II. 57. 91; — vgl. Lucas 6, 31]. Grimm
D. W. B. B. a. a. O.: „das sollend wir Christenmenschen auch
thun und ist billich das wir es thun, — es ist nicht billich das
er leben sol, — denen nim ich es auch nicht für übel und billich,
— nieman findet Fleisch in aller menschen heut, das nicht zu bö=
sem williger, denn zum guten billicher" [das Gute anwendend], —
„darum soltu es billich leiden" [dem Rechte gemäß], — „darumb
hast Du billich nicht verschonet", — „denn wo der gerechte thut
böses, so stirbt er ja billich darumb" [Cic. de off. I. 25: lex
quae ad puniendum non iracundia sed aequitate du-
citur].

d) Man darf nicht sagen, daß der Richter bei seiner Thä=
tigkeit das Menschlichkeits= oder Aequitätsgefühl zu verläugnen
habe, soweit nicht das Recht die Aequität besonders anerkenne,

---

Dein Verlangen ist billig; was dem Einen recht ist, ist dem Anderen billig;
was Dir recht, ist mir billig; ein billiger Zorn, ein gerechter; billige Rück=
sicht." — Viele construiren sich heutzutage den Begriff der Aequität lediglich
nach dem Sinn dieses erst seit dem 17. Jahrh. sich entwickelnden Wortes:
Billigkeit (nicht: Billichkeit); und finden ihn also einfach in dem Gegen=
satz von ius aequum zum ius strictum; vgl. z. B. Brinz P. 2. Aufl. S. 112:
„die Gründe sind hier und dort von derselben Art; dieselbe Billigkeit,
Zweckmäßigkeit, Gunst, Gemeinnützigkeit, die das einemal zur Regel führte,
hat ein andermal deren Abbeugung verursacht. So dürfen ius aequum
und strictum (rigor), von denen jedes seine Regeln und Ausnahmen
hatte, mit ius commune und singulare nicht verwechselt werden."

36 unb baß barüber hinaus ber bie Aequität verwenbenbe Richter seine Pflicht verletze. Die Angst vor falscher Verwenbung (ber s. g. aequitas cerebrina) liegt hauptsächlich in ber Unklarheit über das Wesen ber Aequität. In bem Geiste, in bem bie Römer bie Aequität ausgearbeitet haben, werben wir unbebenklich bem Richter auch immerfort bas Waltenlassen bes Humanitätsgebankens bei ber Rechtshanbhabung gestatten können. Mit bem Abschneiben berselben würbe gar nichts gewonnen werben [3]). Auch werben wir — abgesehen von ben selteneren Punkten, wo es sich im röm. Recht (gleichartig wie in jenen obigen Fällen bes „receptum est" in Betreff gewisser Utilitätssätze; vgl. §. 32 Nr. 13) um ganz neue[4]) burch ius respondendi festgestellte Aequitätssätze hanbelt, bie in bieser Weise allerbings unsere Jurisprubenz nicht würbe erzeugen können, — nicht sagen bürfen, baß unsere Rechts=

---

3) Eine solche Abschneibung liegt auch nicht, wie Winbscheib A. 4 annimmt, in l. 1 C. de legib. 1. 14 (Constantin): inter aequitatem iusque interpositam interpretationem nobis solis et oportet et licet inspicere; biese Stelle spricht speciell von einem Widerspruch zwischen ius unb aequitas; vgl. Beil. Nr. C. I. 6. b.

4) Die Römer nennen solche ganz neue Aequitätssätze, bie zunächst noch keinen Anhaltspunkt im positiven Rechte haben, bie naturalis aequitas i. e. S. im Gegensatz zur civilis aequitas. Fr. 1 §. 1 si is qui test. lib. 47. 4 (Ulp.): Haec autem actio, ut Labeo scripsit, naturalem potius in se quam civilem habet aequitatem, si quidem civilis deficit actio: sed natura aequum est non esse impunitum eum, qui hac spe audacior factus est, quia neque ut servum se coerceri posse intelligit spe imminentis libertatis, neque ut liberum damnari, quia hereditati furtum fecit, hoc est dominae, dominus autem dominave non possunt habere furti actionem cum servo suo, quamvis postea ad libertatem pervenerit vel alienatus sit, nisi si postea quoque contrectaverit. e re itaque esse praetor putavit calliditatem et protervitatem horum, qui hereditates depopulantur, dupli actione coercere.

wiſſenſchaft in der Erfüllung eines poſitiv gegebenen Rechtsinſti=
tuts mit der dem römiſchen Geiſte entſprechenden Aequität heut=
zutage beengter wäre, als es die Römer waren.

e) Die Aequität iſt nicht ein „Ideal", vor deſſen Erreichung
wir lediglich am Rechte halten müßten, ſondern ſie iſt eine A u f =
g a b e, an der innerhalb des Rechtsgebietes immer gearbeitet wird
und immer noch ferner gearbeitet werden muß. Sie iſt das ſtets in
Bewegung zu haltende, immerfort dem Recht die ſittliche Wärme
einhauchende Element. Auch Aequitätsgedanken können veralten,
und es können andere und höhere Geſichtspunkte ſich an die Stelle
ſetzen. Auch Aequitätsgeſichtspunkte können, wenn ſie vollſtändig
in's Recht Aufnahme gefunden haben, ſchließlich erſtarren und
verknöchern. Die große Bedeutung, welche der Aequität als
einem ſelbſtändigen hypoſtatiſchen Elemente zukommt, kann ſie
nur feſthalten, wenn die Rechtswiſſenſchaft es verſteht, ihre For=
mulirung immer in dem geiſtig freien und doch conſervativen Sinne
durchzuführen, der die römiſche Durcharbeitung der Aequität
kennzeichnet[5]). Es handelt ſich im Recht um eine Ordnung, die

---

5) Vgl. z. B. fr. 31 §. 1 depos. 16. 3 (Tryphon): si per se dantem
accipientemque intuemur, haec est b o n a f i d e s, ut commissam rem recipiat is qui dedit: si t o t i u s r e i a e q u i t a t e m, q u a e e x o m n i b u s
p e r s o n i s q u a e n e g o t i o i s t o c o n t i n g u n t u r impletur, mihi reddenda sunt [utilis actio], cui f a c t o s c e l e s t i s s i m o adempta sunt . et
p r o b o h a n c e s s e i u s t i t i a m q u a e s u u m c u i q u e i t a t r i b u i t, u t
n o n d i s t r a h a t u r a b u l l i u s p e r s o n a e i u s t i o r e r e p e t i t i o n e.
quodsi ego ad petenda ea non veniam, nihilominus ei restituenda sunt qui
deposuit, quamvis m a l e q u a e s i t a deposuit. — Da die aequitas ſich zu
einem ſehr detailirt durch das ganze Recht durchgearbeiteten Syſtem der
„civiliſtiſchen Sittlichkeit" (civilis aequitas) ausgeſtaltet hat, ſo iſt die Aequi=
tätsvorſchrift des „suum cuique tribuere" geradezu ein allgemeines „i u r i s
praeceptum" geworden (§. 3 I. de iust. et iur. 1. 1). So wird das ius
(im Sinne der Rechtswiſſenſchaft) die a r s boni et aequi genannt; fr. 1 pr.

III.

36 allen, auch oft sehr rohen und egoistischen, Triebfedern freien
Spielraum gestatten muß. Es ist von jeher im Rechtsgebiete
Viel von Kampf nicht bloß geredet worden (vgl. §. 8 A. 8),
sondern auch wirklich zu spüren gewesen. Auch jetzt wieder ist es
besonders Mode geworden, den „Kampf um's Dasein" zu betonen.
Aber dem rein dynamischen Spiel der Kräfte und Interessen steht
immer wohlthuend die Macht des Humanitäts= und Aequitäts=
gedankens gegenüber. Die Herzlosigkeit des „Kampfes um's
Dasein" findet stets ihr Gegengewicht in dem Drängen nach dem
„Frieden gleichen Rechtes".

37 §. 37. — IV. Das historische Element. Das Recht in
der Menschheit unterliegt einer Gesammtentwicklung, deren End=
resultate unserem Auge verborgen sind. Die Entwicklung des
Rechtes in einem einzelnen Volke, namentlich in einem Gliede
unserer indogermanischen Völkerfamilie, bildet nur ein mehr oder
weniger wichtiges Moment in der Gesammtvorwärtsbewegung.
Dabei findet, wie bei den Sprachen, ein Abschleifen des abson=
derlich=Eigenthümlichen, ein Untergehen des Particularen statt.
Ein nivellirtes Gemeinsames tritt an die Stelle. Viele Keime
im großen Rechtsgarten gelangen nur eben zum Blättertreiben,
Wenigeres gelangt zur Blüthe, noch Wenigeres zur Frucht. Für
den Untergang von so vielem Liebgewordenen finden die Menschen
den Ersatz in dem, immer weitere Kreise umspannenden, Ge=
meinsamen. Die civilisirten Völker schleifen sich aneinander ihr

---

§. 1 de iust. et iur. 1. 1 (Ulp.): nam ut eleganter Celsus definit, ius
est ars boni et aequi. Cuius merito quis nos sacerdotes appellet:
iustitiam (vgl. §. 35 Anm. 1) namque colimus et boni et aequi noti-
tiam profitemur, aequum ab iniquo separantes, licitum ab
illicito discernentes, bonos non solum metu poenarum verum etiam prae-
miorum quoque exhortatione efficere cupientes, veram nisi fallor philo-
sophiam non simulatam affectantes.

Recht immer mehr gegenseitig ab, sie tragen ihr Recht in die halbcultivirten Völker; immer mehr Länder des Erdkreises werden in die Rechtscultur hineingezogen.

Das Recht in diesem seinem Weiterschreiten ist nur verständlich durch immer tieferes Eindringen in den Gang seiner bisherigen Entwicklung, in die Urelemente, aus denen es sich entwickelt hat. Man kann sagen: je weiter die Rechtsgeschichte zurückgreift in die Urzeiten, um so interessanter wird sie. Die Gestaltung des Rechts ist die Entfaltung des menschlichen Geistes nach der Seite der socialen Ordnung hin. Die Wissenschaft der Rechtsgeschichte soll diese Geistesentfaltung unserem Auge darlegen. In der gemeinsamen Aufgabe, die Geschichte des menschlichen Geistes in seinen verschiedenen Richtungen zu ermitteln, vereinigen sich schließlich die verschiedensten wissenschaftlichen Specialaufgaben. Allmälig wird man vielleicht noch manche bisher verdeckte Gründe der Gesammtentwicklung erkennen, es wird in Betreff der „Weltanschauung", die schon so viele Stufen durchschritten hat, mit der Zeit heller werden. „Den Grund der Weltanschauungen anzugeben," sagt Otfr. Müller (Proleg. S. 121), „liegt der historischen Mythenforschung nicht ob; sie" [und wir können ebenso auch sagen: die geschichtliche Rechtsforschung] „muß dies der höchsten aller geschichtlichen Wissenschaften, einer — in ihrem inneren Zusammenhange kaum noch geahnten — Geschichte des menschlichen Geistes überlassen."

Die Einsicht, daß das Recht als ein stetes Werden nur geschichtlich begriffen werden kann, der Wissenschaft gewonnen zu haben, ist das unvergängliche Verdienst der historischen Schule. Ich habe nicht die Absicht ihre allbekannten Leistungen hier weiter auseinander zu setzen.

V. Das philosophische Element. Wenn man ein Rechtsinstitut wissenschaftlich feststellen will, so muß man zunächst er-

³⁷ mitteln, welchem hypoſtatiſchen Elemente oder welchen mehren hypoſtatiſchen Elementen es angehöre. Die hypoſtatiſchen Be= ſtandtheile eines Rechtsinſtituts, namentlich aber — im Gegenſaß zur civilis ratio, — die naturalis ratio (mit der natura rerum), das Wohlfahrtselement, das voluntare Element, und die (natu- ralis) aequitas, kann man ſeine „Phyſis" oder Natur i. w. S. nennen. Dieſe hypoſtatiſchen Beſtandtheile ſind mit dem ge= ſammten legalen Elemente des beſtimmten Volkes, um das es ſich handelt, zu verarbeiten. Das aus hypoſtatiſchen und legalen Beſtandtheilen zuſammengeſeßte Rechtsinſtitut iſt in ſeinem ge= ſammten geſchichtlichen Verlauf durch alle die mannigfachen Ver= bindungen hindurch, die es im Laufe der Zeiten knüpft und löſt, zu verfolgen. Das ſo aus hypoſtatiſch = legal = hiſtoriſchen Ele= menten erwachſene Weſen des Rechtsinſtituts iſt allen Zerglie= derungen, Begriffsformulirungen, Claſſificationen und ſyſtema= tiſchen Momenten des durch die Arbeit einer alten Wiſſenſchaft errungenen logiſchen Elementes zu unterwerfen.

Wenn dies Alles berückſichtigt iſt, ſo haben wir in Betreff des Rechtsinſtitutes das erledigt, was für Vorbereitung ſeiner richtigen p r a c t i ſ ch e n V e r w e n d u n g nöthig iſt. Aber damit iſt unſere wiſſenſchaftliche Aufgabe nicht beendigt. Es fehlt noch die philoſophiſche Thätigkeit. Es iſt von ganz beſonderer Wich= tigkeit, daß man ſich den practiſch=wiſſenſchaftlichen und den phi= loſophiſch=wiſſenſchaftlichen Standpunkt genau auseinander halte[1]).

---

1) Man kann S ch l o ß m a n n, Vertrag S. 201 nicht beiſtimmen, wenn er ſagt: „Man wird der hier vertheidigten Richtung entgegenhalten, daß dieſelbe keine Rechtswiſſenſchaft, ſondern Philoſophie ſei. Allein wenn feſtſteht, daß die bloße Darlegung des geltenden Rechts nicht Wiſſenſchaft, und daß dieſe Thätigkeit auch mit nur gelegentlicher, je nach Neigung oder augenblicklichem Bedürfniß zugelaſſener Ueberſchreitung des Poſitiven noch keine Wiſſenſchaft, ſondern planloſes Schwanken zwiſchen Autorität und

Die Vorbedingung für alle wissenschaftliche Förderung ist klare Abgrenzung des eingenommenen Standpunktes, und die Rechts= philosophie kann erst richtig operiren, wenn sie sich frei fühlt von der Rücksicht auf die practische Verwendung in der Gegenwart eines bestimmten Landes.

Die Entwicklung des Rechts in der Menschheit ist ein geistiges Vorwärtsschreiten. Das führt darauf, — wofern man sich nicht überhaupt alle menschheitliche, und also auch die rechtlich=mensch= heitliche Entwicklung, als ein resultatloses Nichts, als einen „dummen Spaß" vorstellen will, — daß dieses geistige Vorwärts= schreiten nothwendig innerhalb einer geistigen Substanz vor sich gehen müsse, von der es Bestandtheil, aber (da es in zeitlicher und räumlicher Entwicklung begriffen ist) nur undeutlicher Bestand= theil, ist. So wird der menschliche Geist dahin getrieben, sich diese Substanz transscendent als ein rein=Absolutes durch Axiom zu setzen, und von da aus sich die Einzelentfaltungen erst substantiell verständlich zu machen. Man kann sich das reine Absolute als unpersönlich=begriffliches Sein, man kann es sich als immanentes Gerechtigkeitselement innerhalb des persönlichen göttlichen Wesens denken. Beide Standpunkte müssen der rechtsphilosophischen Untersuchung frei offenstehen. Wie gegenüber diesem Absoluten der menschliche Wille in Freiheit und Nothwendigkeit sich bewegt; welche psychologischen Grundlagen dahin führen, daß der Mensch allenthalben als πολιτικὸν ζῷον, als sociales Naturwesen auf= tritt; welche Plane überhaupt in der realen Naturordnung und in der Begabung der Menschheit mit socialem Willen gefunden werden können; wie danach in den verschiedenen Menschheitsracen das Rechtssystem, in seinen Gliederungen und in seiner Aufgabe der Erziehung des Menschengeschlechtes, zu immer höheren Stufen

Erkenntniß ist, dann kann der Name, mit welchem man ein folgerichtiges wissenschaftliches Vorgehen belegt, gleichgültig sein."

III.

37 der Gesittung sich entfalte, das zu erforschen, sind die Aufgaben der Rechtsphilosophie. Hat die Wissenschaft des bestehenden Rech= tes es mit „Principien" und „Summen" zu thun, so operirt die Rechtsphilosophie mit „Axiomen". Alles was ich oben für die Wissenschaft des bestehenden Rechtes läugnete, daß man die Rechtsinstitute aus dem Begriff aufbauen dürfe, — in der Rechtsphilosophie muß es als Darlegung der sich entfaltenden Substanz des Absoluten zur vollen Ausführung gelangen. Da= für aber muß freilich ein höherer Standpunkt genommen wer= den, als er uns in manchen „rechtsphilosophischen" Erörterungen entgegentritt, die bei Lichte besehen nichts als Deductionen aus einer unklaren „Natur der Sache" sind.

Beilage.

Beilage.

Die Aequität.

A. Subjectivschätzende Aequität.

I. Beiseitesetzen des dolus und des Wissens Anderer. Fremder Beil.
dolus soll mir a) nicht schaden, b) aber auch nicht nützen. — 1) fr. 37 A. I.
de act. empt. 19. 1 (Paul.): Sicut aequum est bonae fidei
emptori a) alterius dolum non nocere, ita b) non est
aequum eidem personae venditoris sui dolum
prodesse; fr. 3 §. 1 de eo per quem factum. 2. 10. — 2) fr. 5
de iur. et fact. ign. 22. 6 (Terent. Clem.): Iniquissimum
videtur cuiquam scientiam alterius quam suam nocere vel ignorantiam alterius alii profuturam. —
3) fr. 8 §. 1 fr. 9 de act. rer. am. 25. 2 (Pomp.): si mulier
res quas amoverit non reddat, aestimari debere quanti in
litem vir iurasset, (Paul.) non enim aequum est invitum
[nisi. ins.] suo pretio res suas vendere; fr. 10 eod. —
4) fr. 22 pr. de act. rer. am. (Iulian.): Gegenüber der Frau kann
der Dritte sich nicht mit Berufung darauf schützen, daß die Frau die
Sache dolo erworben hat: si propter res amotas egero cum muliere et lis aestimata sit, an actio ei danda sit, si amiserit
possessionem? movet me quia dolo adquisiit possessionem . resp.: qui litis aestimationem suffert, emptoris loco
habendus est . ideo .. si amiserit possessionem, in rem actio
ei danda est. — 5) Gai. IV. 75: ex maleficiis filiorumfami-
lias servorumve ... noxales actiones proditae sunt, uti li-
ceret patri dominove aut litis aestimationem sufferre aut noxae
dedere: erat enim iniquum nequitiam eorum ultra
ipsorum corpora parentibus dominisve damnosam esse;
fr. 133 de reg. iur. 50. 17 (Gai.): Melior condicio nostra per
servos fieri potest, deterior fieri non potest.

II. Grave est fidem fallere; fides contractus. — 1) fr. 1 A. II.
pr. de pecun. const. 13. 5 (Ulp.): Hoc edicto praetor favet
naturali aequitati: qui constituta ex consensu facta cu-
stodit, quoniam grave est fidem fallere; fr. 1 pr. de

A. II. pact. 2. 14 (Ulp.): huius edicti aequitas naturalis est . quid enim tam congruum fidei humanae, quam ea quae inter eos placuerunt servare?; fr. 84 §. 1 de reg. iur. 50. 17 (Paul.): is natura debet, quem iure gentium dare oportet, cuius fidem secuti sumus; fr. 19 §. 9 locati 19. 2 (Ulp. — Imp. Ant. cum D. Sev.): fidem contractus impleri aequum est. — 2) Der venditor hereditatis muß präſtiren: id quod pervenit; auch den Werth der von ihm aus der Erbſchaft verſchenkten Sachen erſetzen, weil es in dem Geſammtkreiſe der Zuſage liegt (hoc esse servandum quod actum est; fr. 2 §. 1 de her. vel act. vend. 18. 4); §. 3 eod. (Ulp.): sed et rerum ante venditionem donatarum pretia praestari aequitatis ratio exigit. — fr. 54 pr. locat. 19. 2 (Paul.): cum fideiussor in omnem causam se applicuit, aequum videtur ipsum quoque agnoscere onus usurarum. — 3) Be= urtheilung der Zuſagen nach mittlerem Maaß; fr. 18 pr. de Aed. edict. 21. 1 (Gai.): haec omnia ex bono et aequo modice desiderentur; fr. 2 §. 3 si quis cautionib. 2. 11. — 4) fr. 7 §. 10 de pact. 2. 14 (Ulp.): sed si fraudandi causa pactum factum dicatur, nihil praetor adicit: sed eleganter Labeo ait hoc aut iniquum esse aut supervacuum . iniquum si quod se- mel remisit creditor debitori suo bona fide, ite- rum hoc conetur destruere. — 5) Zuſage auf Zeit; fr. 52 §. 3 de pact. 2. 14 (Ulp.): produci ad perpetuam praestatio- nem id pactum postulabatur: rescriptum est neque iure ullo neque aequitate tale desiderium admitti. — 6) Beurthei= lung nach dem honestum; fr. 6 §. 3 de his qui not. inf. 3. 2 (Ulp.): „pactusve erit‘: pactum sic accipimus, si cum pretio quantocunque pactus est . alioquin et qui precibus inpetravit . . erit notatus . . . quod est inhumanum.

A. III. III. Einſtehen für das, und Anſpruchserhebung gemäß dem, den Vorausſetzungen und Verhältniſſen eines Anderen Entſprechenden. — 1) fr. 3 §. 7 de cond. caus. dat. 12. 4 (Ulp.): si servus, qui testamento heredi iussus erat decem dare et liber esse, co- dicillis pure libertatem accepit et id ignorans dederit he- redi decem, an repetere possit? et refert patrem suum Cel- sum existimasse repetere eum non posse: sed ipse Celsus naturali aequitate motus putat repeti posse . quae sen- tentia verior est. — 2) fr. 31 §. 14 de Aedil. ed. 21. 1 (Ulp.): quibus administratio rerum [permittitur, eorum, ins.] culpam abesse praestare non inique dominum cogi (vgl. §. 11 eod.). — So auch Einſtehen nach den Voraus= ſetzungen des mit einem Sklaven unter Hinblick auf ſein Peculium Con= trahirenden: fr. 32 de pecul. 15. 1 (Ulp.): sed licet hoc iure contingat, tamen aequitas dictat iudicium in eos dari qui occasione iuris liberantur, ut magis eos perceptio quam intentio liberet: nam qui cum servo contrahit, universum peculium eius quod ubique est veluti patrimonium intuetur. Daher die Entscheidung des fr. 37 §. 3 eod. (Iulian.): si actum sit de peculio cum eo qui usumfructum in servo habet et minus consecutus sit creditor, non est iniquum ut ex universo eius peculio, sive apud fructuarium sive apud proprietarium erit, rem consequatur. — 3) Man barf einem Anberen nicht bie Verantwortung für eine Eventualität zuschieben wollen, bie unter ber eigenen Hanb ganz ebenso eingetreten sein würbe; fr. 25 §. 4 de Aedil. ed. 21. 1 (Ulp.): wenn bie zu rebhibirenbe Sache beim Käufer beschäbigt worben ist; Pedius ait aequum fuisse id duntaxat emptori imputari ex facto procuratoris et familiae, quod non fuit passurus servus nisi [ei, ins.] venisset: quod autem passurus erat etiam, si non venisset, in eo concedi emptori servi sui noxae deditionem, et eo, inquit, quod procurator commisit solum actionum praestandarum necessitatem ei iniungi. — 4) fr. 46 pr. de evict. 21. 2 (Afric.): ich kaufe eine Sache, nicht wissenb baß sie mit einem Ususfruct belastet ist, unb trabire sie weiter detracto usufructu [welche Detraction wegen Bestehens eines anberweiten Ususfructs nichtig ist]; fällt bann ber Usufructuar hinweg, so kehrt ber Usufruct zum Eigenthümer (bem von mir Erwerbenben) zurück; ich aber kann gegen meinen Verkäufer wegen Eviction klagen: quia aequum sit eandem causam meam esse quae futura esset, si tunc usufructus alienus non fuisset. — 5) fr. 43 in fin. de act. empt. 19. 1 (Paul.): Beim Evictions= anspruch Auslagen auf ben evincirten Sklaven nach ben Verhältnissen bes Verkäufers: plane si in tantum pretium excedisse proponas, ut non sit cogitatum a venditore de tanta summa . . ., iniquum videtur in magnam quantitatem obligari venditorem. — 6) Man barf einem Anberen nicht bas eigene Hanbeln aufzwängen wollen, wenn er sagen kann, er würbe an= bers gehanbelt haben; fr. 1 de solut. 46. 3 (Ulp.): et quod dixerit, id erit solutum: possumus enim certam legem dicere ei quod solvimus . quotiens vero non dicimus in quod solutum sit, in arbitrio est accipientis cui potius debito acceptum ferat, dummodo in id constituat solutum in quod ipse si deberet esset soluturus . . . . aequissimum enim visum est creditorem ita agere rem debitoris ut suam ageret . fr. 2. 3 eod.: haec res efficit ut in duriorem causam semper videatur sibi debere accepto ferre: ita et in suo constitueret nomine; fr. 23 §. 8 de Aedil. ed. 21. 1 (Ulp.): quid ergo, inquit Iulianus, si noluerit venditor hominem recipere? non esse co-

14 *

A. III. gendum ait quioquam praestare, nec amplius quam pretio
condemnabitur: et hoc detrimentum sua culpa emptorem pas-
surum, qui cum posset hominem noxae dedere, ma-
luerit litis aestimationem sufferre. et videtur mihi
Iuliani sententia humanior esse. — 7) fr. 5 §. 17 de
instit. act. 14. 3 (Ulp.): si ab alio institor sit praepositus, is
tamen decesserit qui praeposuit et heres ei extiterit, qui eodem institore utatur, sine dubio teneri eum oportebit. nec
non, si ante aditam hereditatem cum eo contra-
ctum est, aequum est ignoranti dari institoriam actionem (fr. 17 §. 2. 3 eod.).

A. IV. IV. Einstehen für die eigenen Facta, bezw. frühere Verfügun-
gen. — 1) fr. 31 §. 17 de Aedil. ed. 21. 1 (Ulp.): quaeritur
.. hoc tantum, an sit redhibitum ... iniquum est
enim, postquam venditor agnovit recipiendo mancipium esse id in causa redhibitionis, tunc quaeri, utrum
debuerit redhiberi an non debuerit. — fr. 82 de solut. 46. 3
(Procul.): Hat der Mann divortio facto dem Dotalgeber [ohne
frühere hierauf gerichtete Verabredung mit diesem; aber nach iussus
der Frau] die dos zurückgegeben antequam Seia (uxor) vetaret ..
si nec causam habuisset existimandi id invita Seia
facturum esse, nec melius nec aequius esse existi-
marem eum fundum Seiae reddi [der Mann kann hier annehmen,
daß die Frau bei ihrer früheren Verfügung stehen bleibe]. — fr. 70
§. 1 de legat. II (31) (Papin.): Belastung eines Legatars eine
res propria maioris pretii zu restituiren: non est audiendus legatarius, legato percepto (also sein eigenes früheres Factum)
si velit computare: non enim aequitas hoc probare
patitur, si quod legatorum nomine perceperit legatarius of-
ferat. — Danach auch der Vorzug des vom Selben früher Kaufen-
den; fr. 72 de rei vind. 6. 1: si a Titio fundum emeris Sem-
pronii et tibi traditus sit pretio soluto, deinde Titius Sem-
pronio heres extiterit et eundem alii vendiderit et tradiderit,
aequius est, ut tu potior sis. nam et si ipse venditor
eam rem a te peteret, exceptione eum summoveres;
fr. 2 de exc. rei vend. et tr. 21. 3; fr. 4 §. 32 de doli exc.
44. 4. — 2) fr. 75 de reg. iur. 50. 17 (Papin.): nemo potest
mutare cousilium suum in alterius iniuriam; — Beob-
achtung des in einer „Präposition" Festgestellten: fr. 11 §. 5 de institor. act. (Ulp.): Condicio autem praepositionis servanda est
... aequissimum erit id servari, in quo praepositus est;
fr. 20 eod. (Scaev.): respondit nec iure his verbis obligatum nec aequitatem conveniendi eum superesse,
cum id institoris officio ad fidem mensae protestan-
dam scripsisset. — fr. 3 §. 1 de pollicit. 50. 12 (Ulp.): si

quis quam ex pollicitatione tradiderat rem municipibus vindi- A. ɪv.
care velit, repellendus est a petitione: acquissimum est
enim huiusmodi voluntates in civitates collatas paenitentia
non revocari. — 3) fr. 155 pr. de reg. iur. 50. 17 (Paul.):
factum cuique suum, non adversario nocere debet;
fr. 203 eod. (Pomp.): quod quis ex culpa sua damnum
sentit, non intelligitur [damnum, del.] sentire; fr. 17 pr. de
noxal. act. 9. 4 (Paul.): illud iniquum est eum, qui iussit
servum facere, consequi aliquid a socio, cum ex suo delicto damnum patiatur; fr. 14 §. 3 quod met. caus. 4. 2
(Ulp.): nec cuiquam iniquum videtur ex alieno facto alium in quadruplum condemnari, quia non statim quadrupli est actio, sed si res non restituatur; fr. 14 §. 2 de
pec. const. 13. 5 (Ulp.): si mora interveniente, aequum
est teneri eum qui constituit; unb zwar entſcheibet bie ſpätere
mora: fr. 18 (17) de peric. et comm. 18. 6 (Pompon.): sed
si per emptorem mora fuisset, deinde cum omnia in integro
essent, venditor moram adhibuerit cum posset se exsolvere,
aequum est posteriorem moram venditori nocere. —
4) Umgekehrt bas precär Verfügte lann man revociren; fr. 2 §. 2 de
precar. 43. 26 (Ulp.): et naturalem habet in se aequitatem, [namque precarium revocare volenti competit, del.].
est enim natura aequum tamdiu te liberalitate mea uti
quamdiu ego velim, et ut possim revocare cum mutavero voluntatem. Für Derartiges wird auch der Ausbruck fas (§. 10 A. 4
—6) feſtgehalten: fr. 32 §. 2 de don. int. vir. et ux. (Ulp. —
Antonin. ante excess. D. Severi): fas esse eum quidem
qui donavit [posse, ins.] paenitere: heredem vero eripere
forsitan adversus voluntatem supremam eius qui donaverit
durum et avarum esse. — Worüber man nicht verfügt
hat, bas lann auch nicht betroffen ſein: fr. 9 §. 3 de transact. 2. 15
(Ulp.): in his tantum transactio obest ... de quibus actum
probatur: nam iniquum est perimi pacto id de quo
cogitatum non docetur.

    V. Einflang zwiſchen bem eigenen Wiſſen (bezw. Wiſſenmüſſen) A. v.
weſentlicher Umſtänbe unb bem Hanbeln. — 1) fr. 48 §. 3 de Aedil.
ed. 21. 1 (Pompon.): ei qui servum vinctum vendiderit,
Aedilicium edictum remitti aequum est: multo enim amplius est id facere, quam pronuntiare in vinculis fuisse (ber
Käufer mußte es alſo wiſſen). §. 4 in aediliciis actionibus exceptionem opponi aequum est si emtor sciret de fuga
aut vinculis aut ceteris rebus similibus, ut venditor absolva-
tur. — 2) fr. 7 pr. §. 1 de doli exc. 44. 4 (Ulp.): si pecuniam, quam me tibi debere existimabam, iussu tuo spopon-
derim ei cui donare volebas, unb: si ei, quem creditorem

A. V. tuum putabas, iussu tuo pecuniam, quam me tibi debere existimabam, promisero, — fo wird nach Aequität exceptio doli und condictio auf Liberirung gegeben: et habet haec sententia Iuliani humanitatem.

A. VI. VI. Berücksichtigung des probabelen Willens in nicht wiederherstellbaren Sachlagen. — 1) Eine Mutter, die ihre zwei Söhne instituirt hat, und im Kindbett des britten gestorben ist, gilt nach Aequität als diesen instituirthabenwollend: l. 3 C. de inoff. test. 3. 28 (Sever. 197): repentini casus iniquitas per coniecturam maternae pietatis emendanda est. — 2) fr. 13 pr. de lib. et post. 28. 2 (Iulian.): secundum voluntatem testantis . . . licet enim suptili iuris regulae conveniebat ruptum fieri testamentum, attamen cum ex utroque nato testator voluerit uxorem aliquid habere, ideo ad huiusmodi sententiam humanitate suggerente decursum est.

A. VII. VII. Bor Eintritt irgendwelchen Berantwortlichkeitsverhältnisses trägt man keinen Schaden. — fr. 12 (9) §. 6 (9) de adm. rer. ad civ. 50. 8 (Papir. Iust.): item rescripserunt nominum, quae deteriora facta sunt tempore curatoris, periculum ad ipsum pertinere: quae vero antequam curator fieret idonea non erant, aequum videri periculum ad eum non pertinere.

A. VIII. VIII. Factischer Irrthum ist entschuldbar, nicht aber Rechtsirrthum. — fr. 9 §. 5 de iur. et fact. ign. (Paul. — Sever. et Anton.): sciant ignorantiam facti non iuris prodesse, nec stultis solere succurri sed errantibus. Daher wäre es gegen die Aequität, wenn das rechtsirrthümlich Gegebene sollte rückgängig gemacht werden können: cum sit utrumque iniquum, pecuniam quae ad opus aquaeductus data est repeti, et rempublicam ex corpore patrimonii sui impendere in id opus quod totum alienae liberalitatis gloriam repraesentet.

A. IX. IX. Inanspruchnahme des bemnächst Zurückzugebenden ist nicht gestattet. — 1) fr. 173 §. 3 de reg. iur. (Paul.): Dolo facit qui petit quod redditurus est; daher: fr. 59 pr. de Aed. ed. (Ulp.): cum in ea causa est venditum mancipium, ut redhiberi debeat, iniquum est venditorem pretium redhibendae rei consequi; vgl. übrigens fr. 44 §. 1 sol. matr. 24. 3 (Paul.): absurde dicitur dolo videri eum facere, qui non ipsi quem convenit sed alii restituturus petit. — 2) fr. 8 de doli mal. exc. 44. 4 (Paul.): Dolo facit qui petit quod redditurus est. Sic si heres damnatus sit non petere a debitore, potest uti exceptione doli mali debitor et agere ex testamento. [Dagegen die Compensation ist nicht auf den Satz dolo facit zurückzuführen; Eisele Comp. (1876) S. 232.]

A. X. X. Man soll aus eigenem (bezw. der Seinigen) Delict keinen

Gewinn ziehen dürfen. — 1) fr. 134 §. 1 de reg. iur. 50. 17 A. X.
(Ulp.): nemo ex suo delicto meliorem suam condicionem facere potest; fr. 63 §. 7 pro socio 17. 2 (Ulp.): nec enim
aequum est dolum suum quemquam relevare; fr. 3 §. 12
de pecul. 15. 1 (Ulp.): iniquissimum est ex furto servi
dominum locupletari impune; fr. 149 de reg. iur. 50. 17
(Ulp.): ex qua persona quis lucrum capit, eius factum praestare debet. — 2) fr. 10 §. 1 sol. matr. 24. 3 (Pompon.): si
vir uxorem suam occiderit, dotis actionem heredibus uxoris
dandam esse Proculus ait, et recte: non enim aequum
est virum ob facinus suum dotem sperare lucri-
facere. — 3) fr. 49 §. 1 eod. (Paul.): Dem Ehemann ist eine
Sache ästimirt in dotem gegeben, die ihm vom Pfandgläubiger evincirt
wird, [pro, ins.] praedio evicto sine dolo et culpa viri, pretium [venditae dotis] petenti mulieri doli mali exceptionem
obesse: ... consequi eam pretium fundi evicti evidens
iniquitas est, cum dolus patris ipsi nocere debeat. — 4) fr. 28 de noxal. act. 9. 4 (Afric.): Gegenüber
Dem, der vom bon. fid. possessor die Sache durch noxae deditio
erhalten hat, würde der dominus sich inique bereichern, wenn dieser
die Sache ohne Oblation der litis aestimatio vindiciren könnte: alioquin, si aliter constituatur, futurum ut summa iniqui-
tate bonae fidei possessor adficiatur, si, cum ipso
iure noxalis actio adversus eum competit, necessitas ei im-
ponatur, ut litis aestimationem sufferat.

XI. Mißbilligung der calliditas und protervitas, auch da, wo A. XI.
Rechtsbestimmungen fehlen bezw. erst noch zu erlassen sind, oder wo der
Gesichtspunkt der bona fides nicht ausreicht. — 1) Die natürliche
Aequität ergiebt gewisse, vom Recht verschiedene, Gesichtspunkte in Betreff des Schändlichen und des Ehrenhaften; fr. 42 de verb. sign.
50. 16 (Ulp.): probra quaedam natura turpia sunt, quaedam civiliter et quasi more civitatis. ut puta furtum, adul-
terium natura turpe est: enimvero tutelae damnari hoc non
natura probrum est, sed more civitatis: nec enim natura probrum est, quod potest etiam in hominem idoneum incidere.
Umgekehrt: fr. 144 pr. de reg. iur. 50. 17 (Paul.): non omne
quod licet honestum est; fr. 10 §. 1 de in ius voc. 2. 4
(Ulp.): honorem haberi ei aequum non est. — 2) fr. 1
pr. §. 1 si is qui test. lib. 47. 4 (Ulp.): haec actio .. naturalem potius in se quam civilem habet aequitatem, si quidem civilis deficit actio [vgl. oben §. 36
A. 4] ... e re itaque esse praetor putavit calliditatem
et protervitatem horum, qui hereditates depopulantur,
dupli actione coercere. — 3) fr. 10 §. 6 de in rem verso
15. 3 (Ulp.): aequissimum autem est de dolo malo ad-

A. XI. versus patrem vel dominum competere actionem; fr. 36 de
pecul. (Ulp.): In bonae fidei contractibus quaestionis est . . .
non solum do peculio, sed et si quid practerea dolo malo
patris capta fraudataque est mulier, competere actionem: nam
si habeat res nec restituere sit paratus, aequum est eum
quanti ea res est condemnari . . . videtur autem dolo
facere dominus, qui, cum haberet restituendi fa-
cultatem, non vult restituere. — 3) fr. 1 §. 2 ad SC.
Velleian. 16. 1 (Paul.): aequum autem visum est ita mulieri succurri, ut in veterem debitorem aut in eum, qui
pro se constituisset mulierem ream, actio daretur: magis
enim ille quam creditor mulierem decepit; daher
die Vorausſetzung in fr. 2 §. 3 eod. (Ulp.): si non callide sint
versatae: nam deceptis non decipientibus opitulatur; fr. 23.
30 pr. eod.; banach auch fr. 7 eod.: non erit iniquum
dari negotiorum gestorum actionem; unb fr. 14 eod.: si mulier contra SCtum intercesserit, aequum est, non solum in
veterem debitorem sed et in fideiussores eius actionem restitui. — 4) Einbringen bes aus Delicten Gewonnenen in bie Go-
cietät unb Rüdnahme ſeitens bes aus bem Delict belangten Thäters;
fr. 53—55 pro socio 17. 2 (Ulp.): non oportere conferri palam est, quia delictorum turpis atque foeda com-
munio est. plane si in medium collata sit, commune erit
lucrum; . . . quod contulit . . solum auferet, si mihi proponas insciente socio eum in societatis rationem hoc contulisse:
quod si sciente, etiam poenam socium agnoscere oportet.
aequum est enim, ut cuius participavit lucrum
participet et damnum. — 5) fr. 31 §. 1 depositi 16. 3
(Tryphon.): bonam fidem inter eos tantum, quos contra-
ctum est, nullo extrinsecus adsumpto aestimare debemus, an
respectu etiam aliarum personarum, ad quas id quod geritur
pertinet? (vgl. oben §. 36 A. 5) . . si per se dantem accipientemque intuemur, haec est bona fides, ut commissam rem
recipiat is qui dedit. si totius rei aequitatem . . . mihi
reddenda sunt, cui facto scelestissimo adempta sunt.
— 6) fr. 31 §. 9 de Aedil. ed. 21. 1 (Ulp.): Pomponius ait,
si unus ex heredibus [bes Käufers; — in Betreff ber zu rebhibi-
renben Sache] vel familia eius vel procurator culpa vel dolo
fecerit rem deteriorem, aequum esse in solidum eum
teneri arbitrio iudicis; fr. 17 pr. in f. de noxal. act. 9. 4
(Paul.): illud iniquum est eum, qui iussit servum facere,
consequi aliquid a socio, cum ex suo delicto damnum patiatur. — 7) fr. 8 §. 8 mand. 17. 1 (Ulp. —
rescr. div. fratr.): si hi qui pro te fideiusserant, in maiorem
quantitatem damnati, quam debiti ratio exigebat, scientes

e t p r u d e n t e s auxilium appellationis omiserunt, poteris man- A. XI.
dati agentibus his a e q u i t a t e i u d i c i s tueri te . . . si scie-
runt, incumbebat eis necessitas provocandi, ceterum d o l o
v e r s a t i s u n t, si non provocaverunt. — 8) fr. 8 de in litem iur. 12. 3 (Marcell.): n o n e s t a e q u u m p r e t i o, i. e.
quanti res est, l i t e m a e s t i m a r i, c u m et c o n t u m a c i a
p u n i e n d a sit et arbitrio potius domini rei pretium statuen-
dum sit potestate petitori in litem iurandi concessa. — 9) fr. 1 .
§. 2 de Aedil. ed. 21. 1 (Ulp.): causa huius edicti proponendi
est, ut o c c u r r a t u r f a l l a c i i s v e n d e n t i u m et emptori-
bus succurratur, quicunque decepti a venditoribus fuerint:
dummodo sciamus venditorem, etiamsi ignoravit ea quae aedi-
les praestari iubent, tamen teneri debere. n e c e s t h o c
i n i q u u m: potuit enim ea nota habere venditor: n e q u e
[enim, del.] i n t e r e s t e m p t o r i s c u r f a l l a t u r, i g n o-
r a n t i a v e n d i t o r i s a n c a l l i d i t a t e; fr. 17 §. 19 eod.
(Ulp.): a e q u i s s i m u m e r i t etiam hoc praedici.
    XII. Geſchützte oder begünſtigte Stellung gewiſſer Perſonen oder A. XII.
Verhältniſſe. — 1) §. 6 I. de Atil. tut. 1. 20: Impuberes autem in tutela esse n a t u r a l i i u r i c o n v e n i e n s est, ut is
qui perfectae aetatis non sit, alterius tutela regatur; [natu-
ralis ratio und naturalis aequitas coincibiren hier, begrifflich im=
mer ſcheibbar, in demſelben Punkte: naturalis ratio iſt die real gege*
bene Schußloſigkeit des vom Vater nicht mehr geſchützten Kindes (vgl.
oben §. 8 Nr. 1, Gai. I. 189); naturale ius iſt das zur Ausfüllung
dieſer Lücke als tutela für den qui perfectae aetatis non est auf=
geſtellte ius; der Gedanke aber, daß man überhaupt möglichſt die Lage
des Schützlings mit dem defectloſen menſchlichen Zuſtanbe ausgleichen
will, iſt ein Humanitäts= oder Aequitätsgebanke]; fr. 1 pr. de minorib. 4. 4 (Ulp.): hoc edictum praetor n a t u r a l e m a e q u i-
t a t e m secutus proposuit, q u o t u t e l a m m i n o r u m s u s-
c e p i t; fr. 7 de i. i. r. 4. 1 (Marcell.) [fr. 183 de reg. iur.]:
boni praetoris est potius restituere litem, ut et r a t i o et
a e q u i t a s postulabit; fr. 23 §. 1. 2 quod met. c. 4. 2; fr. 13
pr. de minorib. 4. 4 (Ulp.): n o n e s t a e q u u m, fideiussori
in necem meam subveniri; fr. 40 §. 1 eod. (Ulp.): ad s u a m
a e q u i t a t e m per in integrum restitutionem revocanda res
est; fr. 21 §. 2; fr. 28 §. 6; fr. 30 pr.; fr. 38 §. 1 [Ulp.:
„habebitur r a t i o h u m a n i t a t i s"] ex quib. caus. mai. 4. 6;
fr. 24 §. 1 de minorib. (Paul.): ad b o n u m et a e q u u m re-
digenda sunt; fr. 7 §. 3 de cap. min. 4. 5 (Paul.): Item cum
civitas amissa est, n u l l a r e s t i t u t i o n i s a e q u i t a s est adversus eum, qui amissis bonis et civitate relicta nudus exu-
lat. — 2) fr. 2 §. 1 ad SC. Velleian. 16. 1 (Paul.): cum eas
virilibus officiis fungi et eius generis obligationibus obstringi

Beil.

a.xii. non sit aequum; fr. 32 pr. eod. (Pompon.): si mulier hereditatem alicuius adeat, ut aes alienum eius suscipiat, vix est ut succurri ei debeat, nisi si fraude creditorum id conceptum sit: nec enim loco minoris viginti quinque annis circumscripti per omnia habenda est mulier. — 3) fr. 12 §. 2 de tut. et cur. dat. 26. 5 (Ulp. — div. Pius): nam aequum est prospicere nos etiam eis, qui quod ad bona ipsorum pertinet furiosum faciunt exitum. — 4) fr. 13 §. 1 de don. int. vir. et ux. 24. 1 (Ulp. — Comp.?): cum igitur [autem] deportatione matrimonium minime dissolvatur et nihil vitium mulieris incurrit, humanum est donationem, quae mortis causa ab initio facta est, tali exilio subsecuto confirmari; fr. 56 sol. matr. 24. 3 (Paul.): humanius quid id competere dixerit, quod propter mortem convenit; fr. 10 do inoff. test. 5. 2 (Marcell.): humanius erit sequi eius partis sententiam, quae secundum testamentum spectavit. — fr. 85 pr. de reg. iur. 50. 17 (Paul.): in ambiguis pro dotibus [vgl. oben §. 32 Nr. 6] respondere melius est (fr. 70 de iure dot.). — 5) fr. 25 de legib. 1. 3 (Modest.): nulla iuris ratio aut aequitatis benignitas patitur, ut quae salubriter pro utilitate hominum introducuntur [vgl. oben §. 32 A. 3], ea nos duriore interpretatione contra ipsorum commodum producamus ad severitatem [vgl. §. 35 A. 2]; fr. 1 pr. de vacatione 50. 5 (Ulp.): omnis excusatio sua aequitate nititur.

A.xiii.   XIII. Möglichste Bewahrung der Einzelfreiheit und der actiwen Spontaneität der Persönlichkeit. — 1) fr. 122 de reg. iur. 50. 17 (Gai.): libertas omnibus rebus favorabilior est; fr. 209 eod. (Ulp.): servitutem mortalitati fere comparamus; fr. 20 eod. (Pompon.): quotiens dubia interpretatio libertatis est, secundum libertatem respondendum erit; fr. 176 §. 1 eod. (Paul.): infinita aestimatio est libertatis et necessitudiuis; [es ist oben §. 9 bei A. 7 gezeigt worden, daß die Römer, während sie unbedenklich die Thierbändigung und das ex hostibus capere auf die naturalis ratio zurückführen, vor der Rechtfertigung des captus hostis aus der naturalis ratio zurückschrecken und banach die Sklaverei wohl rechtlich, aber nur iure gentium, begründet ansehen. Diese rechtliche Begründung hat gerade das Element der streng=gleich urtheilenden Aequität des Kriegsstandpunktes zur Basis. Damit steht für das Alterthum nicht im Widerspruch die andere Aequitätsseite (die Clemenz), wonach man in lebhaftem Mitgefühl für das schreckliche Sklavenloos die Härte des Skla= venverhältnisses möglichst zu milbern suchte, und die libertas für eine Sache der publica utilitas erklärte; vgl. §. 32 Nr. 5]; fr. 2 de his qui sui vel al. iur. 1. 6 (Ulp. — rescr. div. Pii): dominorum quidem potestatem in suos servos illibatam

esse oportet nec cuiquam hominum ius suum de-A.XIII.
trahi: sed dominorum interest ne auxilium contra sae-
vitiam . . . denegetur . . . si vel durius habitos
quam aequum est . . cognoveris. — 2) fr. 179 de reg.
iur. 50. 17 (Paul.): in obscura voluntate manumittentis fa-
vendum est libertati; fr. 10 (11) §. 1 do reb. dub. 34. 5
(Ulp.): sin autem hoc incertum est, nec potest nec per suptilitatem iudicialem manifestari, in ambiguis rebus humanio-
rem sententiam sequi oportet, ut tam ipsa libertatem consequatur quam filia eius ingenuitatem. — 3) fr. 12 §. 9 de
captiv. 49. 15 (Tryphon.): Es redimirt Jemand einen servus captus ab hostibus, und erwirbt dadurch das Eigenthum, das aber der
frühere dominus durch Preisofferte zurückholen kann (§. 7 eod.). War
der Redimirende ignorans captivum, existimans vendentis esse,
so kann derselbe dem früheren dominus das Wiedereinlösungsrecht ab=
usucapiren (§. 8 eod.). Hat aber der Redimirende den Sklaven frei=
gelassen, so fragt sich, ob derselbe nun frei wird oder in das ius des
früheren dominus zurücktehrt? . . . in liberis aliter erat: non
enim postliminio revertebatur, nisi qui hoc animo ad suos
venisset ut eorum res sequeretur illosque relinqueret a
quibus abisset: quia, ut Sabinus scribit, de sua civitate
cuique constituendi facultas libera est, non de dominii iure. — verum hoc non multum onerat praesentem in-
spectionem, quia hostium iure manumissio obesse
civi nostro domino servi non potuit, at is de quo
quaeritur lege nostra, quam constitutio fecit [das Gesetz über
die Redemtion], civem Romanum dominum habuit [den Redimen=
ten], et an ab eo possit libertatem adsequi tractamus. quid
enim si nunquam ille [der frühere dominus] pretium eius of-
ferat? si nec conveniendi eius sit facultas? [liber] is erit
servus, qui nullo merito suo poterit a domino libertatem
consequi? [d. h. soll dies ein Sklav sein, der trotz der größten Ver=
dienste von seinem Herrn (dem Redimenten) die Freiheit nicht erhalten
tönnte?] quod est iniquum et contra institutum a
maioribus libertatis favorem. certe et veteri iure
[d. h. vor dem Gesetz über die Redemtion], si ab hoc, qui sciens
alienum esse redemisset, alius bona fido emisset, usucapere
ad libertatemque perducere potuit, et iste quoquo modo prior
dominus, qui ante captivitatem fuerat, ius suum amittebat.
quare igitur iste non habet ius manumittendi? — 4) fr. 12
§. 5 de captiv. 49. 15 (Tryphon.): Codicilli, si quos in tempore captivitatis scripserit, non creduntur iure suptili
confirmati testamento quod in civitate fecerat . . . sed quia
merum principium eorum in civitate constituto captivo factum
est, i. e. in testamento confirmatio codicillorum, et is postea

A.XIII.reversus est et postliminio ius suum recepit, humanitatis rationi congruum est eos codicillos ita suum effectum habere, quasi in medio nulla captivitas intercessisset [vgl. über bie Interpolation bie Mommſen'ſche Ausgabe]. — 5) Verlangen Adoptirter auf Emancipation; fr. 32. 33 de adopt. 1. 7 (Marcian.): et si pubes factus non expedire sibi in potestatem eius redigi probaverit, aequum esse emancipari eum a patre adoptivo atque ita pristinum ius reciperare. — 6) fr. 6 pr. de pignor. act. 13. 7 (Pompon.): invitum enim creditorem cogi vendere satis inhumanum est; fr. 19 mand. 17. 1 (Ulp.): sed esse inhumanissimum Pomponius ait ex facto servi mei cogi me servum recipere, quem in perpetuum alienari volueram; fr. 58 §. 1 eod. (Paul.): sed cum proponas eum afuisse, iniquum est auferri ei electionem (sicut pignus aut privilegium), qui potuit praesens id ipsum proclamare nec desiderare decretum praetoris; fr. 60 §. 4 de ritu nupt. 23. 2 (Paul.): eine Beſchränkung im Heis rathen iſt eng zu interpretiren; liegen alſo bie factiſchen Vorausſeßungen ber Beſchränkung nicht vor, ſo iſt ſie, auch wenn bies erſt hinterbrein er= kannt wird, als nicht vorhanben zu betrachten: iniquum enim est propter dilationem, quae forte non dolo sed quae ex necessitate contingit, non excusari vel nuptias impediri excusatione recepta; fr. 8 de impens. in res dot. 25. 1 (Paul.): utilium nomine ita faciendam deductionem quidam dicunt, si voluntate mulieris factae sint: iniquum enim esse compelli mulierem rem vendere, ut impensas in eam factas solveret, si aliunde solvere non potest: quod summam habet aequitatis rationem; fr. 11 §. 2 de act. rer. am. 25. 2 (Ulp.): iurare autem tam vir quam uxor cogetur. pater autem amoventis iurare non cogitur, cum iniquum sit de alieno facto alium iurare; fr. 1 §. 8 de inspic. ventre 25. 4 (Ulp.): bas Verlangen bes Mannes, ſeine Frau wegen Schwangerſchaft unterſuchen zu laſſen, kann ſchon als zu große Beeinträchtigung ber Perſönlichkeit unb alſo als Injurie erſchei= nen, wofern nicht nach beſonberen Grünben bie ſubjectivſchäßenbe Aequi= tät ſich entſchulbigenb auf bie Seite bes Mannes ſtellt: aequissimum erit ignosci marito; fr. 3 pr. de lege Iul. de ann. 48. 12 (Pap. Iust.): Impp. Ant. et Ver. Augg. in haec verba rescripserunt: minime aequum est decuriones civibus suis frumentum vilius, quam annona exigit, vendero; fr. 3 §. 6 de iure fisc. 49. 14 (Callistr. — rescr. d. Hadr.): valde inhumanus mos est iste, quo retinentur conductores vectigalium publicorum et agrorum, si tantidem locari non possint.

XIV. Aequität auf Grund der naturalis ratio. — 1) fr. 8 A. XIV. de reg. iur. 50. 17 (Pompon.): iura sanguinis nullo iure civili dirimi possunt; fr. 5 de agnosc. et al. lib. 25. 3 (Ulp.) §. 2: magis est, ut utrobique se iudex interponat . . et cum ex aequitate haec res descendat caritateque sanguinis [die Blutsgemeinschaft, die caritas sanguinis, ist die real zum Grunde liegende naturalis ratio, woraus sich educatio und Er= nährung der Kinder, aber auch nach dem regelmäßig bestehenden Cari= tätsgefühl die Ernährung umgekehrt der Eltern ergiebt, vgl. oben §. 5 Nr. 4; die subjectivschätzende Humanität trifft hier mit dem, was schon nach der realen Naturordnung factisch geübt wird, als sittliche Pflicht (officium pietatis), als naturalis aequitas, zusammen, und es ist officium iudicis die Grenzen dieser Aequität je nach den Verhältnissen genauer zu bemessen], singulorum desideria perpendere iudicem oportet. §. 13 iniquissimum enim quis merito dixe- rit patrem egere, cum filius sit in facultatibus. §. 15 ex- hibendos parentes esse pietatis exigit ratio. §. 16 pa- rens quamvis ali a filio ratione naturali debeat, tamen aes alienum eius non esse cogendum exsolvere filium rescri- ptum est. §. 17 .. heredes filii ad ea praestanda, quae vi- vus filius ex officio pietatis suae dabit, invitos cogi non oportere. — 2) Gleichartig wie die Begründung in Nr. 1, aber freilich unter der Nothwendigkeit der Herbeiziehung noch anderer wesent= licher Elemente, gestaltet sich auch die dogmatisch analysirende Begrün= dung des Erbrechts. Die Ehe nach ihrer realen Seite (s. oben §. 5) erfüllt den Zweck der Fortpflanzung des Menschengeschlechts. Die Ge= nerationen der Eltern und Kinder stehen also zu einander nach der rea= len Naturordnung in dem Verhältniß der Aufeinanderfolge. Auf Grund dieser naturalis ratio urtheilt die naturalis aequitas, daß auch zu dem Gute, das sich die Eltern bei ihren Lebzeiten gesammelt haben, die Kinder vor allen anderen Menschen die Nächsten sind. Aber namentlich der Charakter unserer indogermanischen Völkerfamilie hat dafür gesorgt, daß dieser „rein natürliche" Gesichtspunkt, wenn auch als Grundlage nie völlig verlassen, doch in der historisch=nationalen Entwicklung sehr zugedeckt worden ist. Der Zustand kampfbereiter Selbsthülfe, aus dem sich die Indogermanen allmälig emporgerungen haben, brachte es mit sich, daß der Hauptgesichtspunkt der des waffenfähigen Hausvaters und also auch des succebirenden waffenfähigen Sohns als Fortsetzers des Hau= ses wurde. Nicht ein Rechtssatz schafft ihm ursprünglich die Succession, sondern er nimmt mit seiner manus das Gut des Vaters, die mehren Söhne verwenden das Gottesurtheil des Looswerfens bei der Erbthei= lung, und was man so mit der „manus" erhalten, davon ist man der „heres". Die über die Perpetuirung der Sacra (sradd'ha) wa= chenden Priester haben von Urzeiten her dafür gesorgt, der Succession einen geheiligten Charakter beizulegen. Auch die weitere Succession=

A. XIV. frage über die Räuber hinaus hat banach einen gleichartigen (agnatischen) Charakter bekommen, ben bes Ueberwiegens besonderer c i v i l e s r a - t i o n e s über bie zum Grunbe liegenbe, burch naturalis ratio (ratio sanguinis) gestützte, naturalis aequitas. Erst allmälig hat sich bann in ber Entwicklung bes römischen Erbrechts bie birecte Basirung ber Succession auf bie sanguinis ratio wieber stärker geltenb gemacht; fr. 2 undo cogn. 38. 8 (Gai.): hac parte proconsul n a t u r a l i a e q u i t a t e m o - t u s omnibus cognatis promittit bonorum possessionem, quos s a n g u i n i s r a t i o v o c a t a d h c r e d i t a t e m, l i c e t i u r e c i v i l i d e f i c i a n t; fr. 6 si tab. test. null. 38. 6 (Ulp.): et r e i a e q u i t a s c t c a u s a e d i c t i, quo de bouorum posses- sione liberis dauda cavetur, efficit, ut eius ratio habeatur ct bonorum possessio intestato patris detur. — 3) Eine bebeu= tenbe Anzahl weiterer erbrechtlicher Normen stützt sich auf bie subjectio= schätzenbe Aequität; fr. 1 §. 4 de suis et leg. 38. 16 (Ulp.): si filius suus heres esse desiit, in eiusdem partem succedunt omnes uepotes neptesque ex eo nati qui in potestato sunt: quod n a t u r a l i a e q u i t a t e c o n t i n g i t; fr. 5 pr. ad SC. Tertull. 38. 17 (Paul.): a e q u i s s i m u m v i s u m e s t omnes filios matri praeferri; fr. 1 pr. de collat. bon. 37. 6 (Ulp.): hic titulus m a n i f e s t a m h a b e t aequitatem [Glück=Leist Comm. III S. 207 ff.]; fr. 5 de inoff. test. 5. 2 (Marcell.); cum testamentum i n i q u e ordinaret; fr. 50 fam. erc. 10. 2 (Ulp.): in rationem portionis, quae ex defuncti bonis ad eun- dem filium pertinuit, c o m p u t a r i a e q u i t a s n o n p a t i t u r [Glück=Leist Comm. III S. 436 ff.]: fr. 6 de coll. bon. (Cels.): occurrit a e q u i t a s r e i, ut, quod pater meus propter me filiae meae nomine dedit, perinde sit atque ipse dederim [Glück=Leist Comm. III S. 351 ff.]; fr. 1 §. 1 de coniung. 37. 8 (Ulp.): hoo edictum aequissimum est; fr. 1 pr. de legat. praest. 37. 5 (Ulp.): hic titulus a e q u i t a t e m q u a n d a m h a b e t n a t u r a l e m; fr. 7 §. 2 de bon. damn. 48. 20 (Paul.): ex bonis damnatorum portiones adoptivis liberis, si non frau- dis causa facta est adoptio, non minus quam naturalibus con- cedi a e q u u m e s t; fr. 6 pr. de religios. 11. 7 (Ulp.): ex- heredatis autem, nisi specialiter testator i u s t o o d i o c o m - m o t u s eos vetuerit, h u m a n i t a t i s g r a t i a tantum sepeliri, non' etiam alios praeter suam posteritatem inferre licet; fr. 7 §. 1 si tab. test. null. 38. 6 (Papin.): Neo sio parentibus li- berorum ut liberis parentium debetur hereditas: p a r e n t e s a d b o n a l i b e r o r u m r a t i o m i s e r a t i o n i s a d m i t t i t, liberos naturae simul et parentium commune v o - t u m.

B. Objectivausgleichende Aequität.

I. Allgemeiner Satz. — 1) fr. 206 de reg. iur. 50. 17

(Pompon.): Iure naturae [ber Ausbruck ius naturae ober ius naturale ist bei ben Römern bogmatisch ganz unbezeichnenb; er bebeutet lebiglich eine auf ein naturale gestützte Norm; bieses naturale kann naturalis ratio sein (was bas Gewöhnliche ist); es kann aber auch, wie in vorliegenber Stelle (unb unten Nr. C. I 1 u. VI 3), barunter ein Satz ber naturalis aequitas verstanben werben; ius naturale kommt auch im subject. Sinn vor: fr. 8 §. 7 de b. p. c. t. 37. 4, fr. 4 si tab. test. null. 38. 6] aequum est, neminem cum alterius detrimento et iniuria fieri locupletiorem; fr. 6 §. 2 de iure dot. 23. 3 (Pompon.): quia bono et aequo non conveniat aut lucrari aliquem cum damno alterius aut damnum sentire per alterius lucrum; fr. 17 §. 4 de instit. act. 14. 3 (Paul.): nam videri me dolum malum facere, qui ex aliena iactura lucrum quaeram; fr. 13 §. 1 de cond. ind. 12. 6 (Paul.): item quod pupillus sine tutoris auctoritate mutuum accepit et locupletior factus est, si pubes factus solvat, non repetit; fr. 14 eod. (Pomp.): nam hoc natura aequum est neminem cum alterius detrimento fieri locupletiorem; fr. 15 eod. (Paul.): indebiti soluti condictio naturalis est (b. h. sie ruht auf bem in fr. 14 eod. ausgesprochenen Aequitätssatze) et ideo etiam quod rei solutae accessit venit in condictionem; fr. 38 de her. pet. 5. 3 (biese Stubien II S. 43); fr. 11 §. 2 de pecul. 15. 1 (Ulp.): naturalia enim debita spectamus in peculii deductione: est autem natura aequum liberari filium vel servum obligatione eo quod indebitum videtur exegisse. — 2) fr. 16 de iure dot. 23. 3 (Ulp.): quotiens res aestimata in dotem datur, evicta ea virum ex empto contra uxorem agere, et quidquid eo nomine fuerit consecutus dotis actione soluto matrimonio ei praestare oportet. quare et si duplum forte ad virum pervenerit, id quoque ad mulierem redigetur. quae sententia habet aequitatem, quia non simplex venditio sit, sed dotis causa, nec debeat maritus lucrari ex damno mulieris: sufficit enim maritum indemnem praestari, non etiam lucrum sentire; fr. 64 pr. sol. matr. 23. 3 (Ulp.): debet uxori restituere quidquid ad eum pervenit. §. 2 plane si operae fuerint [a, ins.?] marito exhibitae, non aestimatio eorum, non erit aequum hoc nomine uxori maritum quippiam praestare; — fr. 1 §. 27. 28 depos. 16. 3 (Ulp.): non solum si servus meus, sed et si is qui bona fide mihi serviat rem deposuerit, aequissimum erit dari mihi actionem si rem ad me per-

Beil.

B. I. tinentem deposuit; (cf. fr. 25 §. 1 de usufr. 7. 1). —
3) Dagegen wo es sich nicht um lucrari des Einen aus dem damnum des Anderen handelt, motivirt auch die Aequität keinen Ausgleich; hier bleibt der Zustand also wie er ist; fr. 128 pr. de reg. iur. 50. 17 (Paul.): in pari causa possessor potior haberi debet; fr. 126 §. 2 eod. (Ulp.): cum de lucro duorum quaeratur, melior est causa possidentis.

B. II. II. Gleichheit der Eventualitäten. Für den Vortheil aus einem Verhältniß muß man auch die damit verbundenen Ausgaben und überhaupt das einschlagende damnum oder onus übernehmen, und umgekehrt: soll man das damnum eines Verhältnisses tragen, so muß man auch am lucrum theilnehmen dürfen. — 1) fr. 10 de reg. iur. 50. 17 (Paul.): Secundum naturam est commoda cuiusque rei eum sequi, quem sequuntur incommoda. — 2) fr. 5 §. 12 Commod. 13. 6 (Ulp.): Jemandem ist eine Sache commobirt worden, damit er sie seinem Gläubiger verpfände: sumptum plane litis ceteraque aequum est eum adgnoscere, qui commodatum accepit; fr. 63 §. 5 pro socio 17. 2 (Ulp.): ad communicandas partes inter eos i. e. exaequandas, quasi iniquum sit ex eadem societate alium plus alium minus consequi. et magis est, ut pro socio actione consequi possit, ut utriusque portio exaequetur: quae sententia habet aequitatem; fr. 12 §. 9 mand. 17. 1 (Ulp.): si quid .. mandaveris et in id sumptum fecero .. aequissimum enim erit rationem eius rei haberi; fr. 22 §. 4, fr. 29 §. 6, fr. 45 §. 4 („humanius est“) §. 5 („est aequum“) eod.; fr. 46 §. 6 de procur. 3. 3 (Gai.): litis impendia bona fide facta vel ab actoris procuratore vel a rei debere ei restitui aequitas suadet. — 3) fr. 29 §. 2 pro socio 17. 2 (Ulp.): iniquissimum enim genus societatis est, ex qua quis damnum, non etiam lucrum spectet. — 4) fr. 81 pr. pro socio (Papinian.): si forte convenisset inter socios, ut de communi dos constitueretur. dixi pactum non esse iniquum, utique si non de alterius tantum filia convenit: nam si commune hoc pactum fuit, non interesse quod alter solus filiam habuit. ceterum si numeratam dotem pater defuncta in matrimonio filia reciperasset, reddi pecuniam societati debuisse, pactum ex aequitate sic nobis interpretantibus; fr. 2 pr. de lege Rhod. 14. 2 (Paul.): aequissimum enim est commune detrimentum fieri eorum, qui propter amissas res aliorum consecuti sunt, ut merces suas salvas haberent. — 5) fr. 25 §. 6 locati 19. 2 (Gai.): vis maior, quam Graeci θεοῦ βίαν appellant, non debet conductori damnosa esse, si plus quam tolerabile est laesi

fuerint fructus (cf. fr. 15 §. 2 cod.): alioquin modicum B. II.
damnum aequo animo ferre debet colonus, cui immodicum lucrum non aufertur; fr. 42 de act. empt. 19. 1
(Paul.): si exiguus modus silvae desit et plus in vineis habeat, quam repromissum est. an non facit dolo qui iure
perpetuo utitur? nec enim hic quod amplius in modo invenitur, quam alioquin dictum est, ad compendium venditoris
sed ad emptoris pertinet: et tunc tenetur venditor cum minor modus invenitur. videamus tamen ne nulla querela sit emptoris iu eodem fundo, si plus inveniat in
vinea quam [vel] in prato, cum universus modus constat ...
sed rectius est in omnibus supra scriptis casibus lucrum
cum damno compensari, et si quid deest emptori sive
pro modo sive pro qualitate loci, hoc ei resarciri. — 6) fr. 7
pr. de iure dot. 23. 3 (Ulp.): dotis fructum ad maritum
pertinere debere acquitas suggerit: cum enim ipse
onera matrimonii subeat, aequum est cum etiam
fructus percipere; fr. 16 de religios. 11. 7 (Ulp.): aequissimum enim visum est veteribus mulieres quasi de
patrimoniis suis ita de dotibus funerari, et cum qui morte
mulieris dotem lucratur iu funus conferre debere. — 7) fr. 37
de her. pet. 5. 3 (Ulp.): quodsi sumptus quidem fecit, nihil
autem fructuum percepit [bie ſich nach naturalis ratio mit jenen
beden; vgl. oben §. 2 Nr. 3. f. e. bb], aequissimum erit rationem horum quoque in bonae fidei possessoribus haberi; fr. 48 de rei vind. 6. 1 (Papinian.): sumptus
in praedium ... a bonae fidei possessore facti neque ab eo
qui praedium donavit neque a domino peti possunt, verum
exceptione doli posita per officium iudicis aequitatis ratione servantur; fr. 65 pr. eod.

III. Beim Zuſammentreffen zweier ſich theilweiſe oder ganz B. III.
bedenken Rechtsanſprüche kann nicht das materiell Identiſche zweimal
geltend gemacht werden. Umgekehrt für das, was ſich nicht bedt, fordert
die Aequität das Auseinanderhalten. — 1) fr. 14 §. 9 quod met.
c. 4. 2 (Ulp.): sed et si quis per vim stipulatus, cum acceptum non faceret, fuerit in quadruplum condemnatus, ex
stipulatu eum agentem adversus exceptionem replicatione adiuvari Iulianus putat, cum in quadruplo et simplum sit reus
consecutus. Labeo autem etiam post quadrupli actionem nihilominus exceptione summovendum eum, qui vim intulit,
dicebat: quod cum durum videbatur, ita temperandum est, ut tam tripli condemnatione plectatur, quam acceptilationem omnimodo facere compellatur; fr. 17 pr. de
noxal. act. 9. 4 (Paul.): Der nichtwiſſende dominus eines beſinquirenden Sklaven hat, verklagt, noxae·gegeben: iniquum est

Beil.

B. III. vilissimi hominis deditione altorum [ber wiſſenbe dominus]
quoque liberari: igitur agetur et cum altero, et si quid
amplius est in damni persecutione, consequetur
computato pretio hominis noxae dediti; fr. 7 §. 1
Commod. 13. 6 (Ulp.): si adversus ipsum [außer ber act. com-
modati] habuit Aquiline actionem commodator, aequissimum est, ut commodati agendo remittat actionem: nisi forte
quis dixerit agendo eum e lege Aquilia hoc minus
consecuturum, quam ex causa commodati consecutus est:
quod videtur habere rationem; fr. 3 §. 10 (Ulp.), fr. 4 (Gai.)
de in rem verso 15. 3: wenn ber dominus an ſich boppelt mit ber
actio de in rem verso von zwei verſchiebenen Perſonen belangt wer=
ben fann, ſo iſt boch mit einmaliger Zahlung [Verurtheilung wie bei
ber act. de peculio, fr. 10 de peculio] bie factiſche Ausgleichung
ihm gegenüber erfolgt, unb alſo melior condicio occupantis: unde
incipit dominus teneri ex una causa duobus . . . sed dicendum est occupantis meliorem condicionem esse debere: nam
utrisque condemnari dominum de in rem verso
iniquum est; fr. 34 pr. de o. et a. 44. 7 (Paul.): alii per
legis Aquiliae actionem iniuriarum consumi, quoniam desiit bonum et aequum esse condemnari eum qui
aestimationem praestitit: sed si ante iniuriarum actum
esset, teneri eum ex lege Aquilia. sed et haec sententia per
praetorem inhibenda est, nisi in id quod amplius ex lege
Aquilia competit agatur: rationabilius itaque est eam
admitti sententiam, ut liceat quam voluerit actionem
prius exercere, quod autem amplius in altera est, etiam hoc
[postea] exsequi (fr. 25 §. 5 locati 19. 2); fr. 10 §. 1 de pact.
2. 14 (Ulp.): (exceptio pacti de non pet. unb actio aus ber
poenae stipulatio) Sabinus putat, quod est verius, utraque
via uti posse prout elegerit qui stipulatus est: si tamen ex
causa pacti exceptione utatur, aequum erit accepto eum
stipulationem ferre. — 2) fr. 85 (84) pr. de her. inst.
28. 5 (Paul.): si servo fideicommissa data sit libertas, heres
hunc cundem servum cum libertate heredem reliquisset, quaesitum est an necessarius fiat heres. et humanius est et
magis aequitatis ratione subnixum non fieri necessarium: qui enim etiam invito defuncto poterat libertatem ex-
torquere, is liber esse iussus non magnum videtur beneficium
a defuncto consequi, immo nihil commodi sensisse, sed
magis debitam sibi accepisse libertatem.

B. IV. IV. Zuſammengehörige Angelegenheiten ſind von anberen nicht
zugehörigen getrennt abzumideln. — 1) fr. 5 §. 16 de trib. act.
14. 4 (Ulp.): aequissimum puto separatim tributionem
faciendam, ne ex alterius re mercove alii indemnes

fiant [alii damnum sentiant?]; — 2) fr. 11 in fin. de usur. в. ɪv.
22. 1 (Paul.): quid si servus publicus obligationem usurarum
rei publicae adquisiit? aequum est, quamvis ipso iure
usurae rei publicae debeantur, tamen pro defectis nominibus
compensationem maiorum usurarum fieri, si non
sit parata respublica universorum debitorum for-
tunam suscipere.

V. Der Satz casum sentit dominus in der Rückwirkung auf в. v.
obligatorische Verhältnisse. — fr. 14 §. 1 depositi 16. 3 (Gai.):
quia aequum esset naturalem interitum ad actorem
pertinere, utique cum interitura esset ea res et si restituta esset actori.

VI. Gegenstellung von Sachen und ihrem Preise [vgl. auch Nr. C. в. vɪ.
VIII. 3]. Nutzung gegen Nutzung. — 1) fr. 13 §. 8 de her. pet.
5. 3 (Ulp.): nemo enim praedo est, qui pretium nu-
meravit. — 2) fr. 5 §. 3 de cond. caus. dat. 12. 4 (Ulp.):
sed si accepit pecuniam ut servum manumittat isque fugerit prius quam manumittatur, videndum an condici possit
quod accepit. et a) si quidem distracturus erat hunc
servum [also wenn die Sache ihm nur als Object galt, wodurch sich
der Preis erlangen ließ] et propter hoc non distraxit, quod ac-
ceperat ut manumittat non oportet ei condici: plane cavebit,
ut si in potestatem suam pervenerit servus, restituat id
quod accepit eo minus quo vilior servus factus est
propter fugam. plane si adhuc eum manumitti velit is qui
dedit, ille vero manumittere nolit propter fugam offensus,
totum quod accepit restituere eum oportet. sed si eligat is,
qui decem dedit, ipsum servum consequi, necesse est aut
ipsum ei dari aut quod dedit restitui. b) quodsi
distracturus non erat eum, oportet id quod accepit
restitui, nisi forte diligentius eum habiturus esset,
si non accepisset ut manumitteret: tunc enim non est
aequum eum et servo et toto pretio carere; —
fr. 22 de her. pet. 5. 3 (Paul.): si et rem et pretium
habeat bonae fidei possessor, puta quod eundem redemerit,
an audiendus sit si velit rem dare non pretium? .... nam
et in oratione divi Hadriani ita est: ‚dispicite, p. c., num-
quid sit aequius, possessorem non facere lucrum
et pretium quod ex aliena re perceperit reddere,
quia potest existimari in locum hereditariae rei venditae pretium eius successisse et quodammodo ipsum hereditarium factum.‘ oportet igitur possessorem et rem restituere petitori
et quod ex venditione eius rei lucratus est. — 3) fr. 13
§. 20 de act. empt. 19. 1 (Ulp.): veniunt autem in hoc iudicium infra scripta. in primis pretium quanti res venit. item

B. VI. u s u r a e p r e t i i p o s t d i e m t r a d i t i o n i s : n a m c u m r e
e m p t o r f r u a t u r, a e q u i s s i m u m e s t e u m u s u r a s p r e -
t i i p e n d e r e (fr. 16 §. 1 de usur. 22. 1); fr. 4 §. 1 de lege
comm. 18. 3 (Ulp.): Sed quod ait Neratius habet rationem,
u t i n t e r d u m f r u c t u s e m p t o r l u c r e t u r, c u m p r e -
t i u m q u o d n u m e r a v i t perdidit [p e r d i t] : igitur sententia Neratii tunc habet locum, q u a e e s t h u m a n a, quando
emptor aliquam partem pretii dedit. — 4) fr. 9 §. 1 locati
19. 2 (Ulp.): der Ufufructuar verpachtet auf 5 Jahre und ſtirbt vor
Ablauf: sed an ex locato teneatur conductor, ut pro rata tem-
poris quo fruitus est pensionem praestet, Marcellus quaerit
... et magis admittit teneri cum: e t e s t a e q u i s s i m u m.
... i n e x u s t i s q u o q u e aedibus e i u s t e m p o r i s q u o a e d i -
f i c i u m s t e t i t mercedem praestandam rescripserunt.

B. VII. VII. Sach=Berechtigung ex pretio soluto. Ausgleichung von
Quotenberechtigung an Sachen durch Geldentſchädigung. Die Nothwen=
digkeit ganzer ſtatt (zunächſt nur geſchuldeter) theilweiſer Sachreſtitution
fordert Ausgleichung in Gelbe. — 1) fr. 25 §. 1 de usufr. 7. 1
[vgl. meine Mancipation und Tradition S. 81 ff.]: quid ergo si
amisso usufructu tunc pretium numeretur? Iulianus quidem
.. scripsit adhuc interesse u n d e s i t p r e t i u m n u m e r a -
t u m: Marcellus vero et Mauricianus amisso usufructu iam
putant dominium adquisitum proprietatis domino: s e d I u -
l i a n i s e n t e n t i a h u m a n i o r e s t. quodsi e x r e u t r i u s -
q u e pretium fuerit solutum, a d u t r u m q u e dominium pertinere Iulianus scripsit, s c i l i c e t p r o r a t a p r e t i i s o l u t i.
— 2) fr. 78 §. 4 de iure dot. 23. 3 (Tryphon.): Dem Manne,
bem bie Quote einer res communis zur dos gegeben und dann im
comm. div. iud. der Reſt abjubicirt worden war, hat nach Trennung
ber Ehe bie ganze Sache gegen partielle Entſchädigung herauszugeben:
divortio autem facto sequetur restitutionem [eius partis, i n s.],
propter quám ad maritum pervenit, etiam altera portio, scilicet ut recipiat tantum pretii nomine a muliere, quantum
dedit ex condemnatione socio: n e c a u d i r i d e b e b i t a l t e r -
u t e r e a m a e q u i t a t e m r e c u s a n s a u t m u l i e r i n s u -
s c i p i e n d a p a r t e a l t e r a q u o q u e, a u t v i r i n r e s t i -
t u e n d a; — fr. 13 §. 17 de act. empt. 19. 1 (Ulp.): a e -
q u u m e s t e n i m e a n d e m e s s e c o n d i c i o n e m e m p t o r i s,
q u a e f u t u r a e s s e t s i c u m i p s o a c t u m e s s e t c o m -
m u n i d i v i d u n d o. — 3) fr. 18 pr. de vulg. et pup. 28. 6
(Ulp.): si servus communis substitutus sit impuberi cum li-
b e r t a t e . . . quodsi neque a patre neque a pupillo fuerit
redemptus, a e q u i t a t i s r a t i o s u g g e r i t, u t i p s e p r e -
t i u m p a r t i s s u a e d o m i n o o f f e r e n s p o s s i t e t l i b e r -
t a t e m e t h e r e d i t a t e m c o n s e q u i.

VIII. Materielle Dedung eines Anspruchs (pro soluto esse) B.VIII.
durch ein aus fremdem Vermögen Gezogenes, oder durch ein der Leistung Gleichstehendes. Umgekehrt: Dedung des aus dem Vermögen
Verlorenen durch den Preis. — 1) fr. 48 de solut. 46. 3 (Marcell.): .. quaero an ea, quae [uxor cum propter dotem bona
mariti possideret] ex re mariti percepit, in dotem ei repu-
tari debeant. Marcellus respondit reputationem eius
quod proponeretur non iniquam videri: pro soluto enim magis habendum est, quod ex ea causa mulier percepit. sed si forte usurarum quoque rationem arbiter dotis reciperandae habere debuerit, ita est computan-
dum, ut prout quidque ad mulierem pervenit, non
ex universa summa decedat, sed prius in eam quantitatem quam usurarum nomine mulierem consequi opor-
tebat: quod non est iniquum; — fr. 72 pr. de solut.
(Marcell.): qui decem debet, si ea optulerit creditori
et ille sine iusta causa ea accipere recusavit, deinde debitor
ea sine sua culpa perdiderit, doli mali exceptione potest so
tueri, quamquam aliquando interpellatus non solverit: etenim non est aequum teneri pecunia amissa, quia
non teneretur, si creditor accipere voluisset.
quare pro soluto id, in quo creditor accipiendo
moram fecit, oportet esse. — 2) fr. 26 de inoff. test.
5. 2 (Ulp.): Ein Instituirter hat nach dem Testamente einen Sklaven
freigelassen, dann wird das Testament für ungültig erklärt; aequum
esse huic quoque succurri, ut servi pretium a ma-
numisso accipiat, ne frustra servum perdat; fr. 17
pr. de rei vind. 6. 1 (Ulp.): .. si hominem, qui Maevii erat,
emero a Titio, deinde cum eum Maevius a me peteret, eundem vendidero eumque emptor occiderit; aequum esse me
pretium Maevio restituere.

IX. Begünstigendes ius singulare zum Ausgleich von Sach- B. IX.
werth und Preis. — 1. 2 C. de resc. vend. 4. 44 (Diocl. et
Max.): rem maioris pretii si tu vel pater tuus minoris pretii
distraxerit, humanum est, ut .. fundum venditum recipias vel .. quod deest iusto pretio recipias.

X. Materielle Bedeutung des restituere. — fr. 38 §. 4 de B. X.
usur. 22. 1 (Paul.): In Fabiana quoque actione et Pauliana,
per quam quae in fraudem creditorum alienata sunt revocan-
tur, fructus quoque restituuntur: nam praetor id agit, ut
perinde sint omnia atque si nihil alienatum esset:
quod [quare] non est iniquum (nam et verbum ‚resti-
tuas‘, quod in hac re praetor dixit, plenam habet significa-
tionem) ut fructus quoque restituantur.

Beil.

B. XI.　XI. Der voll in seinen Ansprüchen Befriedigte kann formell be=
gründete Rechte nicht mehr effectuiren, und hat seine etwa anderweiten,
dahin gehörigen und ihm doch nicht mehr nützenden, Rechte dem Befrie=
bigenden abzutreten. — 1) fr. 38 de eviction. 21. 2 (Ulp.): in
creditore qui pignus vendidit tractari potest, an re evicta
vel ad hoc teneatur ex empto, ut quam habet adversus
debitorem actionem eam praestet: habet autem con-
trariam pignoraticiam actionem. et magis est ut praestet:
cui enim non aequum videbitur vel hoc saltem
consequi emptorem, quod sine dispendio creditoris futurum est. — 2) fr. 9 pr. locat. 19. 2 (Ulp.): der
b. f. possessor hat vermiethet und die Sache wird evincirt; nihilominus eum teneri (das formell begründete Recht) ex conducto
ei qui conduxit, ut ei praestetur frui quod conduxit licere.
plane si dominus non patitur, et locator paratus sit aliam
habitationem non minus commodam (die also den Conductor ma=
teriell in seinen Ansprüchen voll befriedigt) praestare, aequissimum
esse .. absolvi locatorem — 3) fr. 16 §. 5 de pign.
20. 1 (Marcian.): der beklagte debitor ist bei der pignoris vindicatio auf Mehr, als Schuld und Zinsen betragen, condemnirt worden:
un si tantum solverit, quantum debebat, exoneretur hypo-
theca? quod ego quantum quidem ad suptilitatem
legis et auctoritatem sententiae non probo: semel
enim causa transire videtur ad condemnationem et inde pecunia deberi: sed humanius est non amplius eum, quam
quod revera debet, dando hypothecam liberare. — 4) fr. 2
§. 9 de admin. rer. 50. 8 (Ulp.): actio autem, quae propter
ea in collegam decerni solet, ei qui pro altero depen-
dit ex aequitate competit.

B. XII.　XII. Innere Verschiedenheit des materiell=eigenen Erwerbes von
dem Erwerbe durch Eintritt in das Recht eines Anderen. Gegeneinan=
derstehen zweier verschiedener Aequitätsgrundsätze. — 1) fr. 8 §. 7—
10 quib. mod. pign. 20. 6 (Marcian.): Bisweilen kann, wenn
der Schuldner die Pfandsache consentiente creditore veräußert, der
Gläubiger hinterdrein doch noch gegen den Schuldner (falls die Schuld
nicht gezahlt ist) klagen; fr. 8 §. 7 cit. Nicht aber kann, wenn der
selbständig eigene Sacherwerber hinterdrein den veräußernden Pfand=
schuldner beerbt, gegen den auf seinem eigenen Rechte stehenden Sach=
erwerber der Aequität gemäß geklagt werden; fr. 8 §. 8 cit.: sed
iniquum est auferri ei rem a creditore, qui [bezieht
sich auf ei] non successionis iure sed alio modo rem
nactus est. Dieser objective Aequitätsgesichtspunkt kann aber doch
durch den zwischentretenden anderen subjectiven, daß Niemandem frem=
der dolus Nachtheil bringen soll (Nr. A. I), überwogen werden:
potest tamen dici, cum Titii (des veräußernden Debitors) do-

lus in re versaretur, ne creditor a possessore pecuniam ß. xii.
rocipiat [biefer dolus in re, wonach der Verlauf gerade zu dem Zwecke
vorgenommen war, den Gläubiger feines Geldes verluftig zu machen,
wirkt auf den erbenden Sacherwerber (Maevius) herüber], iniquissimum esse ludificari eum. Solche perfönliche Rückficht kann
nun aber wieder befiegt werden dadurch, daß der fuccebirende Sach=
erwerber (Maevius) die Sache anderweit verpfändet hat. Hier ift
nämlich für diefen Pfandgläubiger eine Sachlage vorhanden, derzufolge
auf ihn der dolus des Erblaffers feines Verpfänders nicht mehr her=
überwirken kann. Damit tritt alfo wieder der Gefichtspunkt jener rein
objectiv die Verhältniffe gegeneinander wägenden Aequität, daß die
Sache vom Sacherwerber unter Konfens des erften Pfandgläubigers in
materiell=eigenem Erwerbe erlangt war, in Geltung; fr. 8 §. 9
cit.: tunc rursus aequum erit excipi ‚si non voluntate
creditoris veniit‘: licet enim dolus malus debitoris
interveniat qui non solvit, tamen secundus creditor
qui pignori accepit potior est. (Deßhalb fichert fich der
frühere Pfandgläubiger am Beften dadurch, daß er fich Caution auf
Schuldzahlung aus dem Preife des Verkaufes, zu dem er confentirt,
ftellen läßt; fr. 8 §. 10 cit.) — 2) fr. 47 de iure fisci 49. 14
(Paul.): aequum putavit imperator prius heredes conveniri debere, [deinde, ins.] in reliquum possessorem
omnem. — 3) fr. 175 §. 1 de reg. iur. 50. 17 (Paul.): non
debeo melioris condicionis esse, quam auctor meus a quo ius
in me transit; fr. 143 eod. (Ulp.): quod ipsis qui contraxe-
runt obstat, et successoribus eorum obstabit; fr. 177 pr. eod.
(Paul.): qui in ius dominiumve alterius succedit, iuro eius
uti debet; fr. 156 §. 2 eod. (Ulp.) [fr. 3 §. 2 de it. actuq.
priv. 43. 19]: Cum quis in alii locum successerit, non est
aequum ei nocere hoc quod adversus eum non no-
cuit in cuius locum successit.

C. Rechtanwendende Aequität.

I. Allgemeine Sätze. — 1) Die gleichaustheilende Ge= c. i.
rechtigkeit ift, — feitdem in der indogermanifchen Völkerfamilie mit
dem erftarkenden Staate an die Stelle des Selbftfchutzes der immer
fefter und detailirter organifirte Rechtsfchutz des die Rechtsanwendung
unter feine Garantie nehmenden Gemeinwefens getreten ift; vgl. oben
§. 17 ff., — zu einem völlig unentbehrlichen Stück unferer Rechtsord=
nung geworden. So konnte Cicero (Top. 7 vgl. auch 23. 24) die
Aequität als Beftandtheil des ius aufführen: ut si quis ius in:
legem, morem, aequitatem dividat, und danach überhaupt das
ius civile durch die Aequität definiren (Top. 2): ius civile est
aequitas constituta iis, qui eiusdem civitatis sunt, ad

c. I. res suas obtinendas: eius autem aequitatis utilis est cognitio: utilis est ergo iuris civilis scientia. So konnte Paulus in fr. 11 de iust. et iure 1. 1 das ius so erklären: ius pluribus modis dicitur: uno modo cum id quod semper aequum ac bonum est ius dicitur, ut est ius naturale [über ben Aus=brud ius naturale vgl. Nr. B. I. 1]. So konnte für die Rechts=handhabung ber Satz aufgestellt werden (fr. 1 pr. §. 1 quod quis-que iur. 2. 2. Ulp.): summam habet aequitatem et sine cuiusquam indignatione iusta . . . quis enim aspor-nabitur idem ius sibi dici, quod ipse aliis dixit vel dici effecit? . . ut quod ipse quis in alterius persona aequum esse credidisset, id in ipsius quoque persona valere patiatur. So konnte für die Rechtsverwaltung ber Magistrate abgesehen vom „iurisdictionis ordo" gerabe bie Aequi=tät als bie leitenbe Norm hingestellt werden; fr. 2 de extraord. cogn. 50. 13 (Ulp.): praesidem provinciae doceri oportere respon-sum est, ut is secundum rei aequitatem et iurisdictio-nis ordinem convenientem formam rei det (vgl. noch fr. 8 §. 1 fin. reg. 10. 1; fr. 21 de int. in iure 11. 1; fr. 11 §. 6 cod.; fr. 7 §. 10 de interd. vel rel. 48. 22). — 2) Während in ber civilis ratio vorzugsweise bas nationale Element seine Ausprägung finbet (vgl. oben §. 31), entwidelt sich in ber rechtanwenbenbeu Aequi=tät jene nivellirenbe Tenbenz, bie sich bann aber überhaupt ber ganzen Rechtsentwidlung mittheilt (vgl. §. 30). Alle Humanität, alles Gleichheitsgefühl wirkt nothwenbig kosmopolitisch. So ruft schon Cicero aus (in Verr. II. 1. 46): an aliud Romae aequum est aliud in Sicilia?, so sagt er Top. 4: valeat aequitas, quae pa-ribus in causis paria iura desiderat. So stellt Paulus (fr. 90 de reg. iur. 50. 17) bie allgemeine Regel auf: in omnibus qui-dem, maxime tamen in iure, aequitas spectanda est. — 3) Die rechtanwenbenbe Aequität hat zunächst barauf zu sehen, baß bie Sachen überhaupt in ben Rechtsweg geleitet werben; fr. 1 §. 2 de feriis 2. 12 (Ulp.): sane quotiens res urget, cogendi qui-dem sumus ad praetorem venire, verum ad hoc tan-tum cogi aequum est ut lis contestetur. — 4) Anbe=rerseits hat bie Aequität auf möglichste Minberung ber Procesfe hinzu=wirken; fr. 21 de reb. cred. 12. 1 (Iulian.): in utraque causa humanius facturus videtur praetor, si actorem com-pulerit ad accipiendum id quod offeratur, cum ad officium eius pertineat lites deminuere. — 5) Im Allgemeinen soll alle Rechtanwenbung mit gerechter Gleichbehanblung unb, wo kein Ge=gengrunb ist, Benignität vor sich gehen; fr. 183 de reg. iur. 50. 17 (Marcell.) [fr. 7 pr. de i. i. r. 4. 1]: etsi nihil facile mutan-dum est ex sollemnibus, tamen, ubi aequitas evidens poscit, subveniendum est; fr. 200 de reg. iur. 50. 17 (Iavolcn.): quotiens nihil sinc captione investigari potest, eligendum est q u o d m i n i m u m h a b e t i n i q u i t a t i s; fr. 36 pr. de iudic. 5. 1 (Callistr. — rescr. div. fratr.): h u m a n u m e s t propter fortuitos casus dilationem accipi . . et in similibus causis cognitionem ad aliquem modum sustineri; fr. 32 ad leg. Iul. de adult. 48. 5 (Paul.): a e q u u m e s t computationi quinquennii eximi id tempus, quod per postulationem praecedentem consumptum est. Es ist eine Berkennung des ius aequum, wenn man lebiglich in den Gegensatz zum ius strictum (rigor) das ganze Wesen besselben setzt (vgl. oben §. 36 A. 2) (vgl. Weiteres über die Benignität unter Nr. III). — 6) Wo aber die Aequität mit Sätzen ber naturalis ratio ober bes positiven ius in Widerspruch geräth, da bebarf es ber aushelfenden Machtvollkommenheit bes Magistrats ober Gesetzgebers; a) bes Magistrats, fr. 85 §. 2 de reg. iur. 50. 17 (Paul.): quotiens aequitatem desiderii naturalis ratio aut dubitatio iuris moratur [z. B. bei ben Erweiterungen bes realen Elementes bes Darlehns, fr. 17 pr. de pact. 2. 14: re enim non potest obligatio contrahi, nisi quatenus datum est (vgl. oben §. 2 Nr. 3. f. β), bie bann auch bas positive römische Recht, bas ihnen zunächst entgegenstanb, hinterbrein anerkannt hat], iustis decretis res temperanda est [unb aus solchen, um ber Aequität willen zunächst öfter ergangenen, klagegewährenden decreta wird bas spätere positive römische Recht über bie „singularia quaedam circa pecuniam creditam" (fr. 15 de reb. cred. 12. 1; fr. 34 pr. mand. 17. 2: „id enim b e n i g n e r e - ceptum est") hervorgegangen sein]; b) bes Gesetzgebers; vgl. oben §. 36 A. 3.

II. Strenge Aequität im Gegensatz zur Benignität im e. S. — 1) Oben ist bereits erörtert worden, wie in mehren Punkten, insbesondere in Betreff bes Sklavenverhältnisses, bie gleichaustheilenbe strenge Aequität bes Kriegsstanbpunktes in Gegensatz zu bem Humanitätsgefühl tritt; vgl. §. 9, §. 13 A. 9 u. biese Beil. Nr. A. XIII. 1. Ein berartiger Gegensatz kommt auch sonst im Rechtsgebiet vor; ba er aber verhältnißmäßig selten ist, so haben sich technische Ausbrücke für benselben nicht entwickelt. — 2) Der hauptsächlich leitenbe Gesichtspunkt ber „strengen" Aequität ist: was mir unter gewissen Umständen geschehen wäre, bas kann ich auch gegen ben Anberen unter gleichen Umständen zur Anwenbung bringen; unb umgekehrt: bas wozu ich nicht gezwungen werben kann, barf ich auch nicht von einem Anberen erzwingen wollen, ober: was ich meinerseits nicht rechtlich erzwingen kann, bas barf auch auf ber verpflichteten Seite nicht als bestehenbes (rechtlich erzwingbares) Verhältniß gelten. fr. 6 de per. et comm. 18. 6 (Pomp.): quae invitus emptor accipere non cogeretur, iniquum esse non permitti venditori [vel consumere, ins.] vel alii ea vendere; fr. 6 §. 5 de act.

Beil.

c. II. empt. 19. 1 (Pomp.): iniquum enim est me teneri, si
propter hoc adquirere servitutem non potueris,
quia dominus vicini fundi non fueris. — 3) fr. 3 §. 2 mand.
17. 1 (Paul.): Quodsi pretium statui tuque pluris emisti, quidam negaverunt te mandati habere actionem, etiamsi paratus
esses id quod excedit remittere: namque iniquum est
[„strenge" Aequität] non esse mihi cum illo actionem
si nolit, illi vero si velit mecum esse; fr. 4 (Gai.):
sed Proculus recte [b. h. nach hier überwiegender Benignität, die
sich darauf stützt, daß der Mandatar zu dem remittere sich bereit er-
flärt] eum usque ad pretium statutum acturum existimat, quae
sententia sane benignior est; §. 8 I. de mandato 3.
26. — 4) fr. 59 §. 1 de iure dot. 23. 3 (Celsus): Gültigkeit
der Delegation eines Schuldners ist an sich nur dann anzunehmen, wenn
der neue Gläubiger das als Recht in Anspruch nehmen kann, was Jener
schuldet: nam obligari mulieris debitorem ita ae-
quum est, si accipere id ipsum quod ei debetur
vir potest . . . delegatione propter nimiam suptilitatem et
casus necessitatem minime optinente. Demgegenüber dann aber
eine andere benigne Interpretation: ne indotata mulier esse videatur dicendum est u. s. w. — 5) Im Gegensatz zu der in anderer
Richtung bei der Provocation geübten „Humanität" (fr. 6 de appellat.
49. 1) ist nach „strenger" Aequität zu behandeln die Lage des gerirem-
ben und nicht gerirenden Vormundes; hat der gerirende durch Nicht-
appellation seine Handlungsweise anerkannt, so würde es verkehrte
Gleichmacherei sein, wenn man die Appellation des Nichtgerirenden auf
ihn herüber wirken lassen wollte. Richtige Aequität ist: Jeden unpar-
teiisch nach seiner Lage beurtheilen; fr. 10 §. 4 de appellat. (Ulp.):
iniquum est enim, qui idcirco adgnoverat sententiam quoniam gessisse se scit, propter appellationem eius qui non
gesserat optinere.

c. III.   III. Benigne Interpretation der Gesetze und der Thatsachen. —
1) fr. 56 de reg. iur. 50. 17 (Gai.): semper in dubiis be-
nigniora praeferenda sunt; fr. 155 §. 2 eod. (Paul.): in poe-
nalibus causis benignius interpretandum est; fr. 42 de poenis
48. 19 (Hermogen.): interpretatione legum poenae mollien-
dae potius quam asperandae; fr. 192 §. 1 de reg. iur. (Marcell.): in re dubia benigniorem interpretationem sequi non
minus iustius quam tutius. — 2) fr. 9 de pact. dotal. 23. 4
(Pompon.): benigna interpretatione potest defendi utilem stipulationem esse; fr. 34 de don. int. vir. et ux. 24. 1 (Ulp.):
benigne dici potest, etsi prima donatio nullius momenti est,
attamen ex sequenti consensu valere dotis dationem;
fr. 24 de reb. dub. 34. 5 (Marcell.): cum in testamento
ambigue aut etiam perperam scriptum est, benigne interpre-

tandum et secundum id, quod credibile est cogitatum, cre-
dendum est; fr. 10 de inoff. test. 5. 2; fr. 21 §. 1 de reb. dub.
(Paul.): semper in dubiis id agendum est, ut quam tutis-
sissimo loco res sit bona fide contracta, nisi aperte
contra leges scriptum est; fr. 26 eod. (Cels.): cum quaeritur
in stipulatione quid acti sit, ambiguitas contra stipulatorem est. — 3) fr. 22 eod. (Iavolen.): cum pubere filio
mater naufragio periit: cum explorari non possit uter prior
exstinctus sit, humanius est credere filium diutius
vixisse (fr. 23 eod.); fr. 4 de sentent. pass. 48. 23 (Paul.):
in metallum damnata mulier eum quem prius conceperat edi-
dit, deinde a principe restituta est. humanius dicetur
etiam cognationis iura huic restituta videri; fr. 1 de interd.
et rel. 48. 22 (Pompon. — ex rescr. d. Traian.): scio rele-
gatorum bona avaritia superiorum temporum fisco vindicata.
sed aliud clementiae meae convenit, qui inter cetera,
quibus innocentiam rationum mearum temperavi,
hoc quoque remisi exemplum; fr. 24 ad municipal. 50. 1
(Scaev.): ut pecuniae, quae ex detrimento solvitur, usurae
non praestentur . . humanum est reliquorum usuras ne-
que ab ipso . . . exigi; fr. 4 §. 1 de censibus 50. 15 ($\mathfrak{Aequi}$=
$\mathfrak{tät\ beim\ Censu\&}$); fr. 3 pr. de decurionib. 50. 2.

IV. Arbitrium boni viri; $\mathfrak{richterliches\ Arbitrium}$; $\mathfrak{Unparteilichteit}$
$\mathfrak{des\ Richters.}$ — 1) fr. 76—78 pro soc. 17. 2 (Procul.): arbi-
trorum genera sunt duo, unum eiusmodi ut sive aequum
sit sive iniquum parere debeamus (quod observatur, cum
ex compromisso ad arbitrum itum est), alterum eiusmodi ut
ad boni viri arbitrium redigi debeat; fr. 3 §. 1 de recept. 4. 8 (Ulp.): quisquamne potest negare aequissimum
fore praetorem interponere se [debuisse, del.], ut
officium quod in se recepit impleret?; fr. 13 §. 4 eod. (Ulp.):
proinde si forte urgueatur a praetore ad sententiam, aequissimum erit, si iuret sibi de causa nondum liquere, spa-
tium ei ad pronuntiandum dari. — 2) fr. 4 §. 1 de eo quod
certo loco 13. 4 (Ulp.): interdum iudex qui ex hac actione
cognoscit, cum sit arbitraria, absolvere reum debet cau-
tione ab eo exacta . . . in summa aequitatem quoque
ante oculos habere debet iudex qui huic actioni addictus est; fr. 7 §. 1 de trib. act. 14. 4 (Ulp.): quid tamen
si dominus tribuere nolit nec hanc molestiam suscipere, sed peculio vel mercibus cedere paratus sit? Pedius
refert audiendum eum, quae sententia habet aequitatem: et plerumque arbitrum in hanc rem praetor debebit
dare; fr. 42 de Aed. ed. 21. 1 (Ulp. — ed. aed. cur.): si
nocitum homini libero esse dicetur, quanti bonum aequum

c. IV. iudici videbitur, condemnetur; fr. 11 pr. ad exhib. 10. 4
(Ulp.): aequissimum est aestimari officio iudicis damnum
hereditatis; fr. 1 §. 5 si pars her. pet. 5. 4 (Ulp.): aequissimum igitur est incertae partis vindicationem ei dari;
fr. 38 §. 7 de usur. 22. 1 (Paul.): [bei einer actio ex stip.]
quod si acceptum est iudicium, tunc Sabinus et Cassius ex aequitate fructus quoque post acceptum iudicium [perceptos, ins.] praestandos putant ut causa restituatur,
quod puto recte dici. — 3) fr. 14—16 de div. temp. praesc.
44. 3 (Scaev.): de accessionibus possessionum nihil
in perpetuum neque generaliter definire possumus: consi-
stunt enim in sola aequitate; plane tribuuntur his
. . datur accessio possessionis; fr. 8 de pact. 2. 14 (Papinian.): quodsi acquales sint in cumulo debiti, tunc plurium
numerus creditorum praeferendus est . in numero autem
pari creditorum auctoritatem eius sequetur praetor, qui dignitate inter· eos praecellit . sin autem omnia undique in unam
aequalitatem concurrant, humanior sententia a praetore eligenda est; fr. 2 §. 8 si quis cautionib. 2. 11 (Ulp.):
ex bono et aequo et hic exceptio ei accommodanda est
(§. 1 eod.). — 4) fr. 17 de iudic. 5. 1 (Ulp.): iniquum
est aliquem suae rei iudicem fieri; fr. 47 eod. (Callistr.): observandum est ne is iudex detur quem altera pars
nominatim petat: id enim iniqui exempli esse; fr. 10 pr.
de inoff. test. 5. 2 (Marcell.): nisi aperte iudices inique
secundum scriptum heredem pronuntiasse apparebit. — 5) fr. 6
de var. et extraord. cogn. 50. 13 (Gai.): si iudex litem suam
fecerit, ... videtur quasi ex maleficio teneri in factum
actione, et in quantum de ea re aequum religioni
iudicantis visum fuerit, poenam sustinebit; fr. 79. 80
pro socio 17. 2 (Paul.): si Nervae arbitrium ita pravum est,
ut manifesta iniquitas eius appareat; bavon hie allgemeinere Bedeutung: iniquitas sententiae in Betreff eines nur für
unrecht gehaltenen Urtheils: fr. 1 pr. si pendente appell. 49.
13 (Macer): si in reddendis causis appellationis iniquitatem
sententiae detexerit; fr. 2 quis a quo appell. 49. 3; fr. 11
de iustit. et iure; fr. 27 §. 2 de recept. 4. 8.

c. V. V. Besonders begünstigende Argumentation zur Herstellung oder
Verbesserung eines Klagenschutzes. — 1) fr. 17 de Publ. act. 6. 2
(Nerat.): Publiciana actio non ideo comparata est ut res
domino auferatur: eiusque rei argumentum est primo aequitas, deinde exceptio ,si ea res possessoris non sit': sed ut
is, qui bona fide emit possessionemque eius ex ea causa
nactus est, potius rem habeat [quam quilibet alius praeter dominum, si is rem habeat, ins.]; fr. 12 §. 8 de captiv.

49. 15 (Tryphonin.): rursum cum constitutio non deteriorem c. v.
causam redimentium, sed si quo meliorem effecerit, p e r i m i
ius bonae fidei emptoris vetustissimum et iniquum
et contra mentem constitutionis est; §. 5 I de action.
4. 6: quod genus actionis et aliis quibusdam simili aequitate motus praetor accommodat; — fr. 5 §. 2 de inpens.
in res dot. 25. 1 (Ulp.): si dos tota soluta sit n o n h a b i t a
ratione inpensarum, videndum est an condici possit id,
quod pro inpensis necessariis compensari solet . et Marcellus admittit condictioni esse locum: sed etsi plerique ne-
gent, tamen propter aequitatem Marcelli sententia admittenda est; — fr. 11 de damn. inf. 39. 2 (Ulp.):
aequissimum tamen puto huic prospiciendum, id est [item]
creditori, per stipulationem. — fr. 5. §. 2 de his qui effud.
9. 3 (Ulp.): interdum tamen, quod sine captione actoris
fiat, oportebit praetorem aequitate motum in eum
potius dare actionem, ex cuius cubiculo vel exedra deiectum
est; — bie aequitas,ne cogatur cum multis litigare‘:
fr. 44 §. 1 de Aedil. ed. 21. 1; fr. 1 §. 25 fr. 2. 3 de exercit. act. 14. 1; fr. 13 §. 2 de instit. act. 14. 3. — fr. 5 §. 1
de bon. damn. 48. 20 (Ulp.): postea vero dissoluto matrimonio posse eam agere, quasi humanitatis intuitu hodie nata actione. — 2) Gewährung von utiles actiones:
fr.`13 §. 9 de her. pet. 5. 3 (Ulp.): si quis a fisco heredi-
tatem quasi vacantem emerit, aequissimum erit utilem
actionem adversus eum dari; — bie aequitatis ra-
tio bei ber utilis actio bes nicht vertretenen Dritten bem man etwas
versprechen läßt: l. 8 C. ad exhib. 3.´42; l. 7 C. de pact. conv.
5. 14; l. 3 C. de don. quae sub modo 8. 55; vgl. fr. 13 pr.
de pign. act. 13. 7; — fr. 49 fam. erc. 10. 2 (Ulp.): aequum
erit utilem actionem ei adversus coheredem dari defi-
ciente directo iudicio familiae erciscundae; — fr. 3 §. 7
ad exhib. 10. 4 (Ulp.): si quis noxali iudicio experiri velit,
ad exhibendum ei actio est necessaria: ... nonne aequum
est ei familiam exhiberi, ut noxium servum adgnos-
cat? §. 14 interdum aequitas exhibitionis efficit, ut
quamvis ad exhibendum agi non possit, in factum
tamen actio detur. fr. 15 eod. (Pompon.): non esse autem
iniquum iuranti nihi non calumniae causa id postulare vel
interdictum vel iudicium ita dari. — fr. 1 de eo
quod certo loco 13. 4 (Gai.): quia iniquum erat ... non
posse stipulatorem ad suum pervenire, ideo visum est utilem actionem in eam rem comparare; l. 5 C. si aliena
res pignori 8. 16. — 3) Daher überhaupt bie Bebeutung von
aequum = legislativ wünschenswerth, zweckmäßig: fr. 1

Beil.

c. v. §. 2 ad SC. Trebell. 36. 1; fr. 1 §. 39 de aqua cott. 43. 20;
fr. 1 §. 1 de vi 43. 16; fr. 1 pr. de exercit. act. 14. 1; fr.
16 instit. act. 14. 3; §. 5 I. de iure nat. gent. et civ. 1. 2:
aequum visum est senatum vice populi consuli; u. f. w.

c. vi. VI. Speciell auf das bonum et aequum gebaute Klagen. —
1) fr. 32 de reb. cred. 12. 1 (Cels.): sed quia pecunia mea
[quae, ins.] ad te pervenit eam mihi a te reddi bonum
et aequum est (vgl Nr. B. I 1). — 2) fr. 11 §. 1 de iniur.
47. 10 (Ulp.): iniuriarum actio ex bono et aequo est et
dissimulatione aboletur . si quis enim iniuriam dereliquerit,
hoc est statim passus ad animum suum non revocaverit, postea ex paenitentia remissam iniuriam non poterit recolere .
secundum haec ergo aequitas actionis omnem metum
eius abolere videtur, ubicunque contra aequum quis
venit; fr. 17 §. 2 eod. (Ulp.): in quantum ob eam rem
aequum iudici videbitur; fr. 18 pr. cod. (Paul.): eum
qui nocentem infamavit, non esse bonum aequum ob
eam rem condemnari . peccata enim nocentium (vgl. Nr. A.
XI) nota esse et oportere et expedire; fr. 10 de sepulcro
viol. 47. 12 (Papinian.): recte eum ea actione experiri, quae
in bonum et aequum concepta est . . . cum etsi per
hereditatem optigit haec actio, nihil tamen ex defuncti capiatur voluntate, neque id capiatur quod in rei persecutione
sed in sola vindicta sit constitutum. — 3) fr. 8 (Gai.) 9
(Paul.) de cap. min. 4. 5: Eas obligationes, quae naturalem praestationem habere intelleguntur, palam
est capitis deminutione non perire, quia civilis ratio
naturalia iura (b. h. hier: auf der naturalis aequitas beru=
henbe; vgl. Nr. B. I 1] corrumpere non potest . itaque
de dote actio quia in bonum et aequum concepta
est, nihilominus durat etiam post capitis deminutionem, ut
quandoque emancipata agat. — 4) fr. 14 §. 6 de religios.
11. 7 (Ulp.): haec actio quae funeraria dicitur ex bono
et aequo oritur: continet autem funeris causa tantum
impensam, non etiam ceterorum sumptuum . aequum
antem accipitur ex dignitate eius qui funeratus est, ex
causa, ex tempore et ex bona fide, ut neque plus impu-
tetur sumptus nomine quam factum est, neque tantum quantum factum est si immodice factum est. §. 10 iudicem
qui de aequitate cognoscit. §. 13 . . nonne aequum
est mihi funerariam competere? et generaliter iudicem in-
stum [die „Gerechtigkeit" ist hier das Product der Aequität] non
meram negotiorum gestorum actionem imitari, sed solutius
aequitatem sequi, cum hoc ei et actionis natura
indulget. — 5) fr. 1 quod cum eo 14. 5 (Gai.): omnia

proconsul agit, ut qui contraxit cum eo, qui in aliena po- c. vi.
testate sit, etiamsi deficient superiores actiones ... nihilominus tamen in quantum ex bono et aequo res
patitur suum consequatur; fr. 2 §. 1 eod.; §. 10 I de
action. 4. 6.

VII. Der Rechtsschutz muß auf den zurückschlagen, gegen den c. vii.
er von vorn herein gerichtet ist. — 1) fr. 39 pr. de evict. 21. 2
(Iulian.): Die i. i. r. des verlaufenden minor gegen den Käufer
seines Käufers muß die Folge haben, daß der zweite Käufer gegen den
ersten: Evictionsanspruch erhält; nam si fundus praetoria cogni-
tione ablatus fuerit, aequum erit per eundem praetorem
et evictionem restitui. — 2) Fällt derjenige weg, gegen
den der Rechtsschutz zunächst gerichtet ist, so kann dem Rechtsnachfolger
gegenüber der Rechtsschutz sich ganz anders gestalten müssen; fr. 41
§. 4 de iure dot. 23. 3 (Paul.): si debitor mulieris dotem
promiscrit et mulierem heredem reliquerit, Labeo perinde
habendum ait, ac si mulier ipsa dotem promisisset.
cuius sententiam Iulianus quoque probat: nec enim aequum
esse ait, ut ei damnetur eius pecuniae nomine, quam
ipsa debeat, et satis esse acceptilatione eum liberari; fr. 66 §. 7
sol. matr. 24. 3 (Iavolen.): si quis pro muliere dotem viro
promissit, deinde herede relicta muliere decesserit, qua ex
parte mulier ei heres esset pro ea parte dotis periculum, quod viri fuisset, ad mulierem pertinere ait
Labeo, quia nec melius aequius esset, quod exigere
vir ab uxore non potuisset ob id ex detrimento viri mulierem locupletari [vgl. Nr. B. I 1]: et hoc verum puto.

VIII. Kein Rechtsschutz vor der Zeit. Entwicklung des Be=c.viii.
dürfnisses von Cautionen auf die Zukunft. — 1) fr. 186 de reg.
iur. 50. 17 (Cels.): nihil peti potest ante id tempus quo
per rerum naturam persolvi possit: et cum solvendi tempus
obligationi additur, nisi eo praeterito peti non potest; fr. 188
§. 1 eod. (Id.): quae rerum natura prohibentur, nulla lege
confirmata sunt [b. h. was durch die rerum natura ganz prohibirt
wird, kann auch durch ein Gesetz nicht zur Geltendmachung confirmirt
werden, — vgl. oben §. 2 A. 1]. — 2) fr. 13 §. 5 de pign. 20.
1 (Marcian.): si praesens sit debitum et agatur ante condicionem hypothecaria, verum quidem est pecuniam
solutam non esse, sed auferri hypothecam iniquum
est. ideoque arbitrio iudicis cautiones interponendae sunt
,si condicio exstiterit nec pecunia solvatur restitui hypothecam si in rerum natura sit'. — 3) fr. 25 §. 9. 10 (Ulp.),
fr. 26 (Gai.) de Aedil. ed. 21. 1: an sich ist bei Redhibition der
Sache die Ordnung die, daß zunächst der Käufer die Sache leistet und
dann den Preis zurückerhält; aber jene wird doch gegeben um diesen

c.VIII. zurückzuhalten; ift nun ber Berläufer zahlungsunfähig, fo wäre es
vor ber Zeit, ben Räufer bie Sache bereits herauszgeben zu laffen:
videamus tamen ne iniquum sit emptorem com-
pelli dimittere corpus et ad actionem iudicati mitti, si
interdum nihil praestatur propter inopiam venditoris, potius-
que res ita ordinanda sit, ut emptor caveat, si intra certum
tempus pecunia sibi soluta sit, so mancipium restituturum.

c. IX.   IX. Zulaffung von Bertheidigung unb von Erceptionen. —
1) fr. 125 de reg. iur. 50. 17 (Gai.) favorabiliores rei potius
quam actores habentur; fr. 1 pr. de edendo 2. 13 (Ulp.):
aequissimum videtur eum qui acturus est edere actionem, ut proinde sciat reus utrum cedere an con-
tendere ultra debeat, et, si contendendum putat, veniat
instructus ad agendum cognita actione qua conveniatur; fr. 1
pr. de requir. vel abs. 48. 17 (Marcian.): divorum Sev. et
Ant. Magn. rescriptum est ne quis absens puniatur: et hoc
iure utimur, ne absentes damnentur: neque enim inau-
dita causa quemquam damnari aequitatis ratio
patitur. — fr. 154 de reg. iur. 50. 17 (Ulp.): cum par
delictum est duorum, semper oneratur petitor et
melior habetur possessoris causa . sicut fit cum de
dolo excipitur possessoris: neque enim datur talis repli-
catio petitori 'aut si rei quoque in ea re dolo factum sit' .
illi debet permitti poenam petere, qui in ipsam non inci-
dit; — fr. 2 ne quis eum qui in ius voc. 2. 7 (Paul.): nam
cum uterque contra edictum faciat, et libertus qui patronum
vocat, et is qui patronum vi eximat: deteriore tamen
loco libertus est, qui in simili delicto petitoris
partes sustinet. Eadem aequitas est in eo, qui alio
quam quo debuerat in ius vocabatur: sed et fortius dicendum
est non videri vi eximi eum, cui sit ius ibi non conveniri. —
2) Pr. I. de except. 4. 13: saepe enim accidit ut, licet ipsa
persecutio qua actor experitur iusta sit, tamen iniqua sit
adversus eum cum quo agitur; fr. 38 §. 1 de solut. 46. 3
(African.): exceptione tamen ei succurri aequum est; fr. 14
de except. 44. 1 (Alf. Var.): placuit aequum esse in factum
exceptionem eum obiicere; fr. 2 §. 1. 8 si quis cautionib. 2.
11 [vgl. Nr. IV. 3]; fr. 17 de pec. const. 13. 5 (Paul.): aequum est succurri reo aut exceptione aut iusta interpretatione,
ut factum actoris usque ad tempus iudicii ipsi noceat; fr. 30
de nox. act. 9. 4 (Gai.): in noxalibus actionibus eorum qui
bona fide absunt ius non corrumpitur, sed reversis ex bono
et aequo potestas datur; fr. 7 §. 3 quod vi aut cl. 43. 24
(Ulp.): et ait Iulianus aequissimum esse hanc exceptionem
dari . . hanc exceptionem profuturam . quod non aliter pro-

cedere debet, nisi ex magna et satis necessaria causa: alioquin haec omnia officio iudicis celebrari oportet, u. f. w. —
3) fr. 6 si quis caution. 2. 11 (Gai.): si is qui fideiussorem
dedit ideo non steterit, quod rei publicae causa afuit: iniquum est fideiussorem ob alium necessitate si-
stendi obligatum esse, cum ipsi liberum esset non
sistere; — fr. 21 de rei vind. 6. 1 (Paul.): si a bonae fidei
possessore fugerit servus . . si integrae opinionis videbatur
ut non debuerit custodiri, absolvendus est possessor . . .
quodsi nondum eum usucepit, absolvendum eum sine cautio-
nibus, ut nihil caveat petitori de persequenda re: quo minus
enim petitor eam rem persequi potest, quamvis interim dum
in fuga sit usucapiat? nec iniquum id esse Pomponius
. . scribit. — fr. 4 §. 1 de edendo 2. 13 (Ulp.): huius edicti
ratio aequissima: nam cum singulorum rationes argen-
tarii conficiant, aequum fuit. id quod mei causa con-
fecit meumque quodammodo instrumentum mihi
edi. — 4) fr. 6 de appellat. 49. 1 (Ulp.): credo enim humanitatis ratione omnem provocantem audiri debere;
fr. 1 pr. quando appell. 49. 4 (Ulp.): humanitate suggerente . . quia . . adversus iudicis calliditatem provocavit;
fr. 9 qui satisd. cog. 2. 8; fr. 1 §. 2 de libell. dimiss. 49.
6. — 5) fr. 1 §. 4 de postul. 3. 1 (Ulp.): Gewährung eines
Abvocaten, „hanc humanitatem"; fr. 33 §. 2 de procur. 3.
3 [vgl. oben §. 32 A. 7]; fr. 33 §. 4 eod. (Ulp.): aequum
praetori visum est eum, qui alicuius nomine procurator experitur, eiusdem etiam defensionem suscipere. — 6) fr. 73
eod. (Paul): si reus paratus sit ante litem contesta-
tam pecuniam solvere, procuratore agente quid fieri
oportet? nam iniquum est cogi eum iudicium accipere.

X. Compensation. — Der Grund derselben ist [nicht die fub-
jectivschätzende, vgl. Nr. A. IX, sondern] die rechtanwendende Aequität
[fr. 18 pr. de compens. 16. 2 (Papinian.): aequitate compensationis utetur]: unser Interesse anzuerkennen, daß wir, im
Fall wir eine Gegenforderung haben, lieber nicht zahlen als zurückfor-
dern; fr. 3 eod. (Pomp.): ideo compensatio necessaria est,
quia interest nostra potius non solvere quam solutum repetere; Eisele Comp. S. 232. Danach ist es aequissimum (fr. 5
eod. Gai.), eligere fideiussorem, quod ipsi an quod reo debetur, compensare malit: sed et si utrumque velit compensare audiendus est; Eisele S. 298. Deßhalb sagt fr. 36 de adm.
tut. 26. 7 (Papinian.): aequitas, quae merum [man braucht
die Worte nicht mit Eisele S. 175 den Compilatoren zuzuschieben] ius
compensationis inducit, propter officium et personam

Beil.

c. x. agentis tutoris non differtur: nam divisio tutelae . . inter ipsos locum habet nec experiri cum pupillo volentibus obstare debet.

c. xi. XI. Naturalobligationen. — fr. 95 §. 4 de solut. 46. 3 (Papinian.): naturalis obligatio ut pecuniae numeratione ita iusto pacto vel iureiurando ipso iure tollitur, quod vinculum aequitatis quo solo sustinebatur [das eigentlich erklärende Wort in Betreff des Wesens der Naturalobligationen ist bisher wohl noch nicht gesprochen] conventionis aequitate dissolvitur; meine Wechselb. S. 27.

c. xii. XII. Vertheilung der Beweislast. — Gewisses in dieser Hinsicht ergiebt schon die naturalis ratio (vgl. oben §. 2 Nr. 3. a), zu dem dann aber die Aequität Genaueres hinzufügt; fr. 12 de probat. 22. 3 (Cels.): prima fronte aequius videtur, ut petitor probet quod intendit: sed nimirum probationes quaedam a reo exiguntur: nam si creditam pecuniam petam, ille respondeat solutam esse pecuniam, ipse hoc probare cogendus est. et hic igitur cum petitor duas scripturas ostendit, [contendit, ius.] heres posteriorem inanem esse, ipse heres id adprobare iudici debet; fr. 13 eod. (Id.): cum de aetate hominis quaereretur, Caesar noster in haec verba rescripsit: ,Et durum et iniquum est, cum de statu aetatis aliouius quaereretur et diversae professiones proferuntur, ea potissimum stare quae nocet: sed causa cognita veritatem exeuti oportet et ex eo potissimum annos computari, ex quo praecipuam fidem in ea re constare credibilius videtur.

c. xiii. XIII. Provisorische Maaßnahmen; auctoritativ vorgeschriebene Handlungen im Gegensatz zu den spontan ausgeführten. — fr. 21 §. 3 de appell. 49. 1 (Papinian.): idem rescripserunt, quamvis usitatum non sit post appellationem fructus agri, de quo disceptatio sit, deponi, tamen cum populi [pupilli] traherentur ab adversario, aequum sibi videri fructus apud sequestres deponi. — fr. 49 fam. erc. 10. 2 (Ulp.): hi demum ad duplae cautionem compelluntur qui sponte sua distrahunt: ceterum si officio distrahens fungitur non debet adstringi, non magis quam si quis ad exsequendam sententiam a praetore datus distrahat: nam et hic in ea condicione est, ne cogatur implere quod coguntur hi qui suo arbitrio distrahunt: nam inter officium suscipientes et voluntate distrahentes multum interest.

c. xiv. XIV. Humanität in der Execution. — fr. 16 §. 1 de compens. 16. 2 (Papinian.): aliud est enim diem obligationis non venisse, aliud humanitatis gratia tempus indulgeri solutionis. — Durch Verabredung kann eine den modus c. xiv. iustae exactionis überschreitende iniquitas geschaffen werden fr. 17 pr. do usur. 22. 1 [auch hier erscheint die aequitas als Quelle des „iustum"; vgl. Nr. VI. 4 u. oben §. 35 A. 1]. In der exactio soll nicht bloß die Privatperson sondern auch der Vertreter öffentlicher Interessen human sein; fr. 33 pr. cod. (vgl. oben §. 36 Anm. 1).

Zuſatz.

Die Augsb. Allg. Zeit 1877 Nr. 2 enthält in dem Artikel: „In= biſches Recht" (G. B.) ein Referat über das neuerdings publicirte ſ. g. Geſetzbuch des Naraba [den Pſeudo-Naraba; vermuthlich aus dem 5ten oder 6ten Jahrh. nach Chr.]: Dr. Jullius Jolly, Naradiya dhar- masûthra or the Institutes of Narada, translated for the first time from the unpublished Sanskrit Original. London 1876. In dieſem Referat kommen drei Punkte vor, die ſich deutlich als die hiſtoriſchen Ueberreſte des oben dem Urſtammvoll zugewieſenen Rechtes kennzeichnen. 1) (die Erhaltung des Hauſes; — vgl. oben §. 5 A. 4): „das indiſche Eherecht iſt gänzlich von den beiden Rückſichten der Rein= haltung der Kaſte und der Erfüllung des Ehezwecks, der Hervorbrin= gung eines männlichen Nachkommen, beherrſcht, der als rechtmäßiger Darbringer der vorgeſchriebenen Todtenopfer für den verſtorbenen Vater von der höchſten religiöſen Bedeutung war." [Ueber inbogermaniſch Gemeinſchaftliches in Betreff der Schließung der Ehe vgl. noch Weber's Indiſche Studien Bd. V (1862): Vediſche Hochzeitsſprüche S. 177—266 (v. Weber), und: Die Heirathsgebräuche der alten Inder S. 267—412 (v. Haas u. Weber) — (Ueberſicht S. 410 ff.) — ; insbeſondere: a) Zweck der Ehe S. 283: „um das Geſchlecht fortzupflanzen . . . außerordentliche Wichtigkeit, welche der Zeugung der Nachkommenſchaft für die eigene Erlöſung beigelegt wurde"; S. 389; b) Brautkauf S. 343, 407; c) Prieſterehe und ſonſtige Ehe S. 285; Wegfall der Ceremonieen bei Wittwen (indiſch und römiſch) S. 285; Trennung der Verlobung und der Brautübergabe S. 276, 277, 300, 301, 310; d) Niederſetzen auf ein Fell S. 207, 208, 221, 324, 325, 398; e) dextrarum coniunctio S. 311; f) Waſchung der Frau (λουτρὸν νυμφικὸν) S. 304; g) Scheitelung des Haars der Braut, Schleier, Kürzung des Haars und Anbinden von zwei Zotten Wolle S. 405, 406, 319, 320; h) in domum deductio S. 323, 344, 376, 391; i) „ubi tu Gaius, ibi ego Gaia" S. 216, 340; k) aqua et igni coniunctio S. 207, 285, 318, 381 A. †; l) trinoctium der Enthal= tung S. 325, 330, 331, 347, 360 (ἀπαύλια)]. 2) (die actio sacra- menti; vgl. oben §. 12 A. 4): „Klage kann in doppelter Weiſe geſtellt werden: gegen Hinterlegung einer beſtimmten Geldſumme oder ohne eine ſolche. Die erſtere Form hat eine merkwürdige Aehnlichkeit mit dem altrömiſchen (in) lege agere sacramento. Das sacramentum der Römer, jene Summe Geldes, welche jeder der beiden Litiganten vor dem Prätor einſetzte, in der Meinung ſie an das Aerar zu verlieren, wird im indiſchen Proceß als Einſatz einer Wette gedacht." 3) (ſtrenges Schuldrecht; vgl. oben §. 16 A. 5*): „Die Obligation . . macht ſchließ= lich den Schuldner zum Sklaven des Gläubigers, ein Gegenſtück des altrömiſchen trans Tiberim — Verkaufsrechts eines durch manus in- iectio addictus."

Druck von Ed. Frommann in Jena.